2016

中国经济
预测与展望

China Economic Forecast
and Outlook in 2016

中国科学院预测科学研究中心

科学出版社
北 京

内 容 简 介

本书是中国科学院预测科学研究中心推出的系列年度经济预测报告。根据截至 2015 年 10 月的各种数据，本书运用计量经济模型、经济先行指数、投入产出技术等对 2015 年中国经济的不同层面进行了全面系统的总结和回顾，对 2016 年中国经济发展趋势和主要经济变量进行了预测，并提出了相应的政策建议。

全书由宏观经济、行业经济两部分组成，共收录 12 个报告。内容涉及中国经济增长、物价水平、进出口、消费、投资、居民收入等宏观经济指标的分析和预测，以及农业、主要工业行业（汽车、钢铁和煤炭）、房地产行业、物流行业、国际大宗商品价格等的走势分析和预测。此外，本书针对中国经济转型中面临的国内社会经济环境和国际政治经济形势进行了分析，对保障中国经济平稳转型应匹配的政策进行了探讨。本书期望对 2016 年中国经济进行立体透视，以帮助读者全面了解 2016 年的中国经济及其未来走向，并对未来若干年中国经济增长的态势有一个初步的认识。

本书适合于国家各级政府部门，特别是中央级政府部门的分析与决策人员，国内外企业的经营管理人员，宏观经济和行业经济的研究人员，关注中国和世界经济形势的各界人士以及广大中小投资者参阅。

图书在版编目（CIP）数据

2016 中国经济预测与展望 / 中国科学院预测科学研究中心编 . --北京：科学出版社，2015

ISBN 978-7-03-047033-1

Ⅰ.①2… Ⅱ.①中… Ⅲ.①中国经济－经济预测－2016②中国经济－经济发展趋势－2016 Ⅳ.①F123.2

中国版本图书馆 CIP 数据核字（2015）第 318271 号

责任编辑：马 跃 王丹妮 / 责任校对：李 莉 王晴晴
责任印制：霍 兵 / 封面设计：蓝正设计

科学出版社 出版

北京东黄城根北街 16 号
邮政编码：100717
http://www.sciencep.com

三河市骏杰印刷有限公司 印刷

科学出版社发行 各地新华书店经销

*

2016 年 1 月第 一 版 开本：787×1092 1/16
2016 年 1 月第一次印刷 印张：14
字数：331 000

定价：68.00 元

（如有印装质量问题，我社负责调换）

撰稿人名单

主编

    杨晓光　　（中国科学院预测科学研究中心）

    杨翠红　　（中国科学院预测科学研究中心）

编委（按姓名拼音排序）

    白恩泽　　（天津大学管理与经济学部）

    鲍　勤　　（中国科学院预测科学研究中心）

    陈　磊　　（东北财经大学经济学院）

    陈全润　　（中国科学院预测科学研究中心）

    陈锡康　　（中国科学院预测科学研究中心）

    程建华　　（安徽大学经济学院）

    崔晓杨　　（中国科学院预测科学研究中心）

    戴　伟　　（中国科学院大学经济与管理学院）

    董纪昌　　（中国科学院大学经济与管理学院）

    董　志　　（中国科学院大学经济与管理学院）

    范晓非　　（东北财经大学经济与社会发展研究院）

    冯耕中　　（西安交通大学管理学院）

    高铁梅　　（东北财经大学经济学院）

    胡蓝艺　　（中国科学院预测科学研究中心）

    李秀婷　　（中国科学院大学经济与管理学院）

    李雪蓉　　（中国科学院预测科学研究中心）

    刘　琳　　（东北财经大学经济学院）

    刘　鹏　　（中国科学院预测科学研究中心）

    刘伟华　　（天津大学管理与经济学部）

    刘　洋　　（中国科学院预测科学研究中心）

    陆凤彬　　（中国科学院预测科学研究中心）

    齐　琛　　（中国科学院预测科学研究中心）

    任晓勋　　（中国科学院预测科学研究中心）

宋子健　（中国科学院大学经济与管理学院）

汪寿阳　（中国科学院预测科学研究中心）

王会娟　（中央财经大学统计与数学学院）

王　珏　（中国科学院预测科学研究中心）

王　伟　（中国科学院预测科学研究中心）

魏云捷　（中国科学院预测科学研究中心）

许　坤　（安徽大学经济学院）

杨翠红　（中国科学院预测科学研究中心）

杨晓光　（中国科学院预测科学研究中心）

于戒严　（安徽大学经济学院）

云　昕　（中国科学院预测科学研究中心）

张同斌　（东北财经大学经济学院）

张　珣　（中国科学院预测科学研究中心）

祝坤福　（中国科学院预测科学研究中心）

序　一

路甬祥

经济和社会发展方面的预测研究在经济和社会的重大问题决策中占有重要的战略地位。当前,不论是中国还是世界的经济发展速度都很快,特别是20世纪80年代以后,由于IT技术的发展,特别是信息网络、交通网络以及航空运输业的发展,全球连接成为一个整体。人流、物流、信息流从未如此海量,经济进入了全球化时代。我国现在正处在一个高速发展的时期。成功应对国际金融危机之后,我国的经济总量已经上升到世界第2位,并且正在向更高的目标发展。然而,我国有13亿人口,虽然经济发展的总量已经到了一定的水平,但是从人均质量和标准来看还不尽如人意,从经济增长的方式和质量来看也存在着不少问题,面临着很多挑战。我国的经济能否得到稳定、健康的发展,就一些重大问题进行科学准确的预测显得特别重要,要依靠科学的决策、民主的决策来保证我国经济在发展过程中不受到内部或者外界因素太大的干扰。如果我们能够预先看到或估计到可能出现的各种问题,就有可能采取一定的防范措施减少波动,使不利因素始终控制在可以承受的范围之内,保证经济健康、稳定地发展。

中国科学院预测科学研究中心是由中国科学院数支在预测科学领域屡创佳绩的研究队伍组成的研究单元,他们在发展预测科学、服务国民经济宏观决策方面取得了一批可喜的成果,为中央领导和政府决策部门进行重大决策提供了有科学依据的建议和资料,同时在解决这些实际的重要预测问题中发展出了新的预测科学理论、方法和技术,作出了原创性的重要成果。从2006年以来,预测科学研究中心每年岁末出版一本下年度的中国经济预测报告,迄今为止已经出版了五部年度预测报告。这些年的实际情况证明,预测科学研究中心这几年的预测报告,能够较为准确地把握我国经济发展趋势,对国民经济重要指标给出相当接近的预测值,能够发现下一年度经济发展中的潜在问题并给出相应对策建议。这些报告对政府有关部门和企业贯彻落实科学发展观,加强和改善政府对经济工作的指导,引导各经济部门配合政府实现宏观经济目标,有着重要的参考价值。这些报告也在国内外形成了广泛的影响。2010年预测报告的发布就受到国际新闻媒体的强烈关注,路透社、法新社等都发了消息。

预测科学研究中心是中国科学院在体制创新方面的一次尝试。它打破体制上的壁垒,打破学科间的壁垒,是一个为了共同的目标组建成的跨学科的中心。我希望中心的体制与管理要有所突破，有所创新，通过优势互补，在服务国家战略决策方面，在攻克预测科学科技难关方面成为一个先行者，为院内外、国内外科学界树立一个榜样，创造一个典范。同时，我也希望这个年度预测报告系列越办越好，以更好的质量服务于政府、企业和社会公众，服务于我国按照科学发展观建设社会主义的光辉事业。

2010 年 12 月

序　二

成思危

（2006 年 4 月 26 日下午在中国科学院预测科学研究中心第一次学术委员会会议上的讲话）

我作为中心的学术委员会主任，想从学术观点和运行机制两个方面来谈谈我的意见。

预测、评价、优化是系统工程的三大支柱。因为未来世界的不确定性和人们认知能力的有限，预测不可能做到绝对准确，只能达到相对准确或近似准确，但预测是必不可少的。没有预测，人们将无法确定未来的行动和方向，所以预测的重要性显而易见。

简单地说，预测方法分为两类：一类是根据现有数据去推测，另一类是根据专家已有的经验去推测。从现有的数据去推测，最简单的办法就是外推，前提是客观世界没有太大变化。这种方法只适用于短期预测。在此之上的方法就是把外界可变因素按照一定的规律加入进来，如投入产出方法、马尔可夫链、数据挖掘等。再高级一点的方法就是从数据中发现知识，即所谓数据库中的知识发现（KDD）、统计推断等。这是目前在预测技术中比较占主流的方法，即由过去的数据去推断未来。当然，数据的数量和质量保障是使用这种方法的前提。根据专家的知识和经验去推测，实际上就是根据经验预测未来，如 Delphi 法等群决策方法。我把群决策方法分为协调型决策和协同型决策，前者是指参加决策的人们有利益冲突，但又都希望达成一个妥协的结果；后者则是指参加决策的人们没有利益冲突。虽然后者已经达到了很高的协同性，但是专家的意见还是会有分歧，专家的知识背景还是会有差异，当然也难免存在权威的干涉。

要想把预测工作做好，就要把主观的专家经验和客观的数据结合起来。一般有两种方法：一种是数学方法，另一种是仿真。数学方法是建立以数学为基础的模型，由专家检审后反馈意见，再进行修改与计算，再返回到专家，也就是人-机系统集成方法。这种方法的缺点是设备复杂、变量多、回路多，因而在计算上操作困难较大。仿真的方法，即以智能体为基础（agent-based）的仿真技术。我在国家自然科学基金委兼任管理科学部主任的时候曾支持过戴汝为、于景元、顾基发三人牵头的支持宏观经济决策的人-机交互综合集成系统研究，投入了 500 多万元，但效果还是与理想有些差距。所以，预测科学研究中心也不能期望自己能够解决所有的预测问题，问题的解决要一步一步地去做，如中心现在的农业产量预测和外贸预测就做得比较好，预测的精度较高。

从实际情况来看，中心目前只能以任务为主，以完成任务为考核的主要指标。在任务完成的同时，去进行理论、方法的提炼和升华，逐步地归纳、总结，以提高学术水平。实际情况决定了预测科学研究中心有大量的工作要去做，而且大多数的工作都是属于中短期的。造成这样的原因有两点：一点是科学院需要中心出一批有影响的预测报告，另一点就是经费的压力。经费全靠"化缘"是不行的，中国科学院支持中心 40％ 的经费，另外的 60％ 要用两种办法取得：一种是四处申请课题，另一种是找几个主要的用户给予固定支持，如商务部等。如果没有一个成型的机制，既不稳定，也会牵扯太多的精力。对于经费的来源，我建议采用 4：3：3 机制，即 40％ 科学院支持，30％ 固定用户支持，30％ 机动。这样的话，就有 70％ 的经费是稳定的，其余 30％ 的波动对中心的影响可能不太大。

还有一点，目前预测科学研究中心由 4 个研究部组成，但事实上有 6 家单位参与，还是像一个"拼盘"。中心要想真正发挥优势，必须要加强集成。从理想状态来说，我认为要由中心确定课题，并从各单位抽出人员与中心招聘的人员共同组成课题组，一起完成课题，待课题结束后抽调人员再返回原单位，这样能达到统一组织，集成优势的目的。

最后一点，是激励机制的设立。对于在中心工作的科研人员，中心应当给予一定的补贴，这样才能使科研人员精力更加集中。目前，中国科学院总体来说还是处于所、院相对独立的状态，不进行制度上的创新，就很难出现真正意义上的学术创新。

我到这里来担任学术委员会的主任，就是希望能够推动预测科学的发展。发展预测科学一定要不断创新。建立中国的预测学派可能需要十年、二十年的努力，所以，现在提这个目标还为时过早，但可以作为一个远期目标。我希望大家一同来支持这个中心，三五年之后，预测科学有可能更受重视，我们要努力争取做出最好的成果。

前　言

改革开放以来，经过三十多年的高速发展，中国经济的发展动力和增长模式发生了很大的变化。与此同时，国际金融危机之后，国际经济进入一个再平衡阶段，中国经济发展的外部环境也发生了很大的改变。2012 年以后，受国际经济形势总体复苏较慢、国内经济三期叠加的压力并存以及结构性调整等因素的影响，中国经济增长总体上呈现下行的趋势。国家统计局发布的初步核算数据显示，2015 年前三季度中国 GDP 为 48.78 万亿元，按可比价格计算，同比增长 6.9％。分季度看，第 1 季度同比增长 7.0％，第 2 季度增长 7.0％，第 3 季度增长 6.9％。目前的 GDP 增速已经是 2009 年 3 月以来的最低水平。2016 年中国经济增速是否继续下滑？下滑到何种程度？十八大设定的到 2020 年 GDP 翻两番的目标是否能够顺利实现？在进入 2016 年之际，这些都是中国以及世界关心的热点问题。

2016 年是"十三五"规划的开局之年，本年的经济表现将很大程度上影响"十三五"时期各项经济政策的出台和实施。总体上，2016 年及今后几年中国经济增长既面临国际国内的诸多挑战，又有深化改革、扩大开放带来的一系列有利因素。国务院总理李克强于 2015 年 11 月为《经济学人》年刊《世界 2016》撰文指出，2016 年中国将继续深化改革，扩大对外开放，拓展国际经济合作。尽管增速有所放缓，但中国经济正在朝着我们期待的方向，朝着更多立足内需和创新拉动的方向发展，中国经济正处在从"求快求大"向"求优求精"目标的转变过程中。中国经济也将在更大程度上融入世界经济，在更多领域放宽外资准入，其中服务业领域的开放也会进一步扩大。此外，中国正在推动"一带一路"建设，旨在通过国际产能合作，将中国制造业的性价比优势同发达经济体的高端技术相结合，向广大发展中国家提供"优质优价"的装备，帮助他们加速工业化、城镇化进程，以供给创新推动强劲增长。人民币加入特别提款权（special drawing right，SDR），增大了中国在国际经济事务中的发言权。可以预期，2016 年中国经济将有很多新的举动。

此外，中国经济也面临着一些前所未有的困难。从国际环境看，尽管美国经济有所复苏，世界经济总体上仍将难以摆脱低迷状态，日本等经济体复苏乏力，新兴经济体的动荡有可能加剧，中国经济的外需动力不足；而低成本国家又对中国对外经济形成了有力的竞争。从国内环境看，产业过剩的局面没有得到有效缓解，部分行业去产能减亏损、部分企业去库存增投资等方面的任务依然十分艰巨；长期积累下来的债务杠杆过高，中国经济的潜在金融风险很大，去杠杆化任务同样十分艰巨；而不断爆表的雾霾等环境问题警示着中国的环境承受力已经达到极限，过去赖以发展的一些支柱性产业必须限制。同样可以预期，2016 年中国经济又将要经历很多的变革。

因此，2016 年对中国社会而言是革旧和立新并存的一年，中国经济充满着各种不确定性。这为分析和判断 2016 年中国经济的走势带来了极大困难。为做好 2016 年中国经济预测与展望报告，中国科学院预测科学研究中心聚集了中心的骨干科研人员以及一批与中心长期合作的研究人员，经过数轮研讨，根据各位研究人员的专长，分头撰写，分工协作，交叉研读，形成了现在这份呈现给大家的年度预测报告。我们认为，2016 年中国的经济结构调整将进一步深化，产业升级逐步深入，尽管中国经济面临着很大的困难，但中国经济转型正在向好的势头挺进。我们预计，尽管 2016 年中国经济增速还会进一步下降，但总体上会保持平稳增长的态势，2016 年中国 GDP 增速为 6.7% 左右，高于为完成"十三五"规划的年增速 6.5% 的最低值。从时间看，预计 2016 年中国经济增长将呈现前低后高的趋势，上半年 GDP 增速预计为 6.5% 左右，下半年增速预计为 6.8% 左右。中国经济能够在"十三五"期间保持一个中高速增长的态势，2020 年翻两番的目标应该能够实现。

本报告由 12 个分报告组成，共分为两部分。第一部分为宏观经济预测与展望，包括 2016 年中国 GDP 增速的预测与分析、2016 年物价走势的预测与展望、2016 年投资、消费、进出口形势的预测与展望、2016 年中国居民收入预测与展望，以及新常态下中国经济转型的环境、条件和问题的探讨，由 7 个分报告组成；第二部分为行业经济景气分析与预测，包括 2016 年主要农产品生产形势分析与展望、2016 年汽车、钢铁、煤炭行业的预测与展望、2016 年房地产行业及房价的预测与展望、2016 年物流行业预测与展望、2016 年大宗商品价格预测与展望，共有 5 个分报告。可以看到，本报告所讨论的问题，都是中国经济中的热点问题。我们希望这个报告能够对中国各级政府的宏观决策，对国内外企业、投资人及广大民众的经济形势判断发挥参考作用。

本报告是中国科学院预测科学研究中心对外出版的第 11 个年度经济预测报告。作为一个隶属于基础研究的研究单元，中国科学院预测科学研究中心的科研人员主要承担基础性学术研究工作。本报告的各个分报告是这些科研人员在基础性学术研究的同时，跟踪经济发展形势，利用学业专长所做的应用性研究。本报告的撰写耗费了所有作者大量的心血和精力。他们的辛苦付出，使得本报告系列能年复一年地在每年年初呈现给广大读者，为广大读者预判下一年度中国经济走势提供一个可靠的参考。作为本报告的主编，我们对本报告的所有作者表示最衷心的感谢！本报告的出版，十多年来得到科学出版社的领导和编辑同志们的大力支持，每次他们都反复校稿，字斟句酌，做了大量工作。我们对他们的无私支持和辛勤劳动也给予诚挚的感谢！

杨晓光　杨翠红

2015 年 12 月 12 日

目　　录

宏观经济预测与展望

行业经济景气分析与预测

宏观经济预测与展望

2016 年中国 GDP 增长速度预测与分析[①]

陈锡康　祝坤福　王会娟　刘　鹏

报告摘要：2016 年是经济和社会发展的变革之年、创新之年和转型之年。中国经济发展已经进入新常态，经济增长方式和经济增长的动力将出现根本性变化，经济增速将继续小幅回落。本报告主要从三个部分对 2016 年中国的 GDP（gross domestic product，即国内生产总值）增长速度进行预测和分析，具体如下。

第一部分主要阐述当前中国经济发展的五大特点：经济增长进入新常态，经济增速继续小幅回落，下行压力较大；经济增长方式和经济增长的动力出现根本性变化，消费成为经济增长的主要驱动力；经济结构发生重大变化，第三产业，即服务业成为国民经济发展的主导产业；新兴产业蓬勃发展，传统产业转型升级；部分经济质量和效益指标出现明显下降。

第二部分为 2016 年 GDP 增长速度预测。初步预测 2015 年全年 GDP 增速为 6.9% 左右，2016 年 GDP 增速为 6.7% 左右，高于完成"十三五"规划的 GDP 年增速 6.5% 的底线。预计 2016 年年中，中国经济将企稳并有小幅回升。从三大产业来看，预计 2016 年第一产业增加值增速为 3.6%，第二产业增加值增速为 5.3%，第三产业增加值增速为 8.6%。预计 2016 年最终消费、资本形成总额和净出口对 GDP 增长的贡献率分别为 60.2%、38.5% 和 1.3%，对 GDP 增长的拉动率分别为 4.0 百分点、2.6 百分点和 0.1 百分点。

第三部分针对当前的经济发展形势提出若干建议，具体为：把稳增长作为 2016 年经济工作的首要任务；明确经济发展数量与质量的辩证关系；为投资正名；服务业是国民经济主体，应提高服务业地位，把服务业列入实体经济之中；降低社会融资成本，降低无风险利率，促使消费和投资较快增长；逐步使存款准备金率回归中国历史正常水平；适度加大积极的财政政策力度，特别是对第三产业的支持力度；建议人民币适度贬值。

一、 当前中国经济发展的主要特点

2016 年是中国"十三五"开局之年，也是完成中共十八大提出的"到 2020 年国内生产总值和城乡居民人均收入比 2010 年翻一番"宏伟目标的关键一年。2016 年是经济和社会发展的变革之年、创新之年和转型之年。从经济发展的角度考察，当前中国经济发展具有以下五大特点。

---

① 本报告得到国家自然科学基金委员会资助（项目编号：61273208、71473244、71473245、71173210），特此致谢！

1. 经济增长进入新常态，经济增速继续小幅回落，下行压力较大

预计 2015 年中国 GDP 增速为 6.9%，比 2014 年下降 0.4 百分点；2016 年 GDP 增速为 6.7% 左右，比 2015 年下降 0.2 百分点，降幅略有缩小。经济增速回落，由过去三十多年平均 10% 左右的高速增长转为中高速增长。这是当前中国经济发展的最主要特点。经济增速下降有其客观必然性和主观因素。具体的客观因素包括以下几方面。

第一，中国经济发展水平提高，进入中上等收入国家行列。1978 年中国人均 GDP 为 382 元，即使按当时官方高估的汇率计算，也仅为 224.9 美元，中国人均 GDP 位列世界各国倒数第 2 位，仅是印度人均 GDP 的 2/3。2014 年中国人均 GDP 为 7 504 美元，根据世界银行的划分标准，已进入世界中上等收入国家行列[①]。

世界各国经济发展呈现如下规律：随着经济发展水平的提高，人均 GDP 增长，经济增速将下降。根据世界银行 2013 年世界各国 GDP 增长率资料，2013 年高收入国家 GDP 平均增长率为 1.31%，中上等收入国家为 4.64%，中下等收入国家为 5.05%，低收入国家为 5.78%[②]。一个国家的人均 GDP 越高，一般情况下经济增速将会越低。

许多国家和经济体在经历了经济高速增长阶段以后，都出现经济增长速度大幅度下降的现象。例如，日本在 1960~1973 年经历了经济高速增长，GDP 年均增长率为 8.71%，1974 年为转折年份，1974~2014 年 GDP 年均增长率为 2.31%，比 1960~1973 年分别下降了 6.40 百分点。韩国在 1963~2002 年经济高速增长，GDP 年均增长率约为 8.55%，2003 年为转折年份，2003~2014 年 GDP 年均增长率为 3.78%[③]，比 1963~2002 年下降 4.77 百分点（表 1）。

表 1 若干国家和地区高速增长阶段及以后年份的经济增长率（单位：%）

国别/地区	高速增长期	高速增长期的年均增长率	转折年份	高速增长结束后	高速增长结束后的年均增长率
日本	1960~1973 年	8.71	1974 年	1974~2014 年	2.31
韩国	1963~2002 年	8.55	2003 年	2003~2014 年	3.78
中国香港	1965~1988 年	7.74	1989 年	1989~2014 年	3.84
新加坡	1960~1997 年	8.62	1998 年	1998~2014 年	5.62
墨西哥	1962~1981 年	7.04	1982 年	1982~2014 年	2.35
巴西	1967~1976 年	10.12	1977 年	1977~2014 年	2.88
马来西亚	1987~1997 年	9.27	1998 年	1998~2014 年	5.16

资料来源：http://data.worldbank.org/indicator/NY.GDP.MKTP.KD

---

① 按照世界银行 2013 年的划分标准，人均国民总收入在 1 045 美元以下的为低收入国家，1 046~4 125 美元为中下收入国家，4 126~12 745 美元为中上收入国家，12 746 美元以上为高收入国家。资料来源：World Bank WDI Database。

② 资料来源：World Bank WDI Database。

③ http://data.worldbank.org.cn/indicator/NY.GDP.MKTP.KD。

这些国家和地区高速增长后通常都转为中速增长，或中低速增长。中国经济发展的特点是高速增长阶段以后转为中高速增长，经济增速将保持在 6.0%～7.0%。从中长期来看，中国经济还有较大的增长潜力和空间。

第二，人口红利大幅度减少。这表现为目前农村的富余劳动力大幅度减少和工资水平提高。目前，越南、印度尼西亚、泰国、印度、巴基斯坦、柬埔寨等国家的工资水平比中国低。最近几年部分外资加工企业迁出中国，中国加工出口订单减少，造成出口增速下降，加工出口增速转为负值。

第三，国际经济不景气，外需低迷。国际上除美国等少数国家经济景气度较高外，大部分发达国家和发展中国家经济低迷，增速较低，使得中国外需增速大幅下降，2015 年前三季度中国海关货物出口同比下降 1.8%。

除客观因素外，我们认为，以下主观因素也造成了中国经济增速放缓。

第一，多年来居民收入增速没有与 GDP 增速同步，国民收入分配不公，造成供需失调，以致产能严重过剩，阻碍中国经济发展。

居民收入增速没有与 GDP 增速同步，突出地表现为在国民收入初次分配中资本所得和政府税收比重过高，从业人员报酬比重过低（表 2）。

表 2　中国 1997 年、2007 年和 2012 年增加值与初次分配结构

项目	1997 年		2007 年		2012 年	
	数额/亿元	比重/%	数额/亿元	比重/%	数额/亿元	比重/%
从业人员报酬	41 540	54.87	110 047	41.36	264 134	49.21
生产税净额	10 312	13.62	38 519	14.48	73 606	13.71
资本毛盈余	23 852	31.51	117 478	44.16	199 060	37.08
其中：固定资产折旧	10 245	13.53	37 256	14.01	71 682	13.35
营业盈余	13 607	17.97	80 222	30.15	127 378	23.73
增加值合计	75 704	100.0	266 044	100.0	536 800	100.0

资料来源：国家统计局国民经济核算司.1997 年投入产出表．北京：中国统计出版社，1999；国家统计局国民经济核算司.2007 年投入产出表．北京：中国统计出版社，2009；国家统计局国民经济核算司.2012 年投入产出表．北京：中国统计出版社，待出版

由表 2 可知，2007 年中国从业人员报酬占所有部门生产总值的比重为 41.36%，1997 年为 54.87%，下降 13.51 百分点，而同期资本毛盈余（包括固定资产折旧与营业盈余，即企业利润）上升了 12.65 百分点。这说明该时期居民收入增长严重落后于经济增长。该时期从业人员报酬比重大幅度下降也与当时中国存在大量廉价富余劳动力有关。此后，情况有了很大改变，2012 年中国初次分配中从业人员报酬比重有很大幅度提高，达到 49.21%。美国 2007 年初次分配中从业人员报酬约占 56.05%，税收占 6.93%，资本毛盈余占 37.02%。中国 2007 年初次分配中从业人员报酬比重比美国低 14.69 百分点，而税收比美国高 7.55 百分点，资本毛盈余高 7.14 百分点。

国民收入分配可以分为初次分配和再次分配，其中初次分配最为重要。初次分配基

本上决定着收入分配的结构，而再次分配只是初次分配的补充和调整。如果初次分配不合理，再次分配怎么调整都无法产生较大影响。东亚经济体如日本、韩国、中国台湾、中国香港和新加坡等成功跨过中等收入陷阱的经验表明，在初次分配实现基本公平，才能避免收入差距过大，形成一大批中等收入阶层，拉动经济特别是居民消费的可持续增长。需要引起中国政府特别重视的是收入分配中居民收入贫富差距过大的问题。国家统计局 2015 年年初公布，2014 年全国居民收入基尼系数为 0.469①。广大低收入居民受收入水平的限制没有足够的能力购买需要的商品，以致出现严重的供大于求、产能过剩现象。

当前中国经济发展面临的主要矛盾是供大于求、产能过剩。马克思认为资本主义社会出现生产过剩危机的根源在于生产的社会化和生产成果的资本主义占有。我们认为，在我们国家出现严重的产能过剩和内需不足现象的根源在于国民收入分配不合理。进行国民收入的合理分配，适度提高从业人员报酬比重，缩小过大的贫富差距和消除贪污腐化等不正之风，将从根本上解决这个矛盾。

第二，人口政策缺乏远见。在 20 世纪末实行计划生育是必要的。21 世纪初人口增长速度已大幅放缓，人口总和生育率②已不仅低于维持下一代人口与上一代数量上持平所必需的世代更替水平（总和生育率 2.1），而且低于 1.5，即敲响了人口结构危机的警钟。中国的人口政策没有进行及时调整，这在一定程度上将影响目前和今后中国经济的发展速度。

第三，人民币对多种货币大幅度升值，影响出口增速。利用世界银行 WDI（world development indicators，即世界发展指标）数据库资料计算可得，2005～2014 年人民币对美元升值 33.4%，对欧元升值 43.1%，对日元升值 28.2%，对英镑升值 47.9%，对德国马克升值 25.1%，对港币升值 32.9%。人民币大幅度升值使得中国出口商品的国际竞争力大幅度降低，出口企业的利润减少。最近几年中国出口增速大幅度回落，2015 年 1～10 月货物出口总值同比下降 3.6%，人民币的快速升值是其重要原因之一。

2. 经济增长方式和经济增长的动力出现根本性变化，消费成为经济增长的主要驱动力

中国经济发展已开始由主要依靠投资驱动和过多依靠出口驱动转向主要依靠消费的"三驾马车"全面驱动。例如，2006～2010 年中国 GDP 增长率中投资的平均贡献率高达 57.8%，是经济增长的主要驱动力。2015 年前三季度中国最终消费对 GDP 增长贡献率达 58.4%，消费已经成为经济增长的主要驱动力。预计 2016 年及以后年份最终消费的贡献率将进一步上升，今后将逐步提高到 70% 左右。

---

① 国际上常用基尼系数定量测定社会居民收入分配的差异程度。基尼系数低于 0.2 表示收入过于公平，而 0.4 是社会分配不平均的警戒线，故基尼系数应保持在 0.2～0.4，低于 0.2 社会动力不足，高于 0.4 社会不安定。

② 据中国社会科学院人口与劳动经济研究所王广州研究员测算，中国育龄妇女总和生育率在 2000 年为 1.39～1.49，2001 年为 1.20～1.45，2002 年为 1.31～1.46，2003 年为 1.30～1.44，2004 年为 1.34～1.46，2005 年为 1.42～1.52，2006 年为 1.36～1.46，2007 年为 1.38～1.48，2008 年为 1.38～1.50，2009 年为 1.34～1.48，2010 年为 1.34～1.47。资料来源：http://guoqing.china.com.cn/2012-06/29/content_25767248.htm。

3. 经济结构发生重大变化，第三产业，即服务业成为国民经济发展的主导产业

中国的第二产业特别是工业增加值，长时期在 GDP 中占主导地位，第三产业比重较低。例如，2010~2014 年中国第三产业增加值占 GDP 的平均比重仅为 45.8% 左右。目前，发达国家第三产业增加值占 GDP 的比重约为 70%，很多发展中国家第三产业的比重也较高，如印度 2011 年第三产业的比重为 56.72%，如表 3 所示。中国第三产业的比重不仅远远低于发达国家，而且低于很多发展中国家。预计 2015 年中国第三产业增加值将占 GDP 的 51.5% 左右。

表 3　2011 年部分国家三大产业增加值在 GDP 中的比重（单位：%）

国别	第一产业比重	第二产业比重	第三产业比重
美国	1.19	19.43	79.38
澳大利亚	3.03	29.56	67.41
加拿大	1.93	30.98	67.09
德国	1.02	29.49	69.49
丹麦	1.55	22.14	76.31
西班牙	2.73	25.15	72.12
法国	2.08	18.03	79.9
芬兰	2.71	28.32	68.97
英国	1.01	21.94	77.05
意大利	1.89	24.94	73.17
日本	1.34	26.93	71.73
韩国	2.70	39.16	58.14
发达国家平均	1.93	26.34	71.73
中国	10.11	46.76	43.13
印度	16.53	26.75	56.72
印度尼西亚	14.73	47.12	38.16
巴西	5.58	26.61	67.81
俄罗斯	4.24	36.14	59.62
5 个新兴经济体平均	10.24	36.68	53.09

资料来源：WIOD database

中国 2015 年前三季度第三产业增速为 8.4%，远高于第二产业增速（6%）和第一产业增速（3.8%）。2016 年中国将主要依靠第三产业推动经济增长，第三产业的比重将继续大幅度上升，预计 2016 年中国第三产业增加值将占 GDP 的 52.5% 左右。中国新增非农就业也主要依靠发展第三产业来解决。

4. 新兴产业蓬勃发展，传统产业转型升级

在新一轮科技革命和科技创新的带动下，一批新兴产业，如"互联网＋"、大数据、云计算、新型材料、机器人产业、卫星应用、3D 打印、现代服务业、网购与快递业、生物和健康服务、现代农业等蓬勃兴起。尽管这些产业目前在经济中比重尚不太大，但其生命力强、发展速度快，发展前景不可估量。目前很多传统产业在科技创新和信息技术等推动下正在进行脱胎换骨的转型升级。例如，浙江省湖州市知名的吴兴区童装生产基地引进机器人以后，生产率大幅度提高，每个机器人 8 个小时可裁剪 2 万件服装，相当于 10 个工人一天的工作量。机器人裁剪服装的质量高于人工裁剪，不仅提高了生产效率和产品质量，而且降低了生产成本，大幅度提高了该地区童装的国际竞争力。

5. 部分经济质量和效益指标出现明显下降

由于经济下行压力很大，增速回落，部分经济质量和效益指标，如国家财政收入、税收、企业利润等出现较大幅度下降。我们预计，随着经济企稳回升，经济质量和效益将会逐步好转。

二、 2016 年 GDP 增长速度预测

1. GDP 增速预测结果

初步预测 2015 年全年 GDP 增速为 6.9％左右，2016 年 GDP 增速为 6.7％左右，高于完成"十三五"规划的年增速 6.5％的底线。

2. 经济走势预测

预计 2016 年中国经济发展将呈现前低后高的趋势，上半年 GDP 增速为 6.5％左右，下半年增速为 6.8％左右。全年经济发展比较平稳。

预计 2016 年年中，中国经济将企稳并有小幅回升，主要依据如下。

第一，2015 年以来中央采取一系列稳增长措施。例如，2015 年 1～9 月，国家发展和改革委员会（简称国家发改委）共审批核准固定资产投资项目 218 个，总投资 18 131 亿元。这些投资项目包括：农业水利项目 53 个，总投资 3 982 亿元；交通基础设施项目 84 个，总投资 9 906 亿元；高技术和信息化项目 33 个，总投资 208 亿元；能源项目 25 个，总投资 2 366 亿元；社会事业等项目 23 个，总投资 1 669 亿元。这些项目既能为"促投资、稳增长"提供新动能，也能不断增强发展后劲，为经济长远发展提供坚实基础。这些项目批准后从安排和落实资金，准备开工，进行建设，到发挥作用需较长时间。基建投资对 GDP 的拉动作用有较长时滞，预计 2016 年第 2 季度以后将会发挥作用。

第二，预计 2016 年第 2 季度以后房地产业去库存将取得重要进展。在当前房地产

市场库存高企、投资持续下滑的形势下，习近平总书记首次表态要化解房地产库存，促进房地产业持续发展。预计中央将采取一系列刺激政策促进房地产健康发展，例如，进一步降准降息，加快户籍制度改革带动住房等消费，降低购房的首付比例，进·步降低购房门槛，继续加大对住房公积金的松绑，提高公积金的使用效率，预计三四线城市有可能陆续出台购房减免税费和补贴性的政策等。这些政策从出台、落实到发挥作用需一段较长的时滞，预计 2016 年年中将陆续见效。

第三，预计 2016 年国际上主要发达国家和大部分发展中国家，除美国和德国等少数国家以外，经济发展仍比较低迷，但较 2015 年略好。国际货币基金组织（International Monetary Fund，IMF）预计 2015 年全球经济增速为 3.3％，2016 年将升至 3.6％。预计 2016 年中国出口形势仍很严峻，但较 2015 年略好。

3. 三大产业经济增速预测

从三大产业来看，预计 2016 年第一产业增加值增速约为 3.6％，比 2015 年降低 0.4 百分点，这主要是由于 2016 年粮食可能减产造成的；预计 2016 年第二产业增加值增速为 5.3％，较 2015 年降低 0.5 百分点；预计第三产业增加值增速为 8.6％，比 2015 年提高 0.1 百分点（预测结果见表 4）。

表 4　2014～2016 年中国 GDP 增速以及三大产业增加值增速（单位:％）

项目	2014 年	2015 年 预测	2016 年 预测	2016 年较 上年提高
GDP 增速	7.3	6.9	6.7	−0.2
其中：				
第一产业	4.1	4.0	3.6	−0.4
第二产业	7.3	5.8	5.3	−0.5
第三产业	7.8	8.5	8.6	0.1

4. 三大需求对经济增长贡献率预测

从三大需求来看，预计 2016 年最终消费、资本形成总额和净出口对 GDP 增长的贡献率分别为 60.2％、38.5％和 1.3％（表 5）。与 2015 年相比，2016 年三大需求对 GDP 增速的贡献有如下三个特点：①预计 2016 年最终消费对 GDP 增长的贡献率比 2015 年有明显上升，由 58.6％上升到 60.2％，提高 1.6 百分点，拉动 GDP 增长 4.0 百分点；②预计 2016 年资本形成总额对 GDP 增长的贡献率为 38.5％，较 2015 年下降 1.3 百分点，拉动 GDP 增长 2.6 百分点；③预计净出口对经济增长的贡献率为 1.3％，较 2015 年下降 0.3 百分点，拉动 GDP 增长 0.1 百分点。

表5　2014～2016年中国GDP增长率以及三大需求的贡献（单位：%）

项目	GDP 增长率	贡献率			拉动GDP增长		
		最终消费	资本形成总额	净出口	最终消费	资本形成总额	净出口
2014年	7.3	51.6	46.7	1.7	3.8	3.4	0.1
2015年预计	6.9	58.6	39.8	1.6	4.0	2.8	0.1
2016年预计	6.7	60.2	38.5	1.3	4.0	2.6	0.1

三、若干建议

1. 把稳增长作为2016年经济工作的首要任务

在当前情况下应当把稳增长、使经济止跌回升作为宏观经济发展的首要任务，应当正确看待GDP指标。GDP是世界各国公认的衡量经济发展的主要指标。GDP由三部分组成，即劳动者报酬、资本毛盈余和税收。GDP与其他指标，如就业、居民收入、生态环保等指标配合在一起组成宏观经济的重要指标体系。一般情况下，GDP增速下降，居民收入、企业盈利和国家财政收入的增速都会下降。因此，一方面我们不能唯GDP论，另一方面要充分重视这个指标在经济中的重要作用。

我们认为，2015年部分省市在制订经济发展计划时不列入GDP指标是不妥当的，应当改变。

2. 明确经济发展数量与质量的相互辩证关系

经济发展的实践表明，只有在稳增长的前提下提高经济发展的质量和效益，转变经济发展方式和调整产业结构才能顺利进行。当经济下行时大部分经济质量和效益指标往往同时恶化。不能强调数量而忽视质量，也不能强调经济质量和效益而忽视数量。随着经济下行，最近一段时期中国大部分经济质量和效益指标，如工业企业利润增速、国家税收增速、国家财政收入增速都明显下降。

中国目前是速度效益型经济，在一定经济增长区间内，增速越快，效益越高。速度过低或过高，效益都不会好。

3. 为投资正名

在最近一段时间，很多经济学家通过将中国GDP支出法结构与发达国家进行横向比较，得出中国消费率远远低于发达国家与全球平均水平，而投资率远高于其他国家，由此认为用消费增长拉动经济增长是好的增长方式，而投资增长推动经济增长是一种不好的增长方式。但需要注意的是，投资需求是三大需求之一，是拉动经济增长的重要途径。中国的储蓄率高，相应的投资率也应当高，这是正常的现象。经济增长的源泉是扩大投资，投资增长依靠储蓄。中国近三十多年来经济的高速增长和国际金融危机后发达国家的经济停滞也证明了，投资增长是中国经济增长最主要的动力之一。特别是当前中国基础设施、住宅条件、设备更新程度较低，投资还有很大的空间。

4. 服务业是国民经济主体，应提高服务业地位，把服务业列入实体经济之中

总体来看，中国服务业发展相对滞后，与中国经济发展水平并不一致。实际上，服务业既有实体经济的部分，也有虚拟经济的部分。很长一段时间，服务业在国民经济统计中被视为非物质生产部门，忽视了服务业的高就业和高增加值率的特性。工业的发展、制造业产业竞争力的提升都离不开服务业。与发达国家比较，中国工业生产的中间服务投入远低于德国、日本和美国等发达工业国家。制造业"服务化"是当前中国制造业产业竞争力提升的必经之路，必须坚持发展以实体经济为导向的现代服务业。

服务业发展是经济增长的"稳定器"。从中国三大产业经济增长来看，2010 年以来工业增加值同比增速持续下滑，经济增长主要依靠服务业。服务业是经济增长的"稳定器"和扩大就业的"扩容器"。服务业是产业结构调整的关键所在和科技创新的重要驱动力，对经济持续稳定增长起到了重要的支撑作用。

5. 降低社会融资成本，降低无风险利率，促使消费和投资较快增长

货币政策应当保护、促进和发展中国经济的内生增长动力。消费者和生产者能以正常的，而不是过高的利率获得进行消费、生产及投资活动所必需的资金。2015 年 10 月，中国的 CPI（consumer price index，即居民消费价格指数）为 1.3%，无风险利率略高于 1.3% 即可。建议切实降低企业融资成本，争取企业融资利率低于 5%。应通过降低利率使得居民收入中更大部分用于当前消费和投资；让所有企业，特别是小微企业能以较低利率融资，从而促进经济增长。

6. 逐步使存款准备金率回归中国历史正常水平

1985～2012 年的 28 年间中国大型金融机构存款准备金率为 11.7% 左右。目前，大型金融机构存款准备金率为 17% 左右，不仅达到中国金融史上的高峰，也为全球最高。从国际上看，自 20 世纪 90 年代以来，许多国家的中央银行，如美国、加拿大、瑞士、新西兰、澳大利亚等都降低或取消了法定准备金率，零准备金率正成为一种趋势。2014 年 9 月末美国商业银行法定存款准备金率平均为 0.79%。日本 1991 年以后最高的法定存款准备金率为 1.3%。英国、加拿大、澳大利亚、丹麦、瑞典等国家已经完全取消存款准备金。

金融机构存款准备金率较高是紧缩的货币政策的一种表现，与当前稳健的货币政策不相容。建议中国人民银行逐步降低商业银行的存款准备金率，短期内降至中国历史正常水平的 10% 左右，长期来看需要降至接近世界各国的一般水平。

7. 适度加大积极的财政政策力度，特别是对第三产业的支持力度

建议加大对教育和医疗卫生的投资力度，重点是增加农村的基础教育和城乡中等技术教育的投资。加大对居民服务业，如社区养老服务、社区医疗服务和保健服务等服务业的投资力度。争取在"十三五"规划期间使第三产业以显著高于 GDP 的增长速度发展，为稳增长做出重要贡献。

8. 建议人民币适度贬值

2005 年以来人民币大幅度升值。相对于美元来说，已升值 33％以上。按目前汇率计算，中国境内不仅高档消费品和机电产品，如高档汽车、化妆品、女用包等价格大幅度高于美国，而且很多日常用品、粮食、肉类、水产品等，以及电力、汽油等能源产品的价格也高于美国。中国出国旅游者在国外大批购买商品的主要原因之一，就是国外价格较国内低廉。这些现象均表明人民币已过度升值了。

20 世纪 80 年代中后期，日本经济对美国有巨大的贸易顺差，出口实力强大，经济增长迅速。美国政府以解决美日贸易逆差为名迫使日本政府进行日元升值，在 1985 年强迫日本签订"广场协议"。协议签订后不到两年的时间里，日元兑美元汇率从 240：1 升至 120：1。此后，日本的出口增速大幅度减缓，经济长期停滞不前。目前，美国部分政客仍在向中国政府施加压力，要求人民币继续升值，企图故技重演。我们应充分吸取日本"广场协议"的教训。

建议改变人民币汇率片面以美元为参照物的做法，人民币应与美元、欧元、英镑、日元等主要货币全面挂钩和对照。

2015 年物价走势与成因分析及 2016 年物价预测①

程建华　许　坤　于戒严　杨晓光

报告摘要：2015 年"三期叠加"、"三性叠加"和"三转换"对中国宏观经济运行的影响持续加深，加之经济体制改革不断深入，中国经济运行在"新常态"中进一步调整。2016 年是"十三五"规划开局之年，经济稳定运行与增长对推动经济体制和结构改革以及实现两个"一百年目标"意义重大。面对经济新形势和新环境，本报告对2015 年中国物价基本走势特征及其动因进行了分析，结合未来影响中国经济和物价变化的因素对中国 2016 年物价走势做出预估和判断。

2015 年中国物价走势的基本特征是：CPI 继续小幅上涨，涨幅缩小；工业生产者出厂价格指数（producer price index，PPI）和工业生产者购进价格指数（purchasing price index of raw material，fuel and power，PPIRM）继续下跌，跌幅扩大；CPI 与PPI "剪刀差"继续扩大，PPIRM 与 PPI "剪刀差"相对缩小；国际大宗商品价格全面大幅下跌。形成 2015 年中国物价特征的动因：经济增长下行、国际大宗商品价格大幅下跌、国内产能过剩加剧以及固定资产投资增速回落，是导致 CPI 较低，而且 PPIRM和 PPI 降幅扩大的主要原因；而稳定增长的国内消费需求、宽松的流动性、房价止跌回升以及食品价格平稳，则是支撑 CPI 小幅上涨的主要力量。

2016 年推动中国物价上涨的因素包括消费需求继续平稳上涨、价格机制改革的推动作用、企业生产成本居高不下、持续宽松的货币环境、房地产价格温和上涨、国际大宗商品价格触底回升。抑制中国物价上涨的因素包括过剩产能消化压力巨大、生产领域价格走低预期持续、中间交易约束限制经济活动。不确定因素包括国际多边投资和贸易协定对中国经济的影响、世界经济走势不明朗、国际事务复杂多变、自然环境和气候变化等。

在定性分析的基础上，本报告利用经济景气指数分析法和计量经济模型对 2016 年中国物价变化进行趋势判断和数量预测，预测结果表明：2016 年上半年三大物价指数CPI、PPI 及 PPIRM 继续走低，下半年 CPI 涨幅有所上升，PPI 与 PPIRM 降幅减缓；预计 2016 年 CPI 依然保持小幅上涨，全年涨幅为 1.5%～2.0%；2016 年 PPI 全年降幅为 2.4%～6.1%，PPIRM 全年降幅为 3.0%～7.9%。

---

　　①　本报告获得国家社会科学基金一般项目"我国通货膨胀动态特征变化、预期冲击与最优监测目标研究"（12BJL024），国家社会科学基金重大项目"新常态下我国宏观经济监测和预测研究"（15ZDA011）及自然科学基金重点项目"高维度、非线性、非平稳及时变金融数据建模和应用"（71431008）的资助。

在中国经济处于增速减缓的情境下，政府应抓住通胀与通缩压力都较小的大好时机，解决中国价格体系问题，为此本报告建议：①进一步完善市场定价机制；②深化政府行政改革，降低中间交易成本；③加强政府价格监管职能，稳定市场经济秩序；④推进现代农业建设，稳定农产品价格和食品价格；⑤利用 PPI 和 PPIRM 走低时机，加快消化过剩产能。

一、引 言

根据中共十八大提出的要求，到 2020 年中国将全面建成小康社会，经济总量和人均增加值比 2010 年翻一番，实现当前全部贫困人口摆脱贫困，深化改革。2015 年是"十二五"规划收官之年，"十二五"前四年 GDP 年均增长 8.05%，经济运行向新常态平稳有序过渡，经济总量和人均收入保持较快增长，产业结构不断优化，人民生活水平稳步提升，环境质量不断改善，公共服务均等化水平快速提高，成绩巨大、成就斐然。然而国内体制机制结构性改革和宏观调控困难增加，外部经济环境不确定性增大，使得问题与成就并存。

2015 年"三期叠加"、"三性叠加"和"三转换"[①] 对宏观经济运行影响持续加深，"稳增长、调结构、促改革"难度加大，外部经济依旧疲软且国际局势持续动荡。受此综合影响，前三季度 GDP 同比增长 6.9%，与 2014 年同期相比下降约 0.4 百分点（2014 年前三季度累计同比增长 7.3%）。2015 年 1～10 月社会消费品零售总额和全社会固定资产投资总额同比累计分别增长 10.6% 和 10.2%，与 2014 年同期相比分别下降 1.4% 和 5.7%；进出口总额累计同比下降 8.5%，与 2014 年同期相比降低 12.3%（2014 年同期上涨 3.8%）；CPI 平稳小幅上涨，月均上涨 1.42%，涨幅回落 0.68 百分点；PPI 和 PPIRM 降幅加大，月均下降 5.18% 和 5.98%，宏观经济总体形势依旧保持稳中趋缓态势，通缩压力增大。

2016 年是"十三五"规划开局之年，"十三五"规划顺利实施对全面建成小康社会，实现"两个一百年"目标意义重大。当前经济下行压力持续加大，通缩压力逐步增大，体制机制改革和经济结构转型进入深水区，如何稳定未来经济增速，保持宏观经济稳定运行，对实现十八大制定的宏伟经济目标和社会目标，优质保量完成"十三五"规划任务具有重要的实践意义，而将物价水平控制在合理区间内是稳定经济运行的内在要求。不仅如此，价格机制改革要求更好地发挥市场在价格制定中的作用，健全政府定价制度，在加强市场价格监督的基础上发挥价格的杠杆作用，更好地服务于宏观调控。而价格机制改革顺利进行也要求物价保持稳定，避免陷入通缩或严重通胀之中。因此，本报告通过综合 2016 年经济增长、消费、投资、对外贸易以及房地产市场等各领域研究

[①] 中国经济新常态包括"三期叠加"、"三性叠加"和"三转换"。"三期叠加"是指增长速度换挡期、结构调整阵痛期、前期刺激政策消化期叠加；"三性叠加"是指周期性、结构性和外生性因素叠加；"三转换"是指增长动力转换、发展方式转换、新旧模式转换。

分析报告,在深入分析 2015 年中国物价走势特征及其成因的基础上,对 2016 年中国物价走势进行预测判断,并对 CPI、PPI 和 PPIRM 三大物价指数进行月度定量预测,以期为宏观经济政策的制定提供决策支持。

本报告结构安排如下:第二部分对 2015 年物价基本走势和特征做出描述性分析;第三部分对 2015 年物价特征形成的原因进行分析;第四部分分析影响 2016 年物价走势的各类因素;第五部分利用景气分析方法和计量经济模型对 2016 年三大物价指数走势进行预测判断和定量预测;第六部分给出稳定 2016 年物价水平的若干政策建议。

二、 2015 年中国物价走势基本特征[①]

(一) 2015 年物价总体走势

总体而言,2015 年中国物价水平依然延续 2014 年"分裂"走势,CPI 继续保持小幅上涨,涨幅缩小;PPI 与 PPIRM 继续下跌,且降幅进一步扩大。

1. CPI 小幅上涨,增幅缩小

2015 年 1~10 月 CPI 继续保持小幅上涨,涨幅较 2014 年同期收窄,衣着和食品价格上涨为主要推动因素,交通通信价格下降为主要抑制因素。2015 年前 10 个月,CPI 累计增长 1.43%(图 1),较 2014 年同期回落 0.72 百分点。

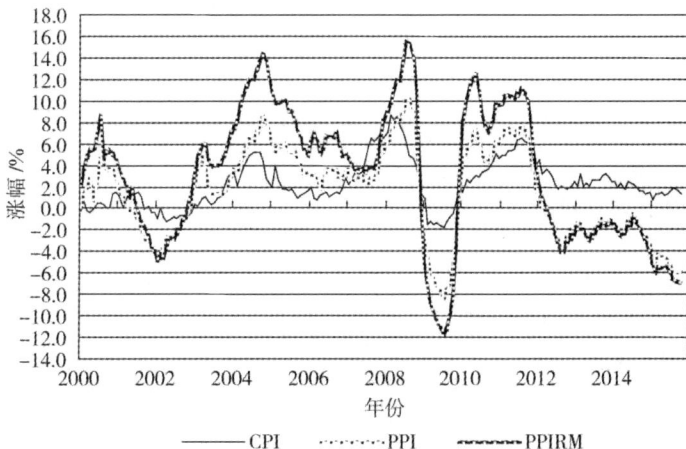

图 1 中国物价(CPI、PPI、PPIRM)走势(月度同比)

就分项消费价格而言,1~10 月衣着类价格水平同比上涨 2.90%,已超过食品类上涨水平(2.30%)0.6 百分点,成为消费领域分项价格中涨幅最快的指标,但由于食品

---

① 资料来源:本报告数据如未作特别说明,均来源于国家统计局网站数据库。

类价格在 CPI 中占比最大（大约为 33％），因此其依然是推动中国物价上涨的主要力量之一。烟酒类价格止跌快速回升，与 2014 年同期相比，累计上涨 2.44％；交通通信类价格继续下降，累计同比下降 1.77％，降幅扩大 1.87 百分点。2015 年前 10 个月，衣着类、食品类和烟酒类价格上涨成为推动 CPI 上涨的主要因素，交通通信类价格加速下降成为拉低 CPI 增速的主要因素。就城乡而言，2015 年前 10 个月中国城市 CPI 上涨 1.46％，比 2014 年同期水平的 2.17％下降 0.71 百分点，农村 CPI 由 1.88％降至 1.25％，降幅为 0.63 百分点。值得注意的是，在食品价格中，2015 年鲜菜类价格涨幅最高，前 10 个月同比上涨 6.7％（图 2），与肉禽类、粮食类、水产品类共同拉升中国食品类价格；尽管鲜果类和蛋类价格下降拉低了食品类价格上涨速度，但不足以抵消其他食品类价格上涨动力。

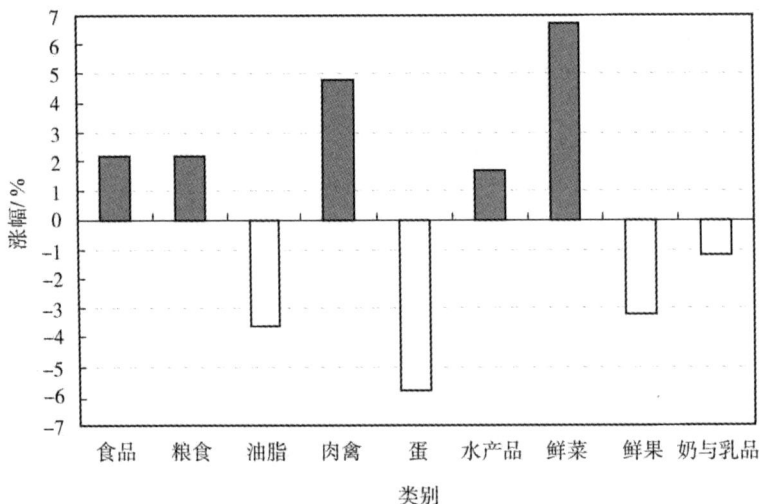

图 2　2015 年 1～10 月食品类及其分项价格涨幅

2. PPI 和 PPIRM 持续下降，降幅扩大

2015 年前 10 个月 PPIRM（图 1）继续下降，且降幅继续扩大，燃料动力类和黑色金属类价格暴跌是推动 PPIRM 加速下降的主要原因。与 2014 年前 10 个月月均下降 1.88％相比，2015 年同期 PPIRM 月均下降 5.98％，降幅扩大 4.10 百分点。分类别看，燃料动力类和黑色金属类购进价格指数降幅最大，分别为 11.37％和 11.36％，较 2014 年同期降幅扩大 9.10 百分点和 6.53 百分点。此外，2015 年前 10 个月各类别 PPIRM 全面下跌，降幅较 2014 年均扩大，其中建筑材料及非金属矿类购进价格止升下跌，降幅达到 4.08 百分点，木材纸浆类购进价格降幅变化较小，仅扩大 0.18 百分点。

伴随国内经济增速减缓和国际市场大宗商品价格全面下跌，2015 年中国 PPI 在 2014 年下跌的基础上，继续出现较大降幅，前 10 个月 PPI 月均下降 5.18％，与 2014 年相比，降幅扩大了 3.43 百分点。分类别看，生产资料 PPI 降幅依然快于生活资料 PPI，1～10 月生产资料 PPI 月均下降 6.56％，较 2014 年同期降幅扩大 4.38％；生活资料 PPI 下降 0.24%，降幅扩大 0.25%。分行业看，1～10 月石油开采业、石油加工类、黑色金属开采以及黑色金属加工行业 PPI 降幅最大，月均分别下降 37.48%、21.86%、20.73% 和 16.03%，降幅较 2014 年分别扩大 36.78%、18.46%、13.71% 和 9.84%，石油和黑色金属开采及加工行业 PPI 大幅下降是中国 PPI 加速下降的主要因素。此外，行业 PPI 月均上涨数量由 2014 年的 15 个减少至 2015 年的 6 个，降幅高达 60%，还有更多行业产品出厂价格指数下跌，而跌幅缓和的行业为纺织服装业、铁路船舶航空制造业、计算机电子设备制造业和烟草业。

（二） 2015 年物价变化新特征

1. CPI、PPI 和 PPIRM 走势偏离加剧

2015 年 PPI 与 PPIRM "剪刀差" 以及 CPI 与 PPI "剪刀差" 均较 2014 年同期扩大，CPI 与 PPI 走势背离加剧（图 3）。1～10 月，CPI 与 PPI "剪刀差" 月均值达到 6.50%，为 2003 年以来最高水平；PPI 与 PPIRM "剪刀差" 月均值为 0.90%，为 2008 年金融危机以来最高水平。剔除季节因素影响后，2013～2014 年中国 CPI 与 PPI 走势偏离总体得到有效缓解，偏离程度下降，但从 2015 年起，CPI 与 PPI "剪刀差" 又开始扩大，2015 年 8 月达到差值最高点 7.9%，超过金融危机期间最高值（2009 年 8 月最高值为 6.7%）。与此同时，PPI 与 PPIRM "剪刀差" 亦出现扩大，2015 年前 10 个月 "剪刀差" 月均值较 2013 年和 2014 年同期上升 0.79% 和 0.67%。由于 CPI 与 PPI "剪刀差" 以及 PPI 与 PPIRM "剪刀差" 可间接反映中国消费品中间交易成本以及工业品中间生产成本，因此其偏离度持续加大表明中国交易成本和生产成本均在 2015 年快速上涨，交易成本和生产成本上涨分别维系了 CPI 小幅上涨势头以及部分抵消了 PPIRM 大幅下跌导致的 PPI 下降幅度。

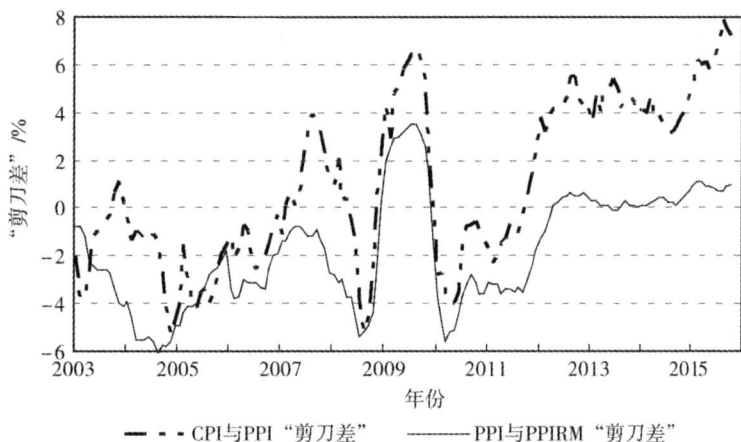

图 3　CPI、PPI、PPIRM "剪刀差" 走势（月度同比）

2. 生产价格指数连续下降

2015 年 1~10 月，中国 PPIRM、PPI、生产资料 PPI 与生活资料 PPI 等各类生产价格指数延续下跌走势（图 4）。本轮各类生产者价格指数下跌始于 2012 年第 1 季度末，总体下跌态势在 2015 年进一步加剧，PPIRM 已经连续保持 43 个月下跌（2012 年 4 月至 2015 年 10 月），PPI 已经连续 44 个月处于负增长区间（2012 年 3 月至 2015 年 10 月），生产资料 PPI 连续 45 个月位于负增长区间（2012 年 2 月至 2015 年 10 月），生活资料 PPI 则连续 12 个月位于负增长区间（2014 年 11 月至 2015 年 10 月）。PPI 与 PPIRM 下跌持续时间如此之长，在中国经济下行区间从未有过。

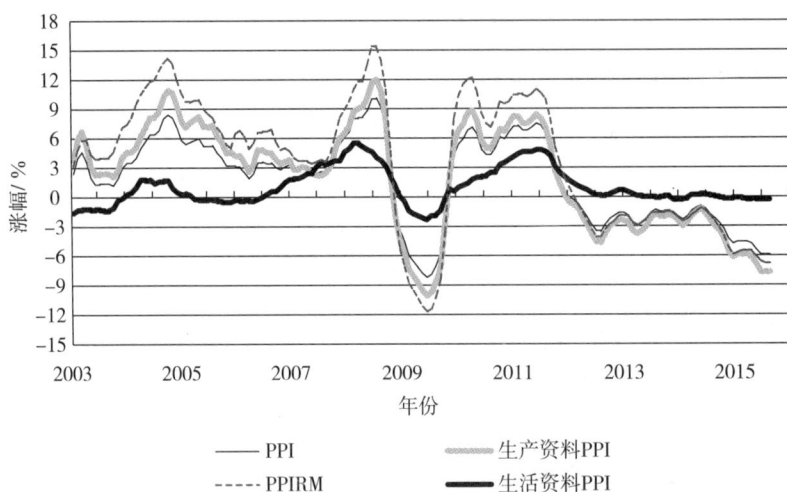

图 4　PPI、PPIRM、生产资料 PPI、生活资料 PPI 月度涨幅

3. 服务价格增幅持续高于消费价格

2013 年以后，中国服务价格涨幅超过消费价格涨幅（图 5），与 2014 年相比，2015 年服务价格与消费价格涨幅均有所回升。从 1~10 月平均水平来看，服务价格月均上涨 2.03％，消费价格月均上涨 1.16％，服务价格涨幅高于消费品 0.87 百分点。与 2014 年服务价格涨幅快速回落相比，2015 年前 10 个月中国服务价格涨幅保持稳定，涨幅始终位于 2.00％~2.25％（1 月涨幅不足 2.00％，上涨 1.30％）；消费价格呈持续上涨趋势，但 8 月后又开始下降。受中国社会生产力水平和收入水平极大提高、人口结构变化等因素影响，城乡居民对生活品质的要求越来越高，消费者偏好和消费结构正处于全面调整阶段，城乡居民对服务品需求处于快速上升阶段。不仅如此，随着中国价格机制改革的推进，诸如公共交通价格、民用能源使用价格及其他服务定价方式正由政府定价向市场定价和阶梯定价转变，在此过程中服务价格也随之相应提高。

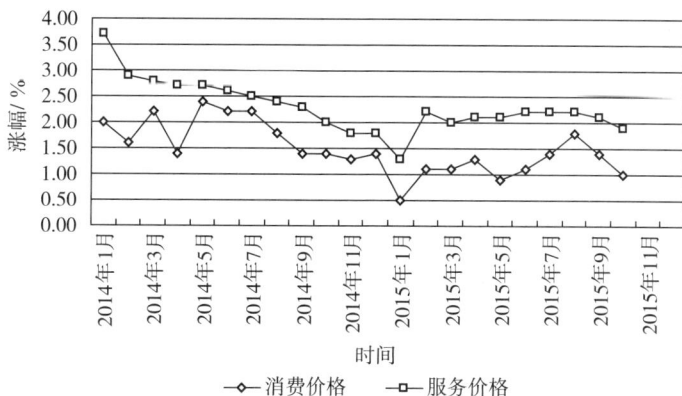

图 5 消费价格和服务价格月度涨幅

三、 2015 年中国物价走势成因分析

2015 年国际大宗商品价格大幅下跌以及中国宏观经济继续下行是导致 PPI 和 PPIRM 加速下跌、CPI 涨幅缩小的主要原因，而消费需求稳定增长、宽松的货币环境以及房地产价格止跌回升则是推动 CPI 保持小幅上涨的主要因素。

（一） 三大物价指数下行原因分析

受产能过剩影响，2015 年中国 PPI 和 PPIRM 在 2014 年下跌的基础上继续下行并处于负增长区间，加之国际大宗商品价格全线下跌以及中国固定资产投资增速特别是房地产投资增速快速下跌影响，中国 PPI 和 PPIRM 降幅较 2014 年有所扩大，而 PPI 与 PPIRM 持续下降充分限制了 CPI 的上涨空间。

1. 经济增长下行

2015 年第 1 季度至第 3 季度中国 GDP 同比增长速度分别为 7％、7％、6.9％，平均比 2014 年同期下降大约 0.3 百分点。经济增长下行，国内需求降低，固定资产投资增速降为近 15 年来最低水平，2015 年 1～10 月累计增长仅为 10.2％；加之全球经济复苏缓慢，中国出口增长下降 2％，在三大需求中仅消费保持 12％的平稳增长。由于作为经济政策目标的物价稳定与经济增长之间存在正向关系，2015 年中国经济增长减速进一步拉低了物价整体走势。

2. 国际大宗商品价格全线持续大跌

自 2014 年 6 月以来，国际市场大宗商品价格已经连续 15 个月下跌（图 6），至 2015 年 10 月，IMF 公布的初级产品价格指数（indices of primary commodity prices, IPCP）已跌至 102.99 点，为 2009 年以来最低水平。虽然 2015 年第 1 季度、第 2 季度

IPCP 指数略有回升，但 6 月后又开始了新一轮下跌。与 2014 年 4 月最高点相比，至 2015 年 10 月 IPCP 累计跌幅达 44.21%。分类别来看，原油价格大跌 55.27%，食品、工业原材料和农产品价格分别下跌 27.55%、27.27% 和 22.16%。而在中国 PPIRM 和 PPI 的构成分类中，燃料动力和黑色金属类价格指数降幅最大，因此国际大宗商品价格普遍大幅下跌直接影响到中国 PPI 和 PPIRM 走势，其中以原油为主的国际能源价格暴跌是中国 PPI 和 PPIRM 下降的最主要原因。

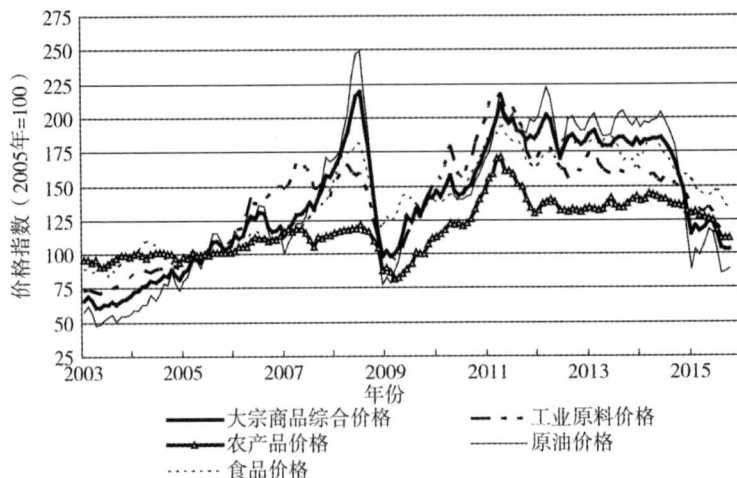

图 6　IMF 国际大宗商品价格指数

资料来源：http://www.imf.org/external/np/res/commod/index.aspx

3. 产能过剩继续加大

2015 年前三季度，中国工业企业产能过剩加剧情况得到有效控制，但产能过剩形势依然严峻。一方面，中国工业行业产能过剩得到有效控制。2015 年 9 月末工业企业库存累计下降的行业数达到 10 个，是 2014 年同期的 2.5 倍，其中石油和黑色金属相关行业库存累计降幅最大；从总体库存累计增速来看，与 2014 年 9 月库存累计增速 (8.9%) 相比，2015 年库存增速已大幅降至 1.4%，且为 2012 年以来最低水平。另一方面，中国工业行业产能过剩现状并未根本改变。在统计的 41 个行业中，约 75% 的行业库存进一步扩大，消化过剩产能压力十分巨大。不断增加的库存是导致 2015 年 PPI 和 PPIRM 加速下降的另一重要原因。

4. 投资增速持续递减

自 2009 年以来中国固定资产投资增速总体呈下行态势，2015 年 1～10 月投资增速继续下降（图 7），至 10 月末全社会固定资产投资（不包含农户）累计增速已降至 10.20%，仅为 2009 年同期的 1/3，是 2014 年同期的 2/3，下降速度进一步加快；10 月末民间固定资产投资累计增速为 10.20%，与 2012 年同期相比，降幅达 59.53%，降幅超过同期全社会总体固定资产投资降幅（50.73%），这表明民间固定资产投资增速是拉低整体投资增速的主要因素。中国固定资产投资，特别是民间固定资产投资增速下降直接影响工业品需求。需要特别注意的是，房地产业是中国的支柱产业，房地产建设直接影响钢铁、建材和金融等行业。2015 年 10 月末中国房地产投资累计增速降至2.00%，接近 2009 年年初金融危机时期最低水平。工业企业产能过剩，社会（特别是房地产业）对工业品的需求加速降低，工业品供过于求导致中国 PPI 和 PPIRM 持续下降。2009 年以来 PPI 和 PPIRM 持续负增长时期与投资增速下降时期重合，说明三者之间高度同向相关，投资需求降低将有效拉低 PPI 和 PPIRM 走势。

图 7　中国历年投资累计增速走势（月度累计同比）

民间固定资产投资数据始于 2012 年 3 月；各项投资均不包含农户投资

5. 物价预期走低

2015 年中国居民消费物价上涨预期降低。中国人民银行公布的储户居民未来物价预期指数（CPIEX）数据显示[①]（图8），2015 年前三季度物价预期指数季度均值较 2014 年同期下降 4.64%，物价上涨预期降低。分季度看，第 1~3 季度物价预期指数分别同比下跌 7.67%、5.33%、0.94%。由于储户居民未来物价预期指数是 CPI 的良好领先指标，当前物价预期指数达到 2010 年以来的最低水平，物价上涨预期降低削弱了消费物价上涨动力。公众对未来物价水平上涨预期降低直接引起消费和投资倾向发生改变，居民为获得更大的收益将更倾向于在未来进行消费和投资，从而导致当期消费和投资向未来转移，由此产生当前消费需求和投资需求降低，需求曲线左移拉低物价走势的现象。

（二）　抑制消费物价快速下降的原因分析

在 2015 年经济增长下行、PPI 与 PPIRM 出现较大下跌以及通货紧缩预期增强的背

---

① 资料来源：http://www.pbc.gov.cn/diaochatongjisi/116219/116319/index.html。

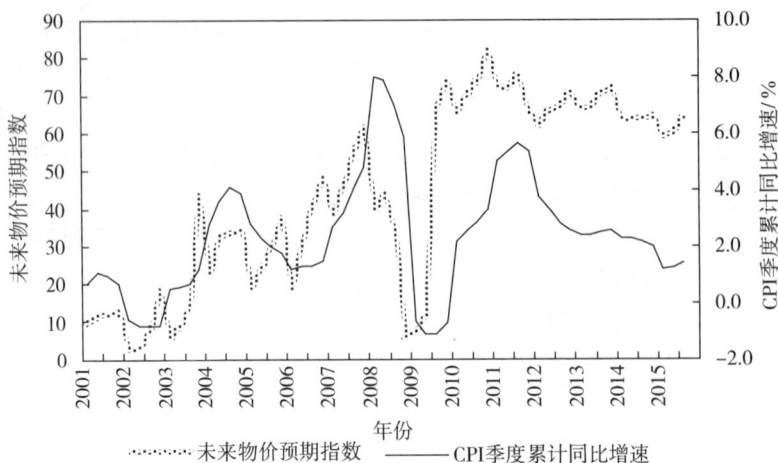

图 8　中国人民银行储户居民未来物价预期指数与季度 CPI 走势

景下，CPI 继续保持 1.4% 的小幅上涨态势，且 CPI 与 PPI "剪刀差"增大。形成这一较大反差的原因如下。

1. 国内消费需求稳定增长

2015 年前 10 个月中国消费保持稳定增长，同比累计增速为 12.0%，扣除价格因素，实际增长为 11.0%。与 2014 年同期相比，虽然月均增速和累计增速分别回落 1.47 百分点和 1.52 百分点，但消费增速依然保持在 10.0% 以上水平，并快于 GDP 增速。国内消费需求增速保持稳定的原因是居民收入持续上升、新业态消费不断增加以及政府消费刺激政策等。前三季度中国人均居民可支配收入同比增长 9.2%，其中城镇和农村居民可支配收入分别增长 8.4% 和 9.5%，扣除价格因素后实际增长分别为 7.7%、6.8% 和 8.1%。根据凯恩斯绝对收入假说理论，收入上升使社会消费需求上升。2015 年中国消费保持稳定增长的另一个表现是网络销售形势良好，前 10 个月同比增长 36.2%，网络非实物产品销售增长 43.6%。互联网消费对稳定中国总体消费增长贡献巨大。虽然中国经济增速降低，但依然实现新增就业人数 1 066 万人，城镇失业人员再就业 435 万人，就业困难人员再就业 129 万人。政府推出的改善医疗条件和农村卫生条件的政策，鼓励购买新能源汽车的补贴等一系列政策在一定程度上均刺激了居民消费。

2. 宽松的流动性环境

2015 年中国的货币政策环境较为宽松，中国人民银行下调存款准备金率和存贷款利率，进入"高频时代"，稳定了中国的消费需求和投资需求，避免投资增速加速下滑。2015 年 1～10 月，中国人民银行已六次下调存款准备金率，五次下调存贷款利率，中国活期和一年期存款实际利率已经为负。就存款准备金而言①，中国人民银行分别于 2

---

① 资料来源：http://www.pbc.gov.cn/zhengcehuobisi/125207/125213/125434/125798/index.html。

月、4 月、6 月、8 月、9 月和 10 月连续下调各类金融机构存款准备金率，同时针对小微企业和"三农"贷款比例符合要求的金融机构额外下调存款准备金率，并允许金融机构暂时有限调整各自准备金率水平。就利率而言①，中国人民银行分别于 3 月、5 月、6 月、8 月和 10 月下调存贷款利率，并完全放开商业银行和农合金融机构存款利率。此外，中国人民银行还通过短期流动性调节工具（short-term liquidity operations，SLO）向市场注入流动性②，分别于 2015 年 2 月两次、8 月三次注入规模不等的流动性。不断降低的存款利率对于稳定中国消费增长起到一定作用，缓和了消费增速下降趋势；同时贷款利率降低也有助于稳定当前消费，更多将未来消费转移为当前消费。而准备金率下调提高了货币乘数，贷款约束相对降低，有助于投资需求的扩张。宽松的流动性环境不仅减弱了经济增速下行态势，同时提供了消费物价上涨动力，从而抑制了 CPI 的下降速度。

3. 房地产价格止跌回升

2015 年中国商品房销售价格止跌回升（图 9）。1～10 月商品房均价 6 839.07 元/平方米，与 2014 年同期相比上涨 7.05%，是 2013 年和 2014 年房价小幅下跌之后首次上涨。分城市规模来看，全国房地产市场普遍回暖，70 个大中城市中，新房销售价格同比下跌的城市从 69 个（2 月）减少至 54 个（10 月）；二手房销售价格同比下跌的城市数量从 69 个（2 月）减少至 45 个（9 月）。新房和二手房销售价格普遍上涨将直接带动房屋出租价格（居住类 CPI）上涨。房地产销售价格上涨拉动了中国房地产市场需求和社会消费，与之相关的房屋装修、房屋管道安装、家用电器和家具类产品销售等随之增加，由此激发家庭设备类及居住类 CPI 上升。虽然 2015 年前 10 个月建筑材料类原材料价格出现下跌，但家庭设备类和居住类 CPI 保持 1.1% 小幅上涨水平，由此可见，房价回暖对 CPI 上涨具有明显的拉动作用。与此同时，房价上涨对物价上涨预期产生影响，第 1 季度末房地产价格止跌回升后，中国人民银行储户居民未来物价预期指数也随之上升，进而抑制了 CPI 快速下降的势头。

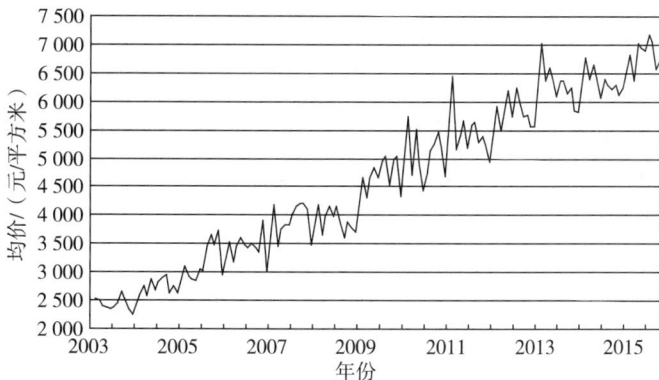

图 9　中国商品房均价走势

① 资料来源：http://www.pbc.gov.cn/zhengcehuobisi/125207/125213/125440/125835/index.html。

② 资料来源：http://www.pbc.gov.cn/zhengcehuobisi/125207/125213/125431/125478/index.html。

四、 2016 年中国物价影响因素分析

从 2015 年中国物价走势可以看出，国内经济增长减速和国际市场大宗商品价格大幅下跌是影响中国物价走势的两大最主要因素，在经济大环境不发生大变化的前提条件下，基于经济运行的内在惯性动力，中国 2016 年物价影响因素与 2015 年基本相似，这些相似的因素将维系 2016 年物价总体走势。

（一） 推动物价上涨的因素

1. 消费需求继续平稳上升

预计 2016 年中国消费需求继续保持平稳上升，原因如下：第一，"十三五"期间将实现现有贫困人口全面脱贫，这一目标的实现很大程度上将依赖经济稳定增长，虽然中国经济增长进入减速期，但经济增速不会出现大幅下滑，由此保证城乡居民收入水平持续平稳增长；第二，中等收入者和受高等教育者占比持续上升，改革开放后（尤其是社会主义市场经济制度建立后）出生的居民正成为消费主要群体，生活方式及消费观念改变使社会边际消费倾向提高，为满足社会对高质量产品和服务的追求需要企业引进先进技术设备，产品质量普遍提升将导致产品价格普遍上涨；第三，中国基本公共服务正逐步改善，养老和医疗保险制度逐渐健全，公共服务水平不断提高，居民更倾向于当前消费；第四，政府不断降低消费品税率，并利用补贴手段刺激居民消费，经济刺激政策对提高未来消费有积极作用。

2. 价格机制改革推动物价上涨预期

2016 年价格机制改革推进将使目前政府直接定价限价商品和服务的价格普遍上涨。2015 年 10 月发布的《中共中央、国务院关于推进价格机制改革的若干意见》指出，农产品价格未来将由市场机制决定。虽然国际粮食价格处于低位运行，但中国城镇化进程不断推进使得越来越多的耕地被开发占用，耕地面积减少，农产品价格将进一步上涨。不仅如此，居民收入不断上升促使公共服务需求持续增加，服务价格放开将使其价格快速上升。例如，2014 年年末，重庆等地试点医疗价格放开就使药品价格普遍大幅上涨。能源价格改革推进，水、电、气等实施阶梯价格制度，其使用价格将在目前的基础上继续上涨，而在能源需求持续扩大的背景下放开能源价格也将使其消费价格上升。竞争性领域价格全面放开，中国巨大的人口总量将使目前政府直接定价的竞争性产品和服务价格维持在一定水平，如民航、客运和货物运输等行业。环境服务价格改革将使环保税收和服务价格上升以应对加剧的资源环境成本，上涨的资源环境成本将使农产品和工业品生产成本上升。总体而言，未来中国价格机制改革将使绝大部分商品和公共服务价格依靠市场定价，受管制的商品和

服务价格在价格放开后短期内将出现一定上涨。

3. 企业生产成本居高不下

当前国际大宗商品价格下跌引起的 PPI 和 PPIRM 加速下跌虽然一定程度上降低了企业居高不下的生产成本，但从历史走势来看，国际大宗商品价格已降到最低点，中国企业生产面临的长期成本约束并未消除，未来国际大宗商品价格可能回升，加之国内资本融通成本、环境约束成本以及劳动力成本上升，中国生产环节的工业品价格存在内在上涨成本因素。

1）融资成本较高

宽松的流动性环境可以降低企业直接融资成本，然而这并不能从根本上解决中国中小企业面临的融资难题。短期而言，首先，经济下行导致许多行业企业亏损，而普遍产能过剩短期内难以完全消化，企业投融资动力不足；中小企业受自身规模和业务限制，贷款担保资产有限，金融机构贷款风险上升，风险溢价更高，融资成本上升。其次，受前期政府经济刺激政策和调控政策的影响，房地产和钢铁等行业投资项目以及政府基础设施建设项目挤占大量信贷资金，项目投资周期长，资金回收慢，由此导致中国资本效率较低。最后，产能过剩和企业亏损使银行不良贷款率上升，金融机构必须通过压缩新增贷款控制不良贷款率。长期而言，中国金融体制改革滞后，金融创新和发展受限，企业融资渠道有限。一方面，尽管政府开始放松对债券市场、私募基金的管制，通过"新三板"推动金融市场多元化发展，但其对中小企业和农村企业影响有限；另一方面，监管机构对民间资本投资进行严格管制，许多领域完全禁止民间投资进入，大量社会资本无法得到有效利用。解决资本市场供需结构矛盾需要进行体制改革，而这在短期内无法完成。因此，无论是短期还是长期，中国企业将继续面临较高的融资成本，而较高的融资成本必然拉动产品和服务供给价格上涨。

2）资源环境约束增强

较高资源环境约束成本表现为资源供给下降以及企业生产的技术要求上升。首先，由于中国过去经济增长主要依赖大量要素投入，水资源、森林资源和矿产资源等被过度开发，水土流失、土地沙漠化、森林面积减少等环境问题日益严重，可利用资源不断减少，环境质量逐步恶化。而随着中国经济不断快速发展，资源需求和环境质量要求日益提高，资源供给价格将长期上涨；城市化进程不断推进使得土地需求上升，土地开发和使用价格上升；环境质量下降不仅影响劳动者健康，同时家庭收入将更多用于医疗卫生，从而大大限制了劳动生产效率和社会消费能力。其次，政府环境治理力度不断提高，对企业"三废"排放检测和限制力度逐年增强，为应对越来越高的生产标准，企业需要投入更多资源引进和研发新生产技术以适应生产的环境标准。政府开征环境税，并提高环境污染处罚力度和环境服务价格也将导致企业生产成本上升。因此，资源环境约束的加强将大幅提高生产成本，从而提高产品价格，推高物价水平。

3）劳动力成本上升

推动中国经济快速发展的人口红利正在消失，劳动力成本将长期上涨。首先，中国劳动力存在结构性短缺。中国人口老龄化速度加快，而新劳动力进入速度不断下降，虽然"二孩"已全面放开，但其时滞较长，对缓解当前劳动力规模下降作用有限；高等学校扩招及高校专业设置与实际劳动力需求脱节，导致技能型劳动力规模下降，非技能型劳动力规模不断上升，劳动力供给和需求存在结构性矛盾，"招工难"和"大学生就业难"问题同时存在，企业获得所需劳动力必须提供更高的工资，劳动力成本上升。其次，劳动力要求的工资水平不断提高。"二孩"全面放开虽然能提高未来劳动力供给，但会使当前家庭无工资成员比例上升，加之人口老龄化加速，计划生育政策使得家庭劳动成员比例下降，在未来相当长的时间内，中国人口抚养赡养比例将上升，生活成本将提高。再次，城市房价居高不下使得就业者的居住成本和生活成本逐年增加，加剧了劳动力成本上升。最后，为了保障劳动者基本生活水平，多数城市不断上调最低工资标准。虽然国有企业高管薪酬控制规定一定程度上降低了企业生产经营成本，但不足以抵消全社会劳动力成本上升。劳动力成本上升既是支撑中国未来物价上涨的一个短期性因素，也是一个长期性因素。

4. 持续宽松的货币环境

如果 2016 年中国经济增速和投资增速继续减缓，那么未来宽松流动性环境将依然保持。首先，中国小微企业和农村融资能力依然受限，"融资难、融资贵"问题并未完全根除，而随着政府对"大众创业、万众创新"的支持力度增强，2016 年政府将会继续通过定向"降准降息"方式扶持小微企业和农村企业，以缓解"融资难、融资贵"问题。其次，中国证券市场依然不稳定，证券市场投机行为短期内会吸纳大量社会资金，影响财政货币政策宏观调控效果，维持宽松的货币环境可以稳定和预防资本品价格，部分抵消金融市场对实体经济的冲击。最后，中国固定资产投资增速，特别是房地产投资增速下降，客观上要求宽松的货币环境予以支持。

5. 房地产价格温和上涨

2016 年中国商品房销售价格将继续温和上涨。短期来看，2015 年中国商品房销售以存量房为主，随着"去库存"销售不断上升，房屋库存量有所下降，在现有房屋开工建设规模的约束下，实际房屋供给相对于上涨的需求将继续下降，房地产购置价格将继续上涨。不仅如此，未来宽松的流动性和各地不断推出的房地产补贴政策也将刺激房地产需求。此外，对高质量生活的追求以及收入水平上涨将推升改善型住房需求。从短期走势来看，中国商品房销售价格上涨的推动因素并未消失。从中长期影响因素来看，房地产价格还将持续一段上涨时间，原因如下：①一二线城市边界划定及农村土地流转约束使可供给土地面积相对减少，土地供需矛盾加剧，房地产开发土地成本继续上涨；②全面放开"二孩"政策、户籍制度改革以及城镇化继续推进将使城市居民数量上升，三四线城市居民继续向一二线城市流动，房屋需求还将走高。因此，2016 年房地产价格小幅走高将拉动消费价格一定程度上涨。

6. 国际大宗商品价格触底反弹

2015 年国际大宗商品价格已下跌至金融危机以来最低水平（图 6），但大宗商品价格继续下跌空间有限，美国经济复苏强劲，中国经济平稳增长，国际市场需求不会出现长期疲软，国际大宗商品价格有望在 2016 年止跌回升。具体而言，首先，厄尔尼诺的影响将在 2016 年第 2 季度减弱①，其对亚洲粮食主产区的影响微乎其微，美国农业生产抵御自然气候变化冲击的能力较强，预计 2016 年国际农产品价格将逐步回升；其次，伊朗核问题协议签署，乌克兰局势缓和，美国、欧洲和俄罗斯等已致力于解决地区冲突，石油供给和需求将回升，能源及燃料等大宗商品价格回升可能性较大。然而美国联邦储备系统（简称美联储）加息预期上升，以美元计价的国际大宗商品价格上涨动力不足；欧盟深陷债务危机，日本经济衰退风险加大，俄罗斯、巴西和南非等国增长乏力，新兴经济体债务风险上升，国际大宗商品需求难以迅速大幅提高。总体而言，2016 年国际大宗商品价格将止跌回升②，但上涨幅度有限，因此中国 PPI 和 PPIRM 难以出现 2015 年大幅下跌态势。

（二） 抑制物价上涨的因素

1. 过剩产能消化压力巨大

中国当前产能过剩主要是由前期宏观调控、经济刺激政策以及当前经济结构调整导致的总需求结构性变化等多种因素共同导致，消化当前过剩产能须依赖国内国际需求扩大。中国现有的产能过剩主要集中于工业领域，特别是钢铁和建材等行业，然而国内投资增速，特别是房地产增速不断下降使得过剩行业产品需求也在不断下降。不仅如此，中国产业结构调整升级也使得当前投资需求出现结构性改变，过剩的产能产品已不适应社会对新产品和新技术的需求，一方面产能过剩严重，另一方面高质量商品和产品短缺，加之消费市场打击假冒伪劣力度不足，致使供需结构性矛盾加剧，过剩产能短期内难以依靠国内需求消化。随着"一带一路"战略的实施，亚洲基础设施投资银行（Asian Infrastructure Investment Bank，AIIB）和金砖国家开发银行陆续开始运营，中国对外直接投资（overseas direct investment，ODI）规模将不断上升，这在一定程度上可扩大国外需求，但短期内效果有限。因此，2016 年产能过剩局面有望有所缓解，但压力依然巨大，这一压力将继续拉低 PPI 和 PPIRM 走势。

---

① 资料来源：http://ncc.cma.gov.cn/Website/index.php? ChannelID=106&NewsID=9908。

② IMF 预测未来石油价格将温和回升，金属矿产资源价格持平，农产品价格受厄尔尼诺影响走势不确定，但小麦等粮食价格将小幅回升。资料来源：http://www.imf.org/external/np/res/commod/pdf/cpor/2015/cpor0915.pdf。

2. 经济走势预期降低

处于新常态下的中国经济 2015 年前三季度 GDP 保持 7.0% 的增长速度实属难能可贵，并位于调控目标区间之内，但多项宏观经济指标数据显示超预期回落，1～10 月工业增加值、发电量、固定资产投资、房地产投资增速分别为 6.1%、0.1%、10.2% 和 2.0%，均处于除 2009 年国际金融特殊时期以外的近 20 年来的最低位置。与此同时，国家财政一般公共预算收入比 2014 年同期增长 7.7%，同口径增长 5.4%，也低于 2014 年同期水平 2.8 百分点。虽然中国人民银行在 2015 年前 11 个月已六次下调存款准备金率和五次下调存贷款利率，但一味依靠强行刺激的货币政策并不符合中国经济长期转型的宗旨，中国经济未来增长希望是以制造业为驱动转向以服务业为驱动的经济转型，以此实现可持续发展的目标。因此 2016 年实行更为宽松的货币政策可能性较小，在此背景下，2016 年中国经济下行的可能性继续加大，由此在一定程度上降低了未来投资和消费需求。作为世界第二大经济体的中国需求预期降低，难有另一经济体弥补其下行所带来的缺口。中国经济走势预期降低，不仅拉低了国内对未来物价的预期水平，同时也拉低了全球大宗商品价格走势预期。

3. 中间交易约束限制经济活动

行政体制改革及经济结构体制改革将进一步增强中国的经济活力，2016 年全社会经济活动中间交易成本将继续降低。首先，2015 年国务院陆续取消多个行业行政审批事项，市场机制对经济活动的决定作用越来越大，政府对经济活动干预将随之减少，"简政放权"不断推进的效果将逐渐显现。其次，政府已逐步在多个领域取消对民间资本的投资管制，并且引入政府-社会资本合作机制（public-private-partnership，PPP），进一步扩大民间资本投资范围，如环境保护与生态治理、社会服务、市政交通和水利能源基础设施建设等领域均已向社会资本开放，但对于所有权和经营权等具体问题并未明确，投资风险较大，盈利较高行业依旧受到管制，已开放领域投资收益相对较低。政府对经济活动的管理思维落后于快速转变的企业经营方式，特别是新业态快速出现，政府却依然以直接禁止和纳入政府主导经营等传统方式进行管理。因此总体而言，虽然中国政府已经逐步放松对市场活动的限制，但对关键领域和新业态依旧采取较严格的管制措施，治理方式转变速度较慢、产权界定不明等问题将限制行政改革效果和新业态对经济发展的推动作用，从而抑制了物价上涨动力。

（三） 不确定性因素

1. 国际多边投资和贸易协定对中国影响不确定[①]

解决中国过剩产能需要依赖国内需求改善和国际需求上升，国际多边投资协定、贸易协定等对中国消化过剩产能和扩大国际贸易等具有较大影响。2015 年 10 月达成基本协议的跨太平洋伙伴关系协定（Trans-Pacific Partnership Agreement，TPP）是由美国主导的包含许多太平洋周边国家在内的全面自由贸易协定，中国为非 TPP 成员国，TPP 在一定程度上将影响中国对外投资和贸易。原因在于：①包括美国在内的多个国家尚未批准 TPP，且国内存在反对力量，TPP 正式生效时间不确定；②中国与多数 TPP 成员国签署自由贸易协定，同时也与诸多非 TPP 成员国家开展自由贸易[②]，同英国、德国等欧洲国家经贸联系正不断加深。由于 TPP 成员国还包括越南、菲律宾等发展相对落后的经济体，其国际贸易份额较小，因此 TPP 对中国实际冲击有限。

而中国倡议并作为主要出资国成立的亚洲基础设施投资银行和金砖国家开发银行已经正式运作，有助于"一带一路"沿线国家基础设施建设，加强中国与亚洲国家的经济联系。2015 年天津自由贸易区、福建自由贸易区和广东自由贸易区建设方案获批，中国对外开放度更高，外贸竞争力也将提升。更重要的是，2015 年 11 月 30 日人民币加入 IMF 特别提款权储备货币，国际贸易可直接使用人民币结算，外贸将更加便利，风险更低。因此总体而言，TPP 协议虽然会对中国外贸和对外投资产生负面冲击，但亚洲基础设施投资银行、自由贸易区建设以及人民币加入特别提款权将使中国外贸和对外投资更加便利，国际多边贸易投资协议综合影响尚难定论，输入型通缩或输入型通胀两股交织力量使中国未来价格走势存在较大不确定性。

2. 世界经济走势不明朗

世界经济复苏缓慢，经济复苏"两极化"现象严重，不确定性因素增加。首先，当前全球经济复苏在发达国家和发展中国家均表现出极大的不确定性。就发达国家而言，美国和英国的经济复苏较为强劲，经济增速相对较快；而欧元区和日本经济复苏依然乏

---

① 当前中国已签订协议的自由贸易区包括中国-澳大利亚、中国-瑞士、中国-哥斯达黎加、中国-新加坡、中国-智利、中国-韩国、中国-冰岛、中国-秘鲁、中国-新西兰、中国-巴基斯坦、中国-东盟等，正在谈判的自由贸易协定包括中国-海合会、中国-挪威、中国-日本-韩国、中国-东盟自由贸易协定升级版、中国-斯里兰卡、中国-巴基斯坦第二阶段自贸区建设、中国-马尔代夫、中国-印度等。习近平主席访问英国时也提出构建中国-欧盟自由贸易区，并得到英国支持。除美国和加拿大以外，所有 TPP 国家已经或正在与中国签订自由贸易协定，TPP 影响有限。资料来源：http://fta.mofcom.gov.cn/。

② 2010 年中国-东盟自由贸易区（"10＋1"自由贸易区）正式成立，现正发展为"10＋3"东亚自由贸易区，预计将于 2017 年发展为"10＋6"自由贸易区。"10＋3"东亚自由贸易区是指东盟 10 国与中国、日本、韩国组成的自由贸易区；"10＋6"是指东盟 10 国与中国、日本、韩国、澳大利亚、新西兰、印度组成的自由贸易区。"10＋6"自由贸易区已经将 TPP 全部亚洲和太平洋国家包含在内，不包含美国、加拿大及南美洲国家。

力，日本经济衰退风险逐渐增大。就发展中国家而言，印度经济增长势头良好，潜在增长率较高；但同为金砖国家的俄罗斯、巴西和南非等增速较慢。其次，中国经济走势与2015年基本持平，稳增长压力巨大，中国经济增速放缓反过来为全球经济复苏增加了诸多不确定性因素。近10年来，中国物价走势不仅受国内经济影响较大，还深受世界经济和国际政治影响，世界经济走势不明朗加大了中国物价走势的不确定性。

3. 自然环境和气候

2016年自然气候变化存在诸多不确定性，国内农产品价格走势也存在不确定性。根据美国气候预测中心（Climate Prediction Center，CPC）预测[①]，厄尔尼诺影响会持续至2016年第1季度（95％可能性），其对北半球的影响在2016年春季才会减弱。而联合国世界气象组织（World Meteorological Organization，WMO）预测[②]，厄尔尼诺在2016年第2季度才逐渐减弱，其对气候的影响会持续4～8个月，特别是在太平洋中部和东部地区。因此，2016年厄尔尼诺对中国气候的影响存在不确定性。随着中国农业现代化建设的不断推进，农业生产对极端自然气候的抵御能力也在逐渐增强，而厄尔尼诺影响主要集中于太平洋东部和中部，美国受厄尔尼诺影响比中国和东南亚国家更大，但美国抵御厄尔尼诺的能力强于东南亚国家，因此2016年自然环境和气候对中国农产品价格以及国际粮食价格的影响均存在较大不确定性。

综上分析，预计2016年中国物价将保持2015年基本态势，CPI将继续保持小幅上涨，PPI和PPIRM还将进一步持续下跌，但CPI涨幅下降趋势将得到有效控制，PPI和PPIRM加速下降趋势也会有所改观。

五、 2016年中国三大物价指数预测

在前述定性分析的基础上，我们将先利用时间序列分析中X12季节调整方法对中国三大物价指数以及与此相关程度较高的经济指标进行因素分解数据处理，保留其趋势循环项（简称tc项数据），并借助该数据构建中国物价景气合成指数（以CPI作为基准指标）和物价景气扩散指数，通过分析物价景气指数趋势性和动态变化特征，对2016年中国物价走势进行预测判断；再利用差分自回归移动平均（autoregressive integrated moving average model，ARIMA）、自回归分布滞后模型（autoregressive distributed lag model，ADL）、向量自回归（vector autoregression，VAR）等计量经济模型对2016年中国三大物价指数做出定量预测。在预测过程中考虑到经济运行中存在一些不确定性影响因素，我们设定了缓慢、平稳和较快三种不同情景环境，以应对可能出现的不同经济状况，为经济政策的建议和制定提供参考依据。

---

① 资料来源：http://www.cpc.ncep.noaa.gov/products/precip/CWlink/MJO/enso.shtml。
② 资料来源：http://www.wmo.int/pages/prog/wcp/wcasp/enso_update_latest.html。

（一） 物价景气指数分析

我们以 CPI 月度同比指数作为基准指标，运用时差相关分析（Tca）、K-L 信息量、峰谷对应图形分析等统计方法，选择与基准指标相对应的一致指标和先行指标，再通过 Bry-Boschan 算法、合成指数计算方法，构建中国消费物价先行指数与一致指数。计算结果显示，工业增加值、发电量、进口、出口、投资月度累计同比增速、狭义货币 M1 余额月度同比增速以及央行农产品价格月度同比变化指数七个指标是中国消费物价较好的先行指标，商品零售价格月度同比指数、生活资料价格月度同比指数、食品消费价格月度同比指数以及社会消费品零售总额月度同比增速等指标是非常稳定的一致指标。由此构建的中国消费物价先行指数与一致指数具有十分稳定的先行关系，近 5～6 年统计数据计算结果一直呈现这一稳定的先行关系和时差相关程度，先行指数周期性波动变化大约领先一致指数 6～7 个月，两者时差相关系数达到 0.75 左右（本报告计算样本数据为 1997 年 1 月至 2015 年 10 月，一致指数与先行指数的时滞时间为 6 个月，时差相关系数为 0.82）。计算结果如表 1 和图 10 所示。

表 1　中国物价景气指标

指标类型	指标名称	时滞期	时差相关系数
先行指标	央行农产品价格月度同比指数	−3	0.85
	工业增加值月度同比增速	−6	0.65
	发电量月度同比增速	−7	0.55
	投资月度累计同比增速	−12	0.50
	出口月度同比增速	−4	0.50
	进口月度同比增速	−5	0.48
	狭义货币 M1 余额月度同比增速	−9	0.42
一致指标	居民消费价格月度同比指数	0	1.00
	商品零售价格月度同比指数	0	0.97
	生活资料价格月度同比指数	0	0.93
	食品消费价格月度同比指数	−1	0.88
	社会消费品零售总额月度同比增速	1	0.79
	工业生产者价格月度同比指数	−1	0.71

注：时滞期表示对应指标与 CPI 时滞时间（月），时差相关系数表示相关系数按时差相关程度大小顺序排列

从小周期角度分析中国物价先行指数与一致指数，其趋势特征是自 2013 年年初一直持下降态势，持续时间为 34 个月，而从较长周期性分析角度来看，消费物价实际是从 2011 年 7 月开始下行，截至 2015 年 10 月，持续时间已达 50 个月。虽然物价先行指数于 2015 年降速有所减缓，但仍不能确定见底，这意味着 2016 年上半年物价下行可能性较大。

扩散指数是反映经济指标相邻时间变化特征和趋势的分析方法。自 2013 年 7 月物价先行扩散指数下行穿过 50 线后一直位于 50 线以下，虽然物价一致扩散指数两次突破

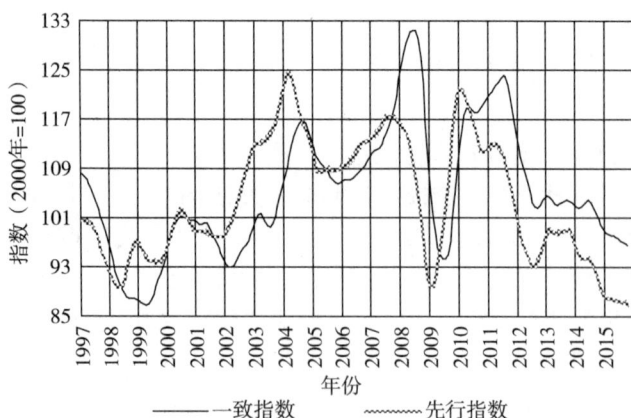

图 10 1997 年以来中国物价景气先行指数与一致指数

50 线,但很快又继续下行,这表明从物价近期走势来看,短期内不具有上涨动力(图 11)。而就目前短期物价走势分析,2015 年年初物价先行扩散指数与一致扩散指数一度虽有回升态势,但始终未能突破 50 线,正是物价整体缺乏上涨动力,致使 2015 年中国消费物价一直保持平稳,1~10 月累计上涨仅为 1.4%。由于物价先行扩散指数位于 50 线以下,且有继续下降趋势,因此 2016 年中国物价不存在大幅上涨压力,相反如果经济增长进一步减速,出现通货紧缩的可能性增大。

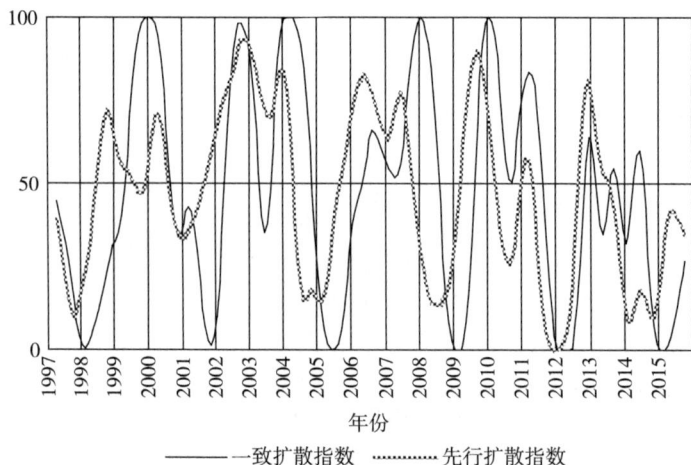

图 11 1997 年以来中国物价景气先行扩散指数与一致扩散指数
不包含 1997 年前 3 个月的数据

综合中国消费物价先行与一致合成指数以及先行与一致扩散指数分析,2016 年中国不存在物价大幅上涨压力,物价总体水平在 2016 年上半年将继续走低,如果经济增速回升,那么下半年物价水平也将随之回升。

（二） 2016 年主要物价指数预测

为了准确可靠地预测 2016 年中国三大物价指数走势和涨跌水平，本报告结合前述消费物价先行指数与一致指数走势分析，利用 CPI、PPI 和 PPIRM 三大价格月度同比指数的季节调整和因素分解后的趋势-循环项（即 tc 项）数据建立计量预测分析模型。首先，运用季节调整后的 CPI 同比指数与消费物价先行指数建立向量自回归模型，并以此预测 2016 年 CPI 月度变化趋势。其次，构建含有季节调整后工业增加值增速、CRB（Commodity Research Bureau）工业原料现货价格指数、投资增速、发电量增速、出口增速以及 M1 余额增速等外生变量的差分自回归移动平均模型预测 CPI 同比指数。最后，利用获取的 CPI 预测同比指数及其与 PPI、PPIRM 的时滞关系建立滞后分布自回归模型，用于预测 PPI 和 PPIRM 同比指数。经济新常态下的环境和政策导向均发生较大变化，中国经济不只是增长速度的减缓，更重要的是结构调整和增长新动力的发掘，未来经济走势依然存在较多不确定性，为了应对不同环境下的经济变化，本报告设置了"缓慢""平稳""较快"三种不同情景环境，用于预测未来三大物价指数走势，这一情景环境与经济增长报告（即本书"2016 年中国 GDP 增长速度预测与分析"）相一致，见表 2。

表 2　2016 年物价预测经济情景设定

情景	2016 年工业增加值增速/%	2016 年 M1 余额增速	2016 年发电量增速/%	2016 年投资增速/%	2016 年 CRB 工业原料现货价格指数（2015 年＝100）
缓慢	6.0	8.0	−3.0	10.0	96.0
平稳	7.0	10.0	0.0	13.0	100.0
较快	8.0	13.0	5.0	16.0	104.0

基于上述不同的情景环境条件，我们获得相应的物价指数变化趋势，见表 3～表 5 和图 12～图 14。

表 3　情景假设下的 CPI 同比涨幅预测结果（单位：%）

时间情景	2015 年 11 月	2015 年 12 月	2016 年 1 月	2016 年 2 月	2016 年 3 月	2016 年 4 月	2016 年 5 月	2016 年 6 月	2016 年 7 月	2016 年 8 月	2016 年 9 月	2016 年 10 月	2016 年 11 月	2016 年 12 月	2016 年全年
缓慢	1.82	1.68	1.45	1.39	1.40	1.36	1.29	1.33	1.36	1.46	1.54	1.66	1.86	1.98	1.51
平稳	1.73	1.63	1.40	1.43	1.41	1.47	1.59	1.68	1.82	1.96	2.04	2.14	2.27	2.37	1.80
较快	1.49	1.47	1.47	1.50	1.56	1.64	1.74	1.85	1.97	2.10	2.24	2.39	2.54	2.68	1.97

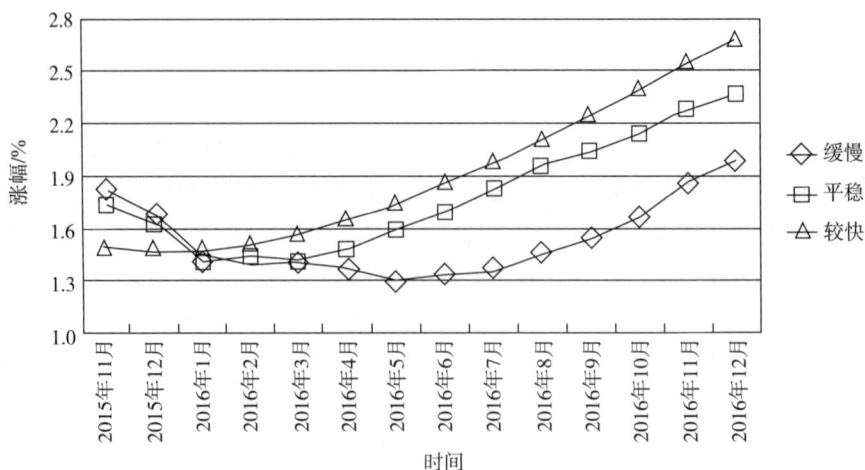

图 12　不同情景下的 2016 年 CPI 同比涨幅变化趋势

表 4　情景假设下的 PPI 同比涨幅预测结果（单位：%）

时间 情景	2015 年 11 月	2015 年 12 月	2016 年 1 月	2016 年 2 月	2016 年 3 月	2016 年 4 月	2016 年 5 月	2016 年 6 月	2016 年 7 月	2016 年 8 月	2016 年 9 月	2016 年 10 月	2016 年 11 月	2016 年 12 月	2016 年 全年
缓慢	−6.32	−6.42	−6.57	−6.60	−6.51	−6.53	−6.38	−6.18	−6.04	−5.93	−5.81	−5.68	−5.72	−5.72	−6.14
平稳	−6.20	−6.22	−6.21	−5.98	−5.46	−5.13	−4.57	−4.07	−3.70	−3.48	−3.33	−3.21	−3.14	−3.07	−4.28
较快	−6.21	−6.25	−6.20	−5.91	−5.22	−4.01	−2.49	−1.68	−1.22	−0.91	−0.59	−0.39	−0.23	0.01	−2.40

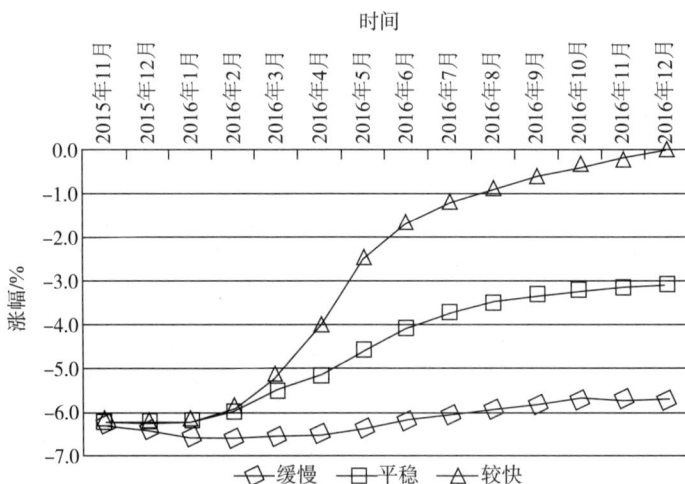

图 13　不同情景下的 2016 年 PPI 同比涨幅变化趋势

表 5　情景假设下的 PPIRM 同比涨幅预测结果（单位：%）

时间 情景	2015 年 11 月	2015 年 12 月	2016 年 1 月	2016 年 2 月	2016 年 3 月	2016 年 4 月	2016 年 5 月	2016 年 6 月	2016 年 7 月	2016 年 8 月	2016 年 9 月	2016 年 10 月	2016 年 11 月	2016 年 12 月	2016 年 全年
缓慢	−8.23	−8.49	−8.75	−8.68	−8.70	−8.67	−8.50	−8.37	−8.09	−7.66	−7.26	−6.93	−6.69	−6.42	−7.89

续表

时间 情景	2015 年 11 月	2015 年 12 月	2016 年 1 月	2016 年 2 月	2016 年 3 月	2016 年 4 月	2016 年 5 月	2016 年 6 月	2016 年 7 月	2016 年 8 月	2016 年 9 月	2016 年 10 月	2016 年 11 月	2016 年 12 月	2016 年 全年
平稳	−7.90	−8.02	−8.26	−8.03	−7.60	−7.24	−6.54	−5.89	−5.22	−4.61	−4.17	−3.84	−3.66	−3.42	−5.71
较快	−7.91	−8.05	−8.26	−7.95	−7.29	−5.96	−3.98	−2.64	−1.62	−0.81	−0.15	0.32	0.69	1.13	−3.04

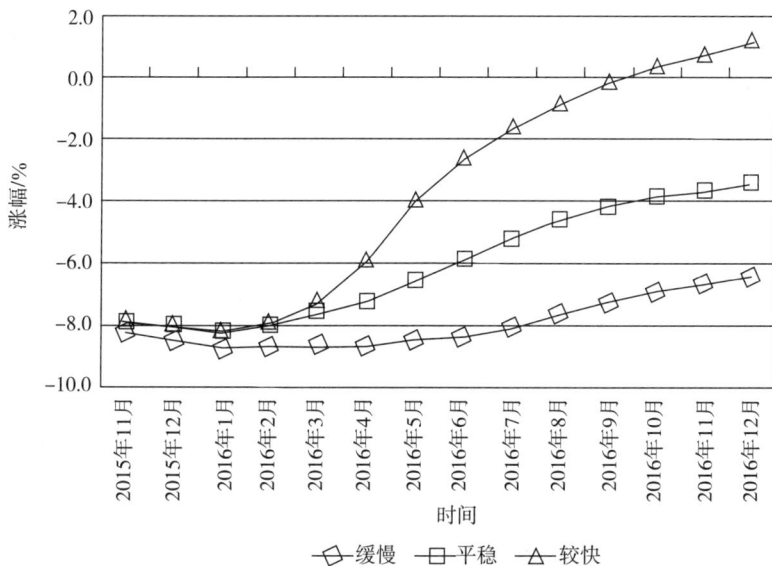

图 14　不同情景下的 2016 年 PPIRM 同比涨幅变化趋势

　　预测结果显示，在"缓慢"、"平稳"和"较快"三种情境下，2016 年中国 CPI 均呈现先低后升趋势，最早（"较快"情景）可能于 2016 年 2 月涨幅开始小幅回升，最晚（"缓慢"情景）可能于 5 月之后出现回升，2016 年全年 CPI 上涨在 1.5%～2.0%；2016 年 PPI 与 PPIRM 走势依然呈下降态势，即便是 2016 年中国经济增长加快，增速高于 2015 年，全年 PPI 与 PPIRM 几乎仍然全部位于负增长范围，只是降幅逐渐减小，如果经济增速高于 2015 年，那么 2016 年年末 PPI 和 PPIRM 有可能出现微幅上涨。在 2016 年经济处于"平稳"的情景下，PPI 降幅大约为 4.28%，全年总体位于 2.40%～6.14%，PPIRM 降幅约为 5.71%，全年总体位于 3.04%～7.89%。

　　通过预测结果我们看到，2016 年 CPI 保持微幅上涨，PPI 与 PPIRM 依然处于下跌态势。

六、政　策　建　议

　　中国当前物价的诸多特征主要由内需不足、供给过剩以及国际市场大宗商品价格大幅下跌等因素共同作用所致，处于经济增速减缓期的中国经济和与之相应的物价走势是一正常经济态势，对于预防通货紧缩的观点需保持理性认识和深入思考。我们认为当前中国宏观经济调控不应着眼于防御通货紧缩，而应抓住通胀与通缩压力都较小的大好时机，加快价格体制和行政审批制度改革，完善市场价格形成和传导机制，更好地发挥价格在经济中的风向标作用。基于以上原则，本报告给出如下政策建议。

（一） 进一步完善市场定价机制

中国产品和服务定价机制并未完全放开，价格传导机制受阻，总体价格水平与宏观经济形势背离。例如，2015 年中国粮食产量继续增加，国际粮食价格下跌促使粮食进口也在增加，但中国 2015 年粮食价格却依然上涨，价格与供需脱节严重。原因如下：一是中国种子、化肥、农药等农资产品用于农业生产作为生产性成本，其价格相对农民收益而言较高，农民单凭农产品难以保证其基本生活收入，尽管中国农产品价格实行最低收购价，农业生产也得到大量补贴，但由于农村劳动力从事农业生产的机会成本不断提高，农业收益难以弥补其生产成本；二是流通环节费用过高，推高农产品价格。

在能源领域同样存在亟待完善的市场定价机制问题。例如，政府控制交通运输价格，导致在油价高企时交通运输价格较易上涨，而在油价较低时却很难下降，形成"棘轮效应"，甚至出现交通运输服务供给者和需求者均对政府制定价格不满意的局面。政府价格管制行业经营活动基本类似，定价机制不完善直接导致价格传导机制受阻，价格不能反映真实市场供需状况，无法起到和发挥市场风向标的作用，也干扰了宏观调控时市场本身应该具有的反馈信号灯作用。

因此，在当前物价形势较为平稳、通货膨胀压力较小的情况下，政府应该把握当前有利时机，加快价格机制改革步伐，加速放开产品和服务定价，更多依靠市场力量协商定价，更好地发挥市场与价格的调节关系。

（二） 加强政府价格监管职能， 稳定市场秩序

当产品和服务依靠市场定价时，"市场失灵"也会对价格制定和传导产生负面影响，不利于发挥价格工具应有的作用。"市场失灵"表现为信息不对称和不完全、垄断或垄断联盟操纵价格以及定价寻租活动等，其将使价格调节市场的能力和作用大打折扣。由于中国成品油市场和农产品市场竞争有限，少数大型国企形成垄断联盟，操纵油价和粮食价格。不仅如此，2014 年年末开始试点的药品价格改革也出现诸多未预期到的乱象，重庆药品价格放开后出现普遍暴涨情况，致使药品价格改革措施全部取消重来，严重影响居民医疗保障。此外，部分地区未举行听证会直接定价或忽视市民意见等，使政府定价产品价格制定随意性较大。因此，在涉及民生问题的医疗卫生和个人用品（如药品市场定价）、生活必需品（如水和天然气阶梯定价）价格制定上，政府职能部门应加强监管力度，使价格决策过程更加公开透明，价格制定更加公平合理，稳定市场经济秩序。

（三） 深化行政审批改革，降低中间交易成本

中国 CPI 与 PPI、PPIRM 长期背离，经济活动受限的另一较高中间交易成本是政府行政干预造成的行政成本居高不下，主要包括准入、参与和退出门槛限制，行政监督和管理约束等。2015 年中国在前期取消和下放行政审批事项通知的基础上进一步对政府与市场关系进行规范①。例如，2015 年 2 月集中取消和调整 94 项行政审批事项，取消 64 项职业资格许可认定；5 月集中取消 49 个大项和 8 个大项中 17 个子项非行政许可审批项目；7 月集中取消 62 项职业资格许可认定项目；10 月正式确定市场准入负面清单制度，充分发挥市场在资源配置中的决定性作用，强化市场竞争，同时取消 62 项中央制定、地方政府实施的行政审批项目等。

然而在一些本应市场化运作的领域，政府依然把行政审批权牢牢把控在手中。例如，政府对出租车、货物运输等行业的行政管理和行政审批依旧苛刻过度，在互联网租车服务快速发展、规模不断扩大的情况下，地方政府解决互联网租车从业者和传统出租车从业者间矛盾的方法是直接采取措施禁止互联网租车服务，或将其强制转入政府平台，由政府直接管理，使原本完全可以依赖市场自行调节和解决的"打车难"问题陷入更深的社会矛盾。简化行政审批程序，不仅可以降低市场中间交易成本，还可以更好地发挥公共资源，增强经济活力。

（四） 推进现代农业建设，稳定农产品价格和食品价格

食品类价格在中国 CPI 中占比最高，因此食品价格的稳定对 CPI 稳定具有重要作用。2015 年中国 CPI 小幅上涨不仅是经济增长减速所带来的需求降低所致，同时也与国际市场大宗农产品价格走低和国内农产品价格平稳高度相关。中国食品价格的稳定很大程度上取决于农产品生产和产量供给，因此无论是从短期稳定物价还是从中国农业长远发展，都应将推进现代农业建设、保证自足自给作为根本策略。为此，建议采取如下措施：一是利用现代农业技术提高农产品产量，提升农产品质量，降低自然气候变化和自然灾害对中国农业生产的影响。二是建立国家长期稳定的农业政策，通过建立和落实富农政策及其长效机制，避免"谷贱伤农"，确保在农产品价格大跌时依然能够稳定农民收入，促进农民生产积极性，稳定农业产出。三是改革现有农产品和食品贸易方式，在继续实施农产品最低收购价格的同时扩大可贸易农产品范围，在农产品价格大涨时通过国际农产品进口平抑价格过度上涨。四是加大市场农产品和食品安全检查，提高食品质量安全性和市场信誉度，避免人为因素导致的产品恐慌和价格波动。

---

① 资料来源：http://www.gov.cn/zhengce/xxgkzl.htm。

（五） 利用 PPI 和 PPIRM 走低时机加快消化过剩产能

在经济增速减缓和国内需求降低的大背景下，中国多年未解决的产能过剩问题在2015 年进一步加剧，我们认为 2016 年应利用 PPI 和 PPIRM 走低时机，通过市场竞争、行业标准和国家法律法规加快过剩产能消化，改善产能过剩加剧局面。为此，应采取如下措施：一是利用市场竞争机制倒逼企业转型，加快淘汰"高能耗、高污染"企业低质量产品，实现产品和产业结构同步优化升级；二是通过价格机制调整能源价格，限制"高能耗、高污染"企业对能源过度利用；三是实施消化产能配额以及税收优惠等措施，推动工业企业合并重组，实现技术互补，提高产品质量，通过"以质取胜"和"以质获利"消化过剩产能，淘汰落后技术和产品；四是依托"京津冀"协同发展及长江经济带战略，有针对性地增加区域基础设施建设投资，改善和提升地区基础设施水平，消化现有钢铁和水泥等建筑基础行业的过剩产能；五是引导钢铁、水泥、有色金属等过剩行业与中国大型国际建设工程公司开展合作，积极参与"一带一路"对外贸易、投资和基建建设，在消化产能过剩的同时缓解产业结构性矛盾。通过上述措施，利用 PPI 和PPIRM 价格走低的有利时机不仅可以加快消化过剩产能，而且还可反向完善工业生产领域价格体系，促进国民经济更好发展。

2016 年中国对外贸易形势展望[①]

张　珣　崔晓杨　魏云捷　汪寿阳

报告摘要： 2015 年中国对外贸易大幅下降，进出口均出现负增长，为正处于结构转型期的中国经济发展带来挑战。2016 年，中国外贸发展仍将处于中低速增长的转型阶段。出口方面，全球经济复苏缓慢，虽然欧美缓慢复苏，但新兴市场国家经济活力减弱，部分国家如俄罗斯与巴西出现负增长，极大地增加了全球经济增长的不确定性，加之全球贸易结构调整下发达国家制造业回流和低端制造业向低成本国家转移，进一步削弱了中国出口的增长动力，2016 年中国出口将以低速平稳增长为主；进口方面，2016 年国内经济和国际市场大宗商品价格均面临下行压力，加工贸易的持续萎缩对加工贸易进口和一般贸易进口都造成负面影响，进口增长的动力不足，但受 2015 年进口低基数影响，2016 年进口增速有望转正，但尚不能恢复到 2014 年水平。

计量经济模型测算显示，预计 2016 年，中国进出口总额约为 40 550 亿美元，同比增长约 2.7%。其中，出口额约为 23 900 亿美元，同比增长 3.9%；进口额约为 16 650 亿美元，同比增长 0.9%；顺差约为 7 250 亿美元。与主要贸易伙伴的测算与分析表明，2016 年中国对美国进出口保持稳定增长，增速高于全国总进出口增速。预计中国对美国进出口总额约为 6 045 亿美元，同比增长 6.8%。其中，出口额约为 4 470 亿美元，同比增长 7.5%；进口额约为 1 575 亿美元，同比增长 5.0%；贸易差额约为 2 895 亿美元。预计 2016 年中国对欧盟进出口总额约为 5 780 亿美元，同比增长 3.0%。其中，出口额约为 3 560 亿美元，同比增长 1.7%；进口额约为 2 220 亿美元，同比增长 5.2%；贸易差额约为 1 340 亿美元。

针对中国未来外贸增长面临的问题和挑战，结合中国贸易结构调整的需求，本报告提出 2016 年中国外贸发展中三个值得关注的问题：①关注"一带一路"和自由贸易区战略的规划与实施，这有望成为中国对外贸易发展的新动力；②关注全球产业转移及中国贸易结构调整与升级，在中高端制造业回流发达国家和低端制造业转向发展中国家的背景下，中国应采取何种产业政策来降低二者可能带来的潜在风险；③关注民营企业在外贸发展中展现出的活力及自主发展能力，在科技进步的背景下不断发展新的贸易方式，促进创新，寻找外贸发展的新动力。

---

①　本报告得到国家自然科学基金项目（71422015）、国家数学与交叉科学研究中心全球宏观经济监测预测与政策模拟平台项目的资助。

2015 年 1~10 月，中国进出口总值为 3.227 3 万亿美元，同比下降 8.3%，其中，出口为 1.856 5 万亿美元，同比下降 2.5%，进口为 1.370 8 万亿美元，同比下降 15.7%，贸易顺差 4 857 亿美元，创历史新高。按人民币计价，1~10 月进出口总值为 19.988 4 万亿元，比 2014 年同期下降 7.9%，其中，出口为 11.502 8 万亿元，同比下降 1.7%，进口为 8.485 6 万亿元，同比下降 15.2%，贸易顺差 3.017 2 万亿元。

本报告将对 2015 年 1~10 月中国外贸进出口的发展情况进行分析，建立计量经济模型，对 2015 年 11~12 月和 2016 年全年进出口数据进行预测，并提出 2016 年中国外贸发展中应注意的事项和政策建议。

一、 当前中国外贸运行的特点分析

2015 年 1~10 月，中国外贸运行呈现以下特点。

（1）进出口首现负增长，增速大幅下滑，贸易顺差屡创新高。2015 年是中国"十二五"规划的收官之年，但却是中国进出口出现负增长的第一年。进出口增速从加入世界贸易组织后的 20% 以上逐步回落到个位数，甚至呈现负增长，这与中国潜在增长率下降、经济发展从高速增长进入中高速增长是相对应的。2015 年 1~10 月，中国进出口总值为 32 273.26 亿美元，同比下降 8.5%。其中，出口 18 565.29 亿美元，同比下降 2.5%，相比 2014 年同期下降 8.3 百分点；进口 13 707.97 亿美元，同比下降 15.7%，相比上年同期大幅下降 17.3 百分点；累计贸易顺差 4 857.32 亿美元，相比上年同期增加 2 073.55 亿美元，创下历史新高。分月看，2015 年中国进出口增速呈"倒 U"形。2015 年 2 月，受 2014 年基数较小和季节因素的影响，出口增速大幅上升；从 3 月开始，进出口增速呈现负增长态势，除 6 月出口增速呈现短暂的正增长外，该负增长态势一直持续到 10 月。其中，出口增速的降幅有所收窄，但进口增速的降幅不断扩大（图 1）。

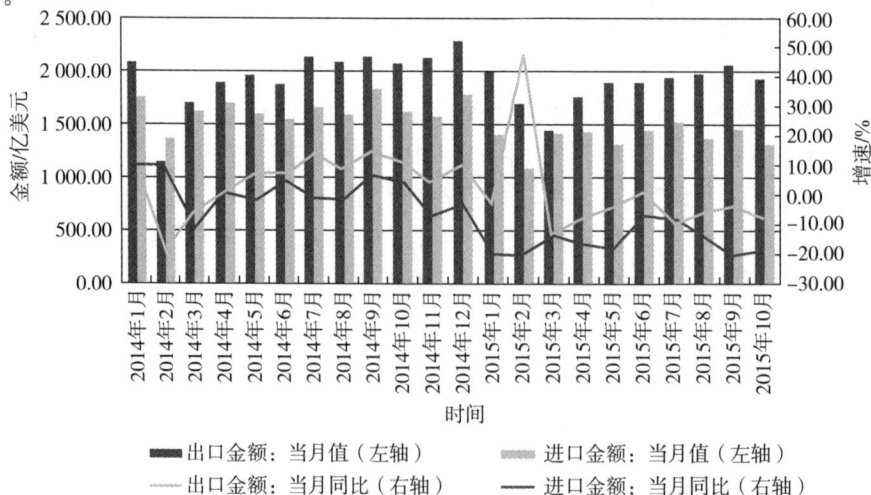

图 1　2014 年 1 月至 2015 年 10 月进出口情况

（2）一般贸易出口平稳增长、一般贸易进口增速弱于预期；加工贸易进出口均有所回升。"十二五"时期，中国劳动力结构、产业结构等逐渐发生变化，受劳动力成本上升、加工贸易产业转型升级等影响，加工贸易进出口量占中国外贸比重由逐年下降转为稳定趋势。2013 年和 2014 年中国加工贸易进出口额分别同比增长 1.03％和 3.82％，占中国外贸比重分别为 32.65％和 32.77％，2015 年 1～10 月中国加工贸易进出口额同比增长为－11.14％，占中国外贸比重小幅下降至 31.42％。2015 年 1～10 月，一般贸易进出口总额 17 649.87 亿美元，同比下降 7.62％。其中，出口 10 032.06 亿美元，同比增长 2.11％；进口 7 617.81 亿美元，同比增长－17.93％；贸易顺差为 2 414.25 亿美元。2015 年 3 月以来，一般贸易出口增速围绕着零增速上下波动，除 5 月、6 月、9 月外，增速均在 0％以下；一般贸易进口增速则在 0％以下，呈波动下降之势，体现出中国内需疲软，进口贸易动力不足的现状。加工贸易方面，2015 年 1～10 月中国加工贸易进出口总额为 10 141.36 亿美元，同比下降 11.14％。其中，出口 6 503.97 亿美元，同比下降 8.91％；进口 3 637.39 亿美元，同比下降 14.87％；贸易顺差为 2 866.58 亿美元。加工贸易进出口增速 2015 年 3～10 月均呈负增长，说明中国加工贸易进出口呈疲弱态势。

（3）民营企业出口保持正增长，且出口份额不断扩大；国有企业、外商投资企业、民营企业进口均呈负增长。从出口看，2015 年 1～9 月，国有企业、外商投资企业、民营企业占总出口的份额分别为 10.9％、44.3％、44.8％，其中民营企业占总出口的份额相比 2014 年同期上升了 1.8 百分点。国有企业、外商投资企业和民营企业出口增长率分别为－4.5％、－5.1％和 2.1％。从进口看，国有企业、外商投资企业和民营企业占总进口的份额分别为 25.0％、49.7％、25.3％，民营企业占总进口的份额相比 2014 年同期下降了 3.1 百分点。受内需疲软的影响，2015 年 1～9 月，国有企业、外商投资企业、民营企业进口增速一直维持在负增长，进口增长率分别为－17.6％、－8.3％和－24.5％。

（4）劳动密集型产品出口显著低于 2014 年同期水平，机电产品出口增速维持正增长，高新技术产品出口呈负增长。原油和集成电路出口大幅增长，部分金属材料出口下降明显。2015 年 1～10 月，纺织、服装和鞋出口大幅下降。其中，纺织品出口 910.90 亿美元，同比下降 1.93％；服装出口 1 439.50 亿美元，同比下降 7.48％；鞋类出口 446.09 亿美元，同比下降 4.99％。机电产品出口增速呈正增长，高新技术产品出口增速降幅小于 2014 年同期。其中，机电产品出口 10 703.24 亿美元，同比增长 1.2％；高新技术产品出口 5 266.05 亿美元，同比增长 0.1％。

2015 年 1～10 月，原油出口额大幅上涨，集成电路出口也显著高于 2014 年同期水平，增速分别为 383.6％和 4.6％，这主要与 2014 年 1～10 月其基数较小有关。受取消出口关税和取消出口配额制的双重影响，中国焦炭和半焦炭出口额大幅增长，增长率为 72.0％。受国外经济增长缓慢的影响，2015 年 1～9 月，中国部分有色金属材料出口下降明显，如未锻造的铜及铜材、钢坯及粗锻件等，同比分别下降 19.7％和 32.6％，反映出有色金属行业形势仍较低迷，需求依然不振。

(5) 对美国、欧盟和东盟的双边贸易份额保持平稳，除美国外，与其他国家和地区的双边贸易额增速下降，贸易顺差额较 2014 年同期均显著上升。2015 年 1～10 月，欧盟仍为中国最大的贸易伙伴，中欧双边贸易额达 4 654.63 亿美元，同比下降 8.3%，其中出口同比下降 4.1%，进口同比下降 14.6%。美国为中国第二大贸易伙伴，中美双边贸易额为 4 611.92 亿美元，同比上升 1.8%，其中出口同比上升 5.2%，进口同比下降 6.5%。东盟为中国第三大贸易伙伴，双边贸易额为 3 791.50 亿美元，同比下降 2.9%，出口增幅为 3.7%，进口则下降 11.3%。受中日政治关系缓和等因素影响，2015 年 1～10 月中日双边贸易总值为 2 298.38 亿美元，同比下降 11.2%，其中出口同比下降 9.5%，进口同比下降 12.7%。顺差方面，中国对美国、欧盟和东盟的贸易顺差较 2014 年同期分别上升 12.97%、16.48% 和 62.08%，对日本的贸易逆差较 2014 年同期下降 47.80%；与此同时，受台湾地区的贸易战略调整影响，中国大陆对中国台湾地区的贸易顺差较 2014 年同期下降 6.67%。

(6) 进出口商品价格同比下降，其中部分消费类商品出口价格略有上涨，投资类商品进出口价格明显回落。2015 年 1～9 月，除 1 月、6 月和 9 月外，中国出口价格指数均处于 100 点以下，出口价格水平较 2014 年同期略有下降。分产品看，鞋帽、纺织、服装等消费类商品出口价格略有上升，石油天然气等能源、仪器仪表等投资类商品出口价格回落明显。受多种商品进口税率下降及国际市场大宗商品价格下滑影响，2015 年 1～9 月，中国进口价格水平较 2014 年同期明显回落。分产品看，食品、粮食、通信电子设备等部分消费类商品和其他商品进口价格指数均呈现不同程度下降，其中食品、石油天然气、采矿等商品价格下降幅度最大。

(7) 2015 年 10 月的景气周期跟踪图[①]显示，进出口指标高度集中于萧条与复苏期。主要的 17 个进出口指标中（图 2），有 8 个指标处于萧条期，9 个指标处于复苏期。位于萧条期的 8 个指标是总进口、一般贸易进口、加工贸易出口、加工贸易进口、鞋类出口、从日本进口、从欧盟进口、对美国出口；复苏期的 9 个指标是总出口、一般贸易出口、机电产品出口、高新技术产品出口、纺织品出口、服装出口、对日本出口、对欧盟出口、从美国进口。从时序景气跟踪图来看（图 3 和图 4），2014 年 1～12 月，中国出口恰好走完萧条、复苏、繁荣、衰退、萧条的完整周期，出口周期显著缩短，而进口一直在萧条期和复苏期之间徘徊；2015 年上半年，出口维持在萧条期运行，进口维持在复苏期运行；2015 下半年，出口运行至复苏期，而进口则运行至萧条期。根据景气跟踪图判断，2016 年中国进出口仍面临严峻挑战。

---

① 景气跟踪图的横坐标为当月该指标高于（低于）5 年平均值幅度，纵坐标代表当月相比上月增长（减小）幅度。四个象限分别代表繁荣（右上）、衰退（左上）、萧条（左下）、复苏（右下）。例如，繁荣为指标高于平均值且仍在增长；而衰退为指标高于平均值但开始减小等。可根据大部分经济指标所处象限判断经济周期变动情况，并根据不同指标变化情况判断当前景气变化。

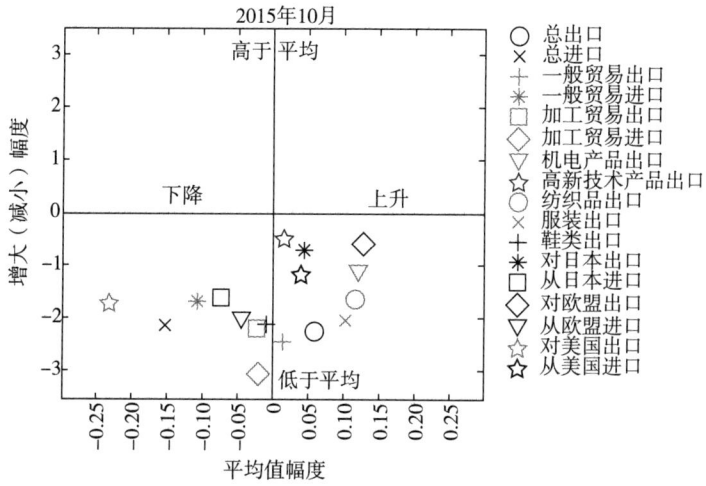

图 2　2015 年 10 月当月景气跟踪图

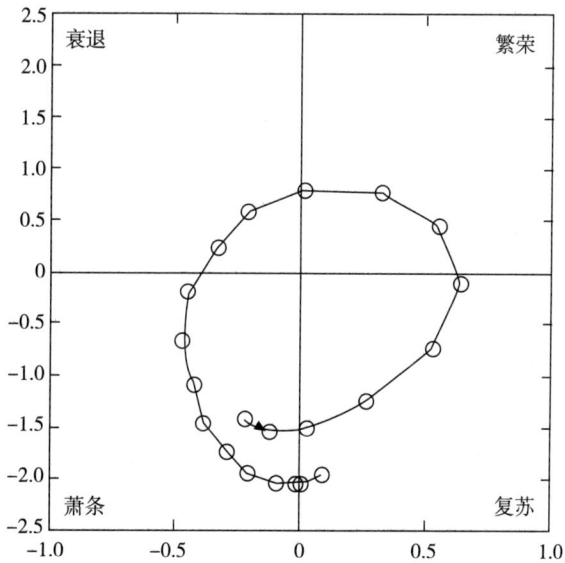

图 3　2014 年 1 月至 2015 年 10 月出口景气跟踪图

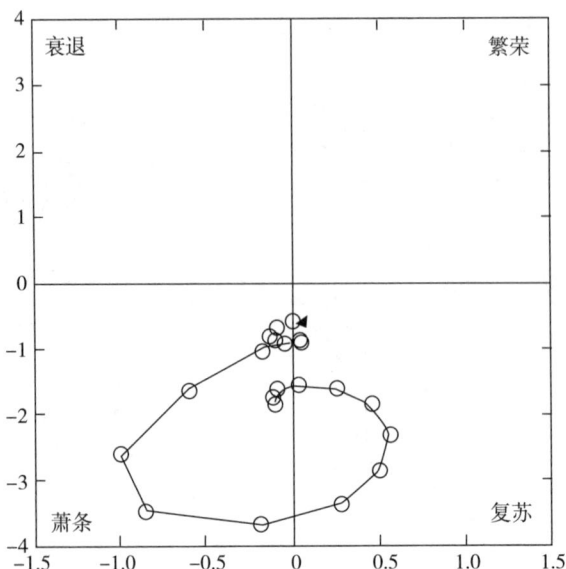

图 4 2014 年 1 月至 2015 年 10 月进口景气跟踪图

二、 2016 年中国进出口预测

本部分从外贸影响因素的角度对 2015 年 11～12 月和 2016 年的对外贸易发展形势进行展望。整体上，全球经济复苏缓慢，发达国家制造业回流和部分低端制造业向低成本国家转移对中国出口的外需造成一定的负面影响，出口支撑的力度不强、动力不足，2016 年中国出口以低速平稳增长为主。进口方面，2016 年国内经济面临下行风险，全球产业转移导致中国加工贸易出口持续低迷而影响到加工贸易原材料进口，加之国际市场大宗商品价格持续低迷的多重压力影响，进口形势不容乐观。受 2015 年进口低基数影响，2016 年进口增速有望转正，但仍很难恢复到 2014 年水平。

（一） 全球经济复苏缓慢， 中国出口增长动力不足

2015 年第 1～3 季度，全球经济在复苏道路上艰难前行。受新兴市场国家的经济下行和全球贸易增长减弱影响，经济合作与发展组织（Organization for Economic Co-operation and Development，OECD）预计 2015 年全球经济增长为 2.9%，略低于长期均衡增长，相比 2014 年的 3.4% 降低了 5 百分点。这凸显出 2016 年全球经济走势的不确定性。虽然 OECD 和 IMF 分别预测 2016 年全球经济增长率将达到 3.3% 或 3.6%，但该预测结果需要中国经济反弹和发达国家投资走强的支撑，在当前的经济走势下并不容易实现。

前三个季度，美国 GDP 折年率增长分别为 0.6%、3.9% 和 1.5%，其中第 2、第 3 季度增长均略低于 2014 年同期。《华尔街日报》针对 60 位经济学家的调查表明，对 2015 年第 4 季度美国 GDP 增长的预期为 2.7%，2015 年全年 GDP 增长率预计为 2.2%，略低于 2014 年 2.4% 的增长率。同时，该调查表明，经济学家们对 2016 年 GDP 的预测值为 2.6%，略高于 2015 年。2013 年以后，美国经济的结构性改善成为推动美国经济持续复苏的重要因素，私人消费是拉动 GDP 增长的主要动力，投资占 GDP 的比重稳定；服务业向高级化方向发展，以及制造业占 GDP 比重扭转了之前持续下滑的势头。但美国制造业的回归也带来美国进口增长率的下降，2015 年前三季度美国货物进口增长率分别为 7.2%、3.2% 和 0.7%，显著低于 2014 年水平。虽然美国失业率降到了 5% 左右的"充分就业"水平，货物和服务价格指数也分别在第 2 季度和第 3 季度出现了 1.5% 与 1.3% 的增长，导致市场对美联储加息预期增加，但综合来看，美国经济仍是恢复性复苏，结构调整远未到位，乐观情境下未来其经济增长可保持 2.5% 左右的温和增长。美国是中国第二大贸易伙伴和最大出口市场，前三季度中国对美国出口同比增长 6%，远高于出口总额 −1.9% 的降幅，对美国出口是稳定中国出口的重要力量。2016 年美国对中国出口的拉动作用将保持稳定。

欧盟方面，IMF 在 10 月发布的《世界经济展望》中，预计 2015 年欧元区经济将增长 1.5%[①]，高于 2014 年 0.9% 的增长率 0.6 百分点。这仍然得益于欧盟最大经济体德国经济的稳定增长以及法国、西班牙等经济逐渐复苏，预计法国和西班牙 2015 年增长率将分别达到 1.2% 和 3.1%，相比 2014 年分别增长 1 百分点和 1.7 百分点。欧元区 19 个国家中，除希腊仍在衰退外，其他国家经济已经实现普遍增长。欧洲央行实施的宽松货币政策提振了欧洲的消费和出口，未来两年欧元区经济增长将得益于就业形势改善、私人消费加速和投资反弹。虽然新兴市场需求下降和难民危机给欧洲带来了新的挑战，但预计欧元区未来两年经济复苏将在复杂的世界经济形势下继续前行。IMF 预计 2016 年欧元区增长率约为 1.6%，与 2015 年基本持平，其中德国增长率仍在 1.6% 左右，而法国经济增长率可能进一步上升到 1.5%。在此经济形势下，2015 年 1~10 月中国对欧盟出口增长比 2014 年同期下降 4%，下降幅度大于总出口 1.5 百分点，2016 年中国对欧盟出口将有所好转，但幅度有限。

新兴国家的经济发展状况与发达国家继续分化，仍持续低迷。在 IMF《世界经济展望》中，预计 2015 年和 2016 年新兴与发展中国家经济增长分别为 4.0% 和 4.5%，均低于 2014 年 4.6% 的水平。其中，金砖四国中的俄罗斯和巴西经济甚至预计连续两年出现负增长，预期俄罗斯 2015 年和 2016 年的经济增长率将下降 3.8% 和 0.6%，而巴西将分别下降 3.0% 和 1.0%。位于东亚的新兴市场国家，如韩国及东盟五国（印度尼西亚、马来西亚、菲律宾、泰国、越南）等也出现了明显的经济增速放缓，其经济增长速度低于预期，同时面临出口动力和内需增长不足的困境。

---

① 欧盟预测 2015 年欧元区增长率为 1.6%。

（二） 国内经济面临下行风险， 进口以低速增长为主

2015 年前三季度，中国 GDP 增长率分别为 7.0%、7.0% 和 6.9%，市场预期第 4 季度 GDP 与第 3 季度持平，仍为 6.9%，最终全年 GDP 增长为 6.9%。虽然 2015 年 GDP 略低于 7% 的增长目标，但 6.9% 的增长速度在中国经济结构调整与产业升级、人口红利下降的背景下依然处于合理空间。从 GDP 的构成来看，虽然消费对 GDP 的贡献加大，投资和净出口的贡献减少，但进口增长仍不乐观：①国际市场大宗商品价格低迷导致进口价格指数下降，部分进口产品量升价跌对总进口增长率的贡献仍然为负；②外需不振和长期以来低端制造业向低成本国家的转移造成中国加工贸易出口量的减少，并进而影响到加工贸易进口及一般贸易进口中与加工贸易相关的机械、设备进口等，也进一步导致了当前进口的大幅下降。因此，进口增长不仅直接受到中国经济增长的影响，也直接受到国家市场大宗商品价格、中国加工贸易占比大的贸易结构的影响。

根据中国科学院预测中心先行景气指数分析，2015 年 10 月先行指数的值为 97.34，较上月下降 0.21，处于缓慢下降阶段，尚未给出短期内经济回升的信号。从经济增长景气信号灯来看，景气信号灯主要位于蓝灯区和浅蓝灯区，表明中国经济总体形势较"冷"，未来面临很大不确定性。2016 年中国经济增长有较大的下行压力。

全球大宗商品价格持续低迷，进口均价普遍下跌，价格因素已连续两年成为中国进口低迷的重要原因。2015 年以来代表国际大宗商品价格走势的路透 CRB 指数一路下行，1 月初 CRB 指数为 228，至 11 月已达到年内最低值 183，不到一年降幅接近 20%。预计 2016 年全球大宗商品市场仍偏冷，CRB 指数或将进一步下跌，价格因素对 2016 年中国进口增长的影响为负。

加工贸易是中国贸易的重要组成部分，而受低增长状态的世界经济形势、全球贸易价值链重组和中国贸易结构升级影响，中国加工贸易的增长已连续多年弱于一般贸易。加工贸易两头在外的特点决定了外需不足将同时影响加工贸易进口与出口，并降低一般贸易进口中服务于加工贸易的机械设备、装置等的需求。2015 年中国 1~10 月加工贸易出口和进口相比 2014 年同期分别下降 9% 和 15%，2016 年加工贸易在总贸易中占比减小的趋势还将持续。

综上，2016 年中国进口增长面临较多的不利条件，但考虑到 2015 年的较低基数以及国家可能继续加大进口促进政策的力度，2016 年进口增速或将转正，但还不能恢复到 2014 年的水平。

（三） 2016 年中国进出口预测结果

根据计量经济模型的测算结果并考虑到其他修正因素，本部分基于截至 2015 年 10 月的海关统计数据，对中国 2015 年和 2016 年的进出口总额、中美和中欧贸易以及主要进出口商品贸易的预测结果如下。

1. 进出口总额预测

2015 年，中国进出口呈负增长；2016 年，预计保持个位数低位增长局面，出口增速和进口增速较 2015 年均有所回升。预计 2015 年，中国进出口总额约为 39 500 亿美元，同比下降 8.2%。其中，出口额约为 23 000 亿美元，同比下降 1.8%；进口额约为 16 500 亿美元，同比下降 15.8%；顺差约为 6 500 亿美元，同比上升 70%。预计 2016 年，中国进出口总额约为 40 550 亿美元，同比增长 2.7%。其中，出口额约为 23 900 亿美元，同比增长 3.9%；进口额约为 16 650 亿美元，同比增长 0.9%；顺差约为 7 250 亿美元。可见，2015 年受国外经济复苏弱于预期、贸易摩擦严重，以及中国产业结构调整、内需增长乏力等因素影响，外贸增速相对 2014 年大幅下降。2016 年，受 2015 年较低的基数影响，中国出口增速有望实现低位增长，而进口有可能转为小幅的正增长。2015 年和 2016 年中国贸易顺差的绝对数值大幅上涨，但这主要来源于弱势进口的影响，与以往由于出口高速发展造成的贸易顺差增长存在差别。

2015 年人民币以贬值为主要基调，贬值在一定程度上增强了出口商品竞争优势，刺激中国对外出口，但也降低了进口产品的吸引力，抑制了中国进口贸易。汇率的双向波动增加了企业资金结算的不确定性，不利于中国对外贸易稳定性。测算表明，2015 年中国进出口总额约为 243 039 亿元，同比下降 8.1%。其中，出口额约为 141 054 亿元，同比下降 2.0%；进口额约为 101 985 亿元，同比下降 15.4%；顺差约为 39 069 亿元。预计 2016 年中国进出口总额约为 251 296 亿元，同比增长 3.4%。其中，出口额约为 147 302 亿元，同比增长 4.4%；进口额约为 103 994 亿元，同比增长 2.0%；顺差约为 43 308 亿元。

2. 中美进出口额预测

2015 年和 2016 年中国对美进出口呈低速稳定增长，增速高于全国总进出口增速。预计 2015 年，中国对美进出口总额约为 5 660 亿美元，同比增长 1.9%。其中，出口额约为 4 160 亿美元，同比增长 5.0%；进口额约为 1 500 亿美元，同比下降 5.8%；贸易差额约为 2 660 亿美元。预计 2016 年，中国对美进出口总额约为 6 045 亿美元，同比增长 6.8%；其中，出口额约为 4 470 亿美元，同比增长 7.5%；进口额约为 1 575 亿美元，同比增长 5.0%；贸易差额约为 2 895 亿美元。

3. 中欧进出口额预测

2015 年中国对欧盟进出口贸易呈负增长；2016 年，对欧盟进出口增速上升至 3% 左右。预计 2015 年，中国对欧盟进出口总额约为 5 610 亿美元，同比下降 8.8%。其中，出口额约为 3 500 亿美元，同比下降 5.7%；进口额约为 2 110 亿美元，同比下降 13.7%；贸易差额约为 1 390 亿美元。预计 2016 年，中国对欧盟进出口总额约为 5 780 亿美元，同比增长 3.0%。其中，出口额约为 3 560 亿美元，同比增长 1.7%；进口额约为 2 220 亿美元，同比增长 5.2%；贸易差额约为 1 340 亿美元。

4. 高新技术产品进出口额预测

2015 年中国高新技术产品进出口与 2014 年基本持平，但 2016 年增速将有所回升。预计 2015 年，中国高新技术产品进出口总额约为 12 050 亿美元，同比下降 0.7%。其中，出口额约为 6 620 亿美元，同比增长 0.2%；进口额约为 5 430 亿美元，同比下降 1.7%；贸易差额约为 1 190 亿美元。预计 2016 年，中国高新技术产品进出口总额约为 12 365 亿美元，同比增长 2.6%。其中，出口额约为 6 880 亿美元，同比增长 3.9%；进口额约为 5 485 亿美元，同比增长 1.0%；贸易差额约为 1 395 亿美元。

5. 机电产品进出口额预测

2015 年中国机电产品进出口呈负增长，2016 年机电产品出口增速将回升，进口降幅缩小。预计 2015 年，机电产品进出口总额约为 21 200 亿美元，同比下降 2.2%。其中，出口额约为 13 200 亿美元，同比增长 0.65%；进口额约为 8 000 亿美元，同比下降 6.5%；贸易差额约为 5 200 亿美元。预计 2016 年，中国机电产品进出口总额约为 21 560 亿美元，同比增长 1.7%。其中，出口额约为 13 630 亿美元，同比增长 3.3%；进口额约为 7 930 亿美元，同比下降 0.9%；贸易差额约为 5 700 亿美元。

6. 纺织品、服装、鞋出口额预测

2015 年中国纺织品、服装、鞋出口相较于 2014 年呈负增长，其中服装和鞋出口降幅较大；2016 年中国纺织品、服装、鞋出口呈低速增长态势。预计 2015 年，中国纺织品出口额约为 1096 亿美元，同比下降 2.3%；服装出口额约为 1740 亿美元，同比下降 6.61%；鞋类出口额约为 540 亿美元，同比下降 4.0%。预计 2016 年，中国纺织品出口额约为 1 111 亿美元，同比增长 1.4%；服装出口额约为 1 770 亿美元，同比增长 1.7%；鞋类出口额约为 557 亿美元，同比增长 3.2%。

三、 值得关注的问题及政策建议

（一）"一带一路"和自由贸易区战略的实施有望成为中国对外贸易新动力

2015 年，中国经济面临发展不平衡、大宗商品价格下跌、人民币汇率波动等多项不确定性因素，其中对外贸易增速远不及预期。2015 年 11 月，中央全面深化改革领导小组召开第十八次会议，要求加快实施自由贸易区战略，逐步构筑起立足周边、辐射"一带一路"、面向全球的高标准自由贸易区网络。自由贸易区战略的实施有利于深化中国对外开放程度，推动中国开放型经济体制的建立；同时，有利于形成中国自由贸易链条，促进中国制造业的发展，也可减缓"跨太平洋伙伴关系协定"正式生效后对中国进出口贸易所带来的影响。另外，"一带一路"战略的稳健推进和多项改革措施的相继出台，可降低中国企业进出口成本，而自由贸易区的实施则会降低关税水平，减少贸易投资障碍，有助于增进与相关国家和地区的经贸关系。在外部需求难有明显回升、贸易摩擦形势依然严峻复杂的背景下，中国正在积极推进的"一带一路"和自由贸易区战略，将有望成为中国对外贸易新动力。

建议在国内市场需求饱和、欧美市场持续疲软的情况下，加快布局与"一带一路"沿线国家和新兴市场国家的合作，充分激发中东、中非、拉美地区等新兴市场国家的合作潜力；继续加大与"一带一路"有关国家的协商和交涉的力度，为中国企业出口创造便利条件；减轻产能过剩企业出口关税，消化过剩产能，促进产业结构调整。

（二） 全球产业转移使中国对外贸易面临较大不确定性

随着全球经济的深度融合和国际竞争的日趋激烈，国际产业结构调整也在不断加速。国际产业正逐步向信息化和集中化发展，发达国家转向大力推动产业回归和再工业化。在此大背景下，中国外贸已由高速增长转为低速增长，特别是 2015 年的负增长。当前，随着中国经济的迅速发展和对外开放的扩大，以发达国家跨国公司为主要推动者的世界范围的国际产业转移，为中国产业结构调整和提升带来了重大机遇，但产业转移所固有的属性可能使我们与发达国家的技术级差乃至产业级差被固定化。过去受中国廉价劳动力的影响，外贸出口主要依靠一般贸易和加工贸易，现在一般贸易总体保持增长，但是受产业转移、制造业回流等因素影响，加工贸易明显走弱。根据联合国统计数据显示，2009～2014 年，中国制造业利用外资总水平占比从 2009 年的 52％下降到 2014 年的 33.4％。因此，我们需要掌握国际产业转移的特点和趋势，实现中国对外贸易结构的优化升级。

建议鼓励并资助企业技术创新，使中国外贸吸引力由要素驱动向创新驱动转变；稳步加强中国对外开放程度，积极推进贸易便利化，规范和清理进出口环节的收费，积极主动应对外贸摩擦，加强外贸诚信体系建设；主动引导跨国公司遵循新的产业转移的阶段进行投资，鼓励其海外供货商到产业移入国投资，发展配套产业并建立产业群，将整条产业链搬迁、转移到发展中国家。

（三） 中国贸易方式不断优化，外贸企业自主发展能力持续增强

一般贸易出口占比上升，民营企业成为最大出口主体，对外贸易方式不断优化。2015 年世界经济复苏弱于预期，国际市场需求疲软，同时，中国面临着劳动土地要素成本持续上升、人口红利下降等问题，部分劳动密集型产业竞争优势下降。根据前文描述，当前中国加工贸易出口占总出口的比重呈逐步下降趋势，显示出中国贸易方式不断优化，外贸企业自主发展能力持续增强。值得注意的是，受益于中国各项外贸稳增长和通关便利化等政策的实施，2015 年 1～10 月，民营企业出口 7 460.80 亿美元，占总出

口比重达 44.83%，成为最大出口主体，民营企业的活力不断增强。但在民营企业高速发展的同时，仍不能忽略其存在的出口产品附加值低、技术含量低等问题。

对此，我们给出如下建议：①继续出台稳出口政策，加大对企业的财税支持，扩大出口退税范围，进一步实行便利化通关政策等，提高贸易便利化水平；②大力贯彻"中国制造 2025"战略，鼓励企业加大技术创新投入，提高技术含量和附加值，提高中国企业在全球价值链参与的广度和深度，调整出口结构，培育新的竞争力；③优化加工贸易产品结构，延长加工贸易国内增值链，向产业链高端发展，同时推进加工贸易企业向中西部地区有序梯度转移；④积极支持民营企业自主创新，加强信贷扶持力度，改善民营企业发展环境；⑤在外贸领域推进"互联网＋"，为外贸发展注入新的动力。进一步指导规范跨境电商行业发展，对跨境电商的企业提供税收等政策支持，鼓励有实力的企业做大做强。

2015 年中国消费需求波动及 2016 年走势判断[①]

范晓非　陈　磊　高铁梅

报告摘要： 随着中国经济发展进入新常态，经济下滑压力增加，消费被赋予了承担经济"新引擎"的期望。在调结构、稳增长的进程中，消费也扮演了稳定器的角色，2015 年前三季度，最终消费支出对 GDP 增长的贡献率为 58.4%，比上年同期提高 9.3 百分点。从商品销售看，2015 年以来，社会消费品零售总额增速出现了缓中回升趋势，2015 年 1~10 月社会消费品零售总额同比实际增速 10.6%，高于前三个季度 0.1 百分点，高于同期 GDP 增速 3.6 百分点，对经济增长发挥了第一位的拉动作用。从城乡消费结构看，受农村流通基础设施建设和电子商务进农村等因素影响，农村消费品零售总额依然在增速上保持优势。从消费内部结构看，中国服务性消费增速超过商品消费增速，居民对旅游、文化娱乐等休闲领域消费需求不断增加。

2015 年，汽车销售企稳，且亮点凸显，运动型多功能性（sport utility vehicle, SUV）汽车的销量保持高速增长，2015 年 10 月 SUV 汽车销售同比增长 48.4%。在国家政策对能源汽车销售和基础设施建设的支持下，新能源汽车产量飞速增长，2015 年 1~10 月，新能源汽车累计销售约 17.11 万辆，同比增长近 3 倍；受国际大宗商品价格震荡影响，石油及制品类销售增速一直负增长；在"互联网+"的背景下，信息产品不断换代升级，智能终端产品不断丰富，智能化信息产品和服务的消费需求增加；房地产销售面积和销售额逐渐企稳，出现上升趋势，并带动建筑装潢和家具类消费回升；消费预期、信心和满意指数均高于 100，说明总体来看消费者对现在以及未来的消费形势比较乐观。

综合对中国 2015 年的消费形势及数据的分析，本报告借助"宏观经济景气监测预警系统"，分别建立了消费增长周期波动的先行和一致合成指数及扩散指数，对 2016 年中国消费走势进行了预测。主要结论是：截至 2015 年 10 月，消费景气依然处于下降阶段，尚未呈现明显的谷底。从先行合成指数看，2015 年以来，消费先行合成指数的变动平缓，预计未来中国消费景气将呈现平稳波动趋势，短期内出现快速回升的可能性较小。

消费先行扩散指数于 2014 年 10 月出现了局部极小值点，随后消费先行扩散指数开始逐渐回升。2015 年 10 月移动平均后的消费先行扩散指数值为 40，而先行指标组中上

---

① 本报告得到国家社会科学基金重大项目（15ZDA011）、国家社会科学基金青年项目（15CSH024）、东北财经大学校级项目（DUFE2015Q19）和东北财经大学博士后择优资助项目（BSH201511）的资助。

升的指标分别为 M2 增速和城镇居民可支配收入增速，因此在工业去产能化进程加快以及国家基础设施投资增加的大环境下，预计先行扩散指数将会保持继续上升的趋势。根据前期数据可以推算出，消费先行扩散指数由极小值点到谷底出现（由下向上穿越50%线）的平均时长约为 9 个月，因此消费先行扩散指数于 2016 年第 2 季度达到波谷的可能性较大。从消费一致扩散指数看，消费一致扩散指数于 2015 年 5 月达到局部极小值点，随后消费一致扩散指数出现回升趋势，截止到 2015 年 10 月已经回升 12.8 个指数点，由于消费先行扩散指数波谷相对于一致扩散指数波谷的先行期约为 6 个月，因此预计消费景气在 2016 年大幅触底回升的可能性较小，将延续 2015 年的平稳波动态势。综合消费扩散指数和消费合成指数的分析结果，本报告认为，中国消费景气指数在 2016 年全年将继续维持平稳小幅波动态势，社会消费品零售总额将围绕 11% 的增长速度小幅波动，出现大起或大落的概率较低。

从扩大内需角度，本报告提出如下建议：①依靠"互联网＋"，拉动信息消费持续高速增长；②继续缩小国内外价格差，提升消费者对国内市场认可度；③进一步提高城乡居民收入，释放农村消费潜力，提升农村居民生活质量；④调整产业结构，适应消费结构升级；⑤创新网络购物市场监管模式，维护良好消费环境。

一、 引　　言

随着中国经济发展进入新常态，经济下滑压力增加，消费被赋予了承担经济"新引擎"的期望。在调结构、稳增长的进程中，消费也扮演了稳定器的作用，2015 年前三季度，最终消费支出对 GDP 增长的贡献率为 58.4%，比上年同期提高 9.3 百分点[①]。随着消费的扩容升级，中国消费需求出现了新亮点和新趋势，这些新特征和趋势对中国消费政策体系及监管方式提出了新要求。

本报告主要是在考察 2015 年 1～10 月中国需求特征和趋势的基础上，分析影响中国消费的基本因素，并对 2016 年消费需求走势进行了预测。报告的具体结构安排如下：第二部分分析 2015 年前三季度中国消费需求的特征；第三部分剖析中国消费需求波动的影响因素；第四部分通过构建反映中国消费增长周期波动状况的先行、一致合成指数和扩散指数，对中国消费增长周期波动的特征及运行态势进行分析，并对 2016 年中国消费走势进行了判断；第五部分是政策建议。

二、 2015 年 1～10 月中国消费需求的特征分析

2015 年 1～10 月，中国经济依然存在下行压力，国际经济复苏进程不及预期造成进出口波动剧烈，同时投资增长乏力，然而消费却保持了平稳波动的态势，并呈现出了新的特征和变动趋势。

---

① 国家统计局. 前三季度国民经济总体运行平稳. http://www.stats.gov.cn, 2015-10-19.

（一） 消费成为拉动经济增长的重要力量， 大众化消费需求趋势旺盛

2008 年国际金融危机以来，中国经济下行压力增加，与此同时中国社会消费品零售总额也出现了下滑趋势。图 1[①] 给出了 2011 年 9 月～2015 年 10 月社会消费品零售总额和餐费收入当月同比增速。图 1 显示，2012 年以来，中国社会消费品零售总额和餐费收入当月增速呈现逐年阶梯式下降趋势，增速波动的中枢随之下移。

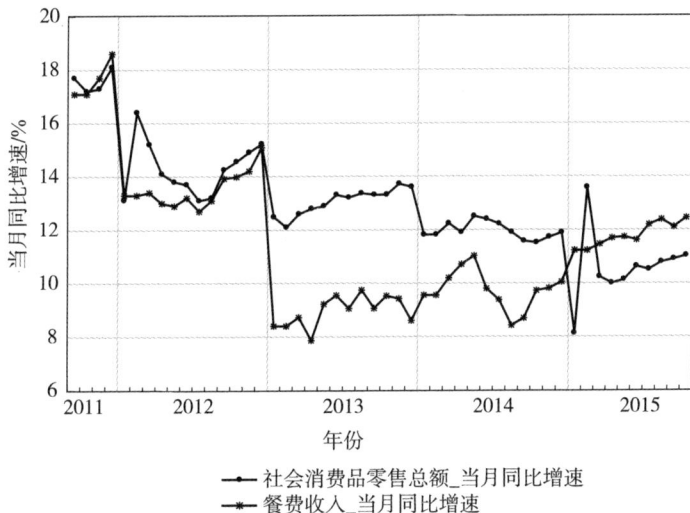

图 1　社会消费品零售总额和餐费收入当月同比增速

资料来源：中国经济信息网统计数据库宏观月度库

从社会消费品零售总额当月同比增速的变动趋势看，社会消费品零售总额增速的波动中枢由 2011 年的 17％左右，逐年下降到 2015 年的 10％左右。但是 2015 年以来，社会消费品零售总额增速出现了缓中回升趋势，2015 年 1～10 月社会消费品零售总额同比实际增速为 10.6％[②]，高于前三季度 0.1 百分点，且高于同期 GDP 增速 3.6 百分点，对经济增长发挥了第一位的拉动作用。在经济增速放缓的压力下，社会消费品零售总额平稳增长凸显了中国内需的巨大潜力。

餐费收入方面，图 1 显示，2013 年受成本上升和政策环境影响，餐费收入增速在 8％到 10％之间的低位震荡波动，餐饮行业被迫开始从传统向现代化转型升级。在外部市场变动的倒逼机制下，餐饮行业从高端餐饮向大众餐饮转型，2014 年 7 月以来，餐饮业逐渐回暖。其中，餐费收入的增速维持了上升趋势，并于 2015 年 3 月超过社会消费品零售总额的增速。2015 年 10 月，全国餐费收入同比增长 12.4％，主要原因是快捷

---

① 如无特殊说明，本报告中的数据均来自中国经济信息网（www.cei.gov.cn）统计数据库的宏观月度库。当指标缺少 1 月和 2 月数据时，采用该指标当年 2 月的累计增长率补充。

② 国家统计局 .2015 年 10 月份社会消费品零售总额增长 11.0％. http://www.stats.gov.cn，2015-11-11。

方便和经济实惠的餐饮受市场认可和欢迎，且需求旺盛。

（二） 消费结构升级不断加速

随着人民生活水平的不断提高，居民商品消费的内部结构升级加快。从城乡结构看，农村消费成为消费总体中的亮点。虽然农村消费品零售总额依然低于城镇消费总额，但是二者之间的差距逐渐缩小，2015 年 10 月城镇社会消费品零售总额约是农村的6.4 倍。然而从二者的同比增速（图 2）看，农村消费品零售总额增速于 2012 年超过城镇，截止到 2015 年 10 月，农村消费品零售总额依然在增速上保持优势。这一方面是由于农村批发市场以及物流配送中心等流通基础设施建设逐渐完善，加快了农村商品流通的同时降低了农村商品销售的成本。另一方面，在中国政府"电子商务进农村"和"信息进村入户"等政策的支持下，加之中国农村返乡劳动力和大学生在网购和创业方面意识较强，电子商务成为促进农村消费增长的重要因素。例如，苏宁和京东等电商开始抢占中国农村电器升级市场，启动渠道下沉策略，纷纷在农村建立体验店。此外，中国农村涌现了一批产业集群的"淘宝村"。《中国淘宝村调查报告（2014）》[①] 显示，2014 年中国共有 212 个"淘宝村"。电子商务将进一步促使农村产业从生产驱动向需求驱动的转型升级，并将成为农村消费品零售总额增长的持续动力。

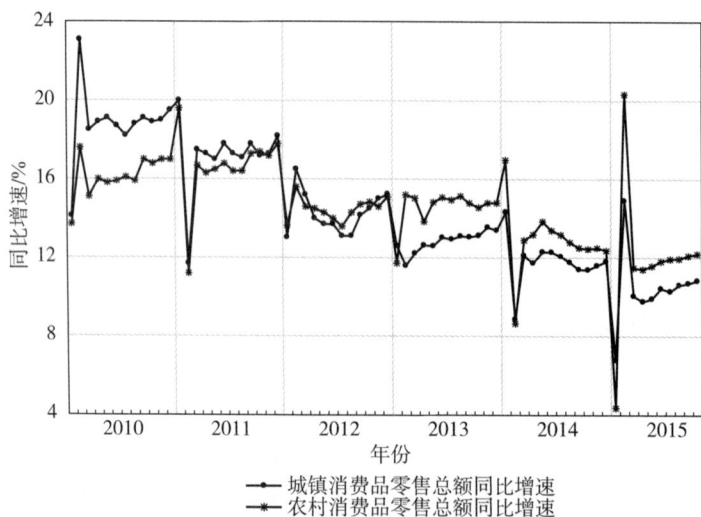

图 2　城乡消费品零售总额同比增速
资料来源：中国经济信息网统计数据库宏观月度库

从消费内部结构看，居民消费逐渐由商品消费向服务消费转换升级的趋势明显。当前，中国服务性消费增速超过商品消费增速，居民对旅游、文化娱乐等休闲领域消费需求不断增加。特别是文化消费增长迅速。以电影为例，2015 年 1～9 月全国电影票房收

---

① 　阿里研究院. 中国淘宝村调查报告（2014）. http://www.aliresearch.com/，2014-12-23.

入 330.09 亿元，同比增长 50.39%[①]。从观影人数看，2014 年中国人均观影次数仅为 0.6 次，而北美国家人均观影为 3.6 次。2015 年第 1 季度，中国观影人次为 2.66 亿，与北美国家的 2.95 亿观影人次已经十分接近[②]。此外，受消费需求不断释放的影响，中国服务业占经济的比重不断增加，2015 年第 1 季度服务业增加值占 GDP 的比重首次超过 50%，达到 51.6%，创历史新高，从侧面反映了中国居民向服务型消费转变对产业结构的影响。

（三） 汽车类销售企稳， 石油及制品类消费负增长

汽车、石油及制品类的销售总额占批发零售贸易业消费品零售总额的 40% 以上，因此这两类商品销量的波动对社会消费品零售总额影响较大。图 3 给出了 2010 年 1 月至 2015 年 10 月限额以上企业的汽车、石油及制品类销售总额当月同比增速。从汽车销售额同比增速看，2010 年以来，汽车销售额增速出现了下降趋势，但从 2012 年起，汽车销售额增速逐渐企稳。而 2015 年 10 月 1 日开始国家对 1.6 升及以下乘用车购置税减半的政策极大地促进了乘用车销售，2015 年 10 月汽车销量同比增加 11.8%，创年内新高。在此背景下，汽车销售内部也存在诸多亮点。随着居民消费更加理性以及"单独二胎"等政策影响，居民对汽车的消费更加注重实用性和家庭需求，因此 SUV 汽车的销量保持高速增长，2015 年 10 月 SUV 汽车销售同比增长 48.4%。在国家政策对能源汽车销售和基础设施建设的支持下，新能源汽车产量飞速增长，2015 年 1～10 月，新能源汽车累计销售约 17.11 万辆，同比增长近 3 倍。因此，为保持汽车销售平稳增长，汽车行业应充分考虑消费者对于功能多元化和环保方面的需求。

从石油及制品类零售总额增速看，2015 年以来石油及制品类销售增速一直负增长。2015 年上半年，随着世界经济复苏，国际大宗商品价格逐渐企稳，石油及制品类销售也出现了企稳回升态势。但是随着世界性股灾的发生、人民币汇率波动及国际大宗商品价格大跌等因素的综合影响，2015 年下半年以来，中国石油及制品类销售额增速下滑。2015 年 10 月，石油及制品类销售额增速依然为负，但是却出现了企稳态势。随着中国对外开放程度的加深，中国国内石油及制品类销售额与国际经济联系越来越紧密，因此在全球经济企稳的大环境下，2015 年第 4 季度石油及制品类消费有望回升。

（四）"互联网＋" 助力信息产品和服务消费成为消费亮点

在"互联网＋"的背景下，信息产品不断换代升级，智能终端产品不断丰富，智能

---

① 国家新闻出版广电总局 . 2015 年前三季度全国电影票房达 330 亿元 . http://www. sarft. gov. cn/，2015-10-20.

② 中汽协会行业信息部 . 2015 年 10 月汽车工业经济运行情况 . http://www. caam. org. cn/zhengche/20151111/1505178188. html，2015-11-11.

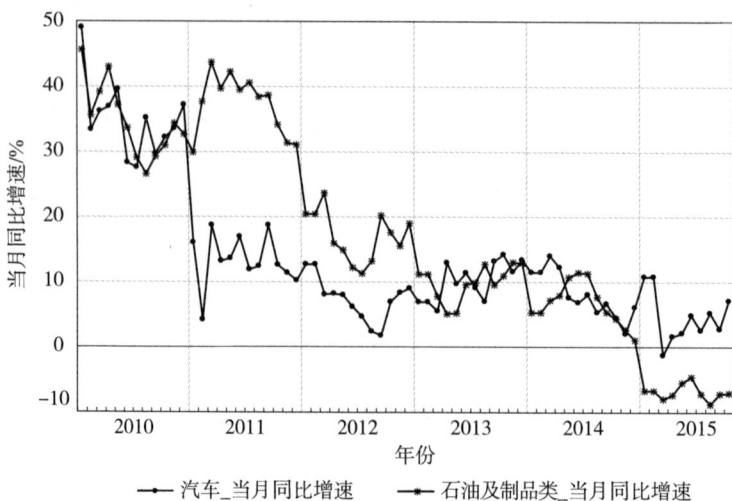

图 3　汽车、石油及制品类零售总额当月同比增速

资料来源：中国经济信息网统计数据库宏观月度库

化信息产品消费需求增加。据统计，2015 年 1～10 月，限额以上通信器材类商品零售额累计同比增长 35.9%；1～10 月电信业务同比增长 25.6%，呈现加速增长态势；移动电话用户规模破 13 亿户，4G 用户更是呈现爆发式增长，达 3.28 亿户；在 4G 用户增加以及流量资费下调的双重影响下，手机上网用户创新高，达 9.05 亿户[①]。网络用户的飞速增加说明中国信息消费需求潜力巨大，有待进一步释放。

信息服务消费方面，中国线上消费销售额飞速增长。根据国家统计局数据，2015 年 1～10 月，中国线上消费销售额达到 29 484 亿元，同比增长 34.6%。其中，实物商品网上零售额 24 454 亿元，增长 33.0%，占社会消费品零售总额的比重为 10.0%，网上商品消费的增速迅猛发展，且在商品消费中的重要性不断提升，因此电子商务将为消费平稳增长发挥巨大的促进作用。

此外，随着"互联网＋"思想向居民生活的渗透逐渐加强，信息服务呈现多样化特征，并冲击着居民生活和出行的模式和习惯。例如，"滴滴打车"正在改变着居民的日常出行方式，提高了出租车行业的运行效率。而信息服务消费扩张也催生了与居民生活相关的各种定制化服务，如家具定制服务和家政定制服务等，因此民生领域的信息服务将成为信息服务消费新的增长点。总之，"互联网＋"技术的发展使实时洞悉消费动向成为现实，这必将产生更多形式的信息消费模式创新，从而进一步释放中国居民的消费潜力。

（五）　房地产行业温和回暖，　相关消费需求上升

受房地产投资增速放缓和结构调整影响，2013 年以来，房地产销售持续低迷。图 4

---

① 工业和信息化部运行监测协调局 . 2015 年 10 月份通信业经济运行情况 . http://www.miit.gov.cn/n1146312/n1146904/n1648372/c4432616/content.html, 2015-11-18.

给出了房地产开发企业商品房销售面积和销售额累计同比增速。图 4 显示，2014 年以来，中国房地产企业商品房销售面积和销售额累计同比增速双双进入负增长阶段，但是增速波动平缓，这与房地产行业去库存和调结构密切相关。但是 2015 年第 1 季度，房地产企业商品房销售面积和销售额同比增速出现了向下的趋势，增速逐渐下滑。随后，中国政府出现了一系列的房地产新政，包括降低二套房首付、营业税免征期限下调以及公积金新政等，同时中国人民银行也多次实行降息和降准政策，2015 年第 2 季度以来，房地产销售面积和销售额逐渐企稳，并出现上升趋势。

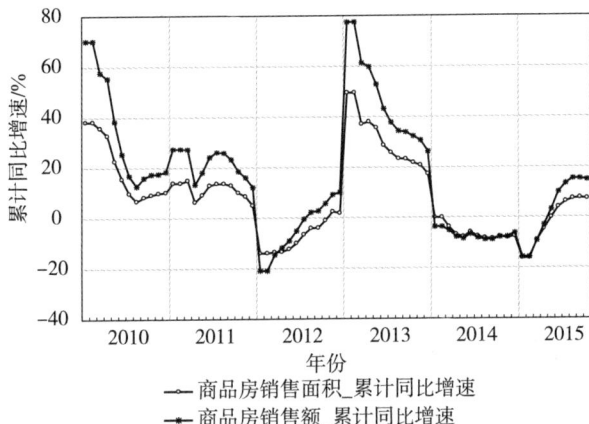

图 4　房地产开发企业商品房销售面积和销售额累计同比增速

资料来源：中国经济信息网统计数据库宏观月度库

商品房销售回暖带动相关需求高速上升，图 5 给出了 2010 年 1 月至 2015 年 10 月限额以上企业建筑装潢材料和家具零售额的累计同比增速。从图 5 可以看出，2010 年以来，建筑装潢材料和家具零售额累计同比增速逐年下降，但是 2014 年以来，二者销售额累计增速的走势与房地产企业商品房销售累计同比增速基本一致，也经历了 2014 年的平稳波动和调整阶段。2015 年第 2 季度以来，随着商品房去库存化进程的加快，建筑装潢材料和家具销售额累计增速开始出现回升趋势，并逐渐超过 2014 年的增速，与商品房销售相关的消费回暖趋势相呼应。

综上所述，在前期政策的不断刺激下，房地产行业的温和回升增加了上下游相关行业的需求，从而降低了钢铁等行业的去库存压力，为中国解决需求和供给不对称问题和各行业从出口导向转变成国内需求导向的结构调整争取了时间，从而有利于国内供给与有效需求进行对接，为消费成为经济增长的主引擎扫除障碍。需要注意的是，由于政策的边际有效性会逐渐递减，因此，应该在各种刺激政策有效期内，充分利用各种优势资源，加快经济结构调整和升级，加快去产能化进程，保持经济稳中向好发展的态势，从而带动消费进一步回升。

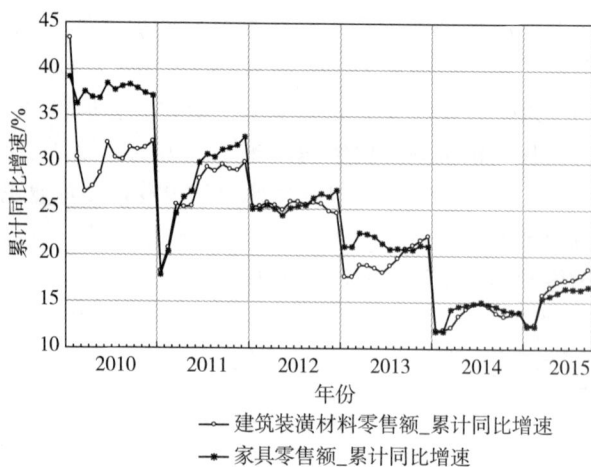

图 5　家具零售额、建筑装潢材料商品零售额累计同比增速
资料来源：中国经济信息网统计数据库宏观月度库

三、 2015 年 1～10 月中国消费需求的影响因素

（一） 城镇居民可支配收入增速平稳， 但收入预期不乐观

收入是消费能力的象征，同时也直接影响居民消费的支出安排。根据国家统计局数据，2015 年前三季度全国居民人均可支配收入同比名义增长 9.2%，扣除价格因素实际增长 7.7%，比上半年提高 0.1 百分点，居民收入增速超过 GDP6.9% 的增速 0.8 百分点，有利于消费潜力的释放。分城乡看，2015 年前三季度，城镇居民人均可支配收入为 23 512 元，扣除价格因素实际增长 6.8%；农村居民人均可支配收入为 8 297 元，扣除价格因素实际增长 8.1%。尽管农村居民可支配收入增速超过 GDP 增速，但是农村居民可支配收入仅为城市居民的 35%，因此拉动消费增长依然依靠收入基数较大的城镇居民。

另外，根据中国人民银行关于城镇储户调查问卷统计资料，2015 年前三季度城镇居民对于当前收入的感受指数逐季下降，分别为 50.8、48.5 和 47.3，说明城镇居民对于当前收入的感受较差，同时期城镇居民对未来收入的预期指数也出现下降，说明在当前经济下行压力下，城镇居民收入难以维持较高增速，同时居民对未来收入的预期也不乐观，因此靠收入增长拉动消费的预期恐难一蹴而就。

（二） 资本市场剧烈波动严重影响消费需求

资本市场收益是中国居民尤其是城镇居民资产的重要组成部分，资本市场主要是通过财富效应影响消费。例如，股票价格上涨增加投资者收益和财产收入预期，进而提高居民的消费需求。2014 年年末以来，中国股票市场经历了大起大落的剧烈震动，而资本市场动荡一方面会影响社会投资，扰乱投资秩序，释放经济波动的信号，进而降低居民对实体经济增长的预期；另一方面，资本市场波动会增加居民财产收入——资本收益的不确定性，二者相互叠加严重影响居民的消费需求。

（三） 多种消费刺激政策组合加快消费稳定增长

在消费结构调整的背景下，中国政府改善消费环境的政策逐渐发力。针对居民消费的"外流"问题，中国从 2015 年 6 月 1 日起，降低部分服装、鞋靴等日常用品的关税，平均降幅超过 50%；并积极推进增设和恢复进境免税店，扩大免税品种，放宽免税限额，与韩国和澳大利亚签订自贸协议等①。在各种政策组合的鼓励下，国内外的物价差距逐渐缩小，引导居民的消费需求留在国门之内。而针对流通环节成本偏高的问题，国务院积极部署发展现代物流业建设，加大对互联网等流通业基础设施建设的支持力度，降低商品流通成本。

另外，2015 年政府工作报告提出了要重点推进信息、绿色、住房、旅游休闲、教育文体、养老健康家政 6 大领域消费的要求。各部门积极采取措施挖掘消费潜力。例如，商务部积极推进养老服务产业市场化试点；财政部实施了节能产品惠民工程，加快节能汽车的补贴力度等；中央安排 20 亿元专项资金支持农村电子商务发展等。在释放消费潜力方面，国务院常务会议提出将消费金融公司试点扩大到全国，破解消费者流动约束难题。总之，为了适应经济新常态，中国政府采取多种措施加快经济增长动力向消费转变。

四、 2016 年中国消费需求趋势分析与预测

随着中国消费模式逐渐从模仿型排浪式消费阶段向个性化、多样化消费转变，国内消费对经济增长的拉动趋势日益显著，在消费结构升级的进程中也出现了一些新的趋势。本报告首先分析了中国消费变动趋势，随后采用景气分析方法对 2015 年前三季度的消费需求进行分析，并对 2016 年消费走势进行判断。

（一） 人口老龄化趋势明显， 养老健康家政教育等消费需求将增加

中国是世界上第一人口大国，但是劳动力人口比重下降，超过 60 岁的老龄人口数已经超过 2 亿大关，中国正在加速进入老龄化社会。但是由于中国社会保障水平还比较低，居民养老消费能力不足。2015 年 11 月 11 日的国务院常务会议，决定推进医疗卫生与养老服务结合，更好地保障老有所医、老有所养等事项。当前针对老龄人口对于养

---

① 赵萍. 当前消费新亮点. 中国金融，2015，(15)：65-67.

老、健康保健以及特色家政服务的产业技术水平与居民需求差距较大，因此在政策扶植下，与养老服务相关的消费将会进一步增加。

（二） 消费智能化逐渐形成浪潮

从智能手机、智能家电、智能汽车开始，在互联网的支持下智能化已经进入各个领域，新的智能产品不断出现，如自动泡茶机、3D 打印笔、智能穿戴设备等。此外，大数据时代，智能停车系统和智能定位功能等服务性 APP（application，即手机软件）等也深受消费者欢迎。Mintel（英敏特）《2015 中国消费趋势报告》显示，81％的中国受访者愿意支付更多来购买让生活更轻松便捷的产品和服务。同时，39％的受访者愿意为能帮助改善健康的产品和服务花费更多费用，因此随着智能化需求和供给的逐渐对接，智能化消费潜力将会不断释放。

（三） 消费者预期、信心和满意指数纷纷企稳回升，享受型消费预期提升

图 6 显示，2015 年以来消费者预期、信心和满意指数均高于 100，说明总体来看消费者对现在以及未来的消费形势比较乐观。特别地，消费者满意指数 2012 年下半年以来一直在 100 以下波动，说明消费者对消费整体状况并不满意。但是 2014 年年末消费者满意指数超过 100，并出现了回升趋势。受经济下行压力增加以及 2015 年第 2 季度中国资本市场震荡波动的双重影响，消费者预期指数、信心指数和满意指数纷纷出现大幅下滑，甚至消费者满意指数于 2015 年 8 月和 10 月跌至 100 以下。受 2015 年 8 月末的降息和降准政策、2015 年 9 月小长假效应以及房地产市场回暖等因素综合影响，2015 年 9 月消费者预期、信心和满意度指数均出现上升。但是 2015 年 10 月消费者预期指数、满意指数和信心指数纷纷下滑，说明总体上消费者对现在和未来消费持谨慎态度。但是消费预期的内部存在分化，《2015 年第四季度消费预测》显示，2015 年第 4 季度购买商品房、出境旅游、培训产品、大病和养老商业保险等商品的预期提高，而购买手机、台式电脑和燃油汽车的预期偏低，说明当前中国消费市场中通信产品的更新换代升级基本完成，通信和电子产品行业的竞争增加，而居民对于享受型消费的预期增加，因此适应消费结构升级的产业结构升级，积极发展满足大众消费需求的产业链，降低供给侧新兴产业的供给成本才是增强消费拉动经济作用的根本途径。

（四） 2016 年中国消费景气走势预测

景气指数分析方法是一套国际上分析宏观经济周期波动和宏观经济变量走势和波动规律的定量方法。本报告采用景气分析方法对中国消费需求周期波动的总体运行情况进行分析。为了准确把握中国消费的波动规律，在搜集了与消费活动密切相关的 200 多个

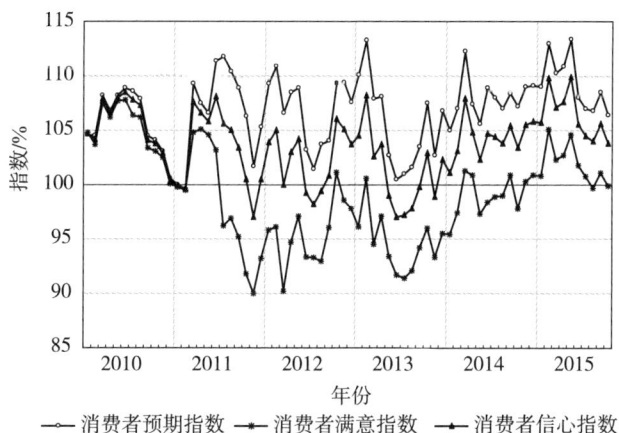

图 6　消费者预期指数、满意指数和信心指数
资料来源：中国经济信息网统计数据库宏观月度库

宏观经济月度指标的基础上，采用时差相关分析、K-L 信息量等多重数量化分析方法对经济指标进行筛选，最终选出了 10 个景气指标，分别构成消费增长周期的先行和一致指标组（表 1）。消费景气周期的计算中的基准指标是社会消费品零售总额增速，表 1 显示时差相关分析和 K-L 信息量两种方法的计算结果高度吻合。除此之外，本报告对比历年消费景气指标筛选结果后发现 10 个指标构成的景气指标组具有较好的一致性，有利于对消费需求进行连续性的分析和走势判断。

表 1　中国消费增长周期景气指标组

指标类型	指标名称	时差相关系数		K-L 信息量	
		延迟月数/月	相关系数	延迟月数/月	K-L 信息量
先行指标组	1. 固定资产投资完成额（不含农户）增速	−12	0.65	−12	12.92
	2. 货币和准货币（M2）增速	−10	0.58	−10	4.96
	3. 发电量增速	−7	0.46	−7	12.20
	4. 城镇居民人均可支配收入累计增速	−12	0.51	−12	10.29
	5. 规模以上工业企业增加值增速	−7	0.67	−8	4.25
一致指标组	1. 社会消费品零售总额增速	0	1	0	0
	2. 农村社会消费品零售总额增速	2	0.87	2	2.09
	3. 工业生产者出厂价格指数 _ 生活资料	1	0.76	0	3.96
	4. 工业生产者购进价格指数 _ 燃料、动力类	−1	0.50	−2	32.91
	5. 工业生产者出厂价格指数 _ 耐用消费品	2	0.64	0	5.29

注：（1）所用数据来自中国经济信息网统计数据库，数据区间为 1999 年 1 月至 2015 年 10 月。

（2）表中各指标均为同期比增长率序列，经季节调整后消除了不规则因素。

（3）表中"城镇居民人均可支配收入"是季度数据，本报告利用插值方法将其转换为月度数据

利用"宏观经济景气监测预警系统"分别构建消费先行和一致合成指数（各指数均以 2002 年平均值为 100），计算结果由图 7（其中阴影部分为景气波动的下降期）给出。

从图 7 可以看出，中国消费需求显示了明显的增长周期波动特征。2001 年以来，

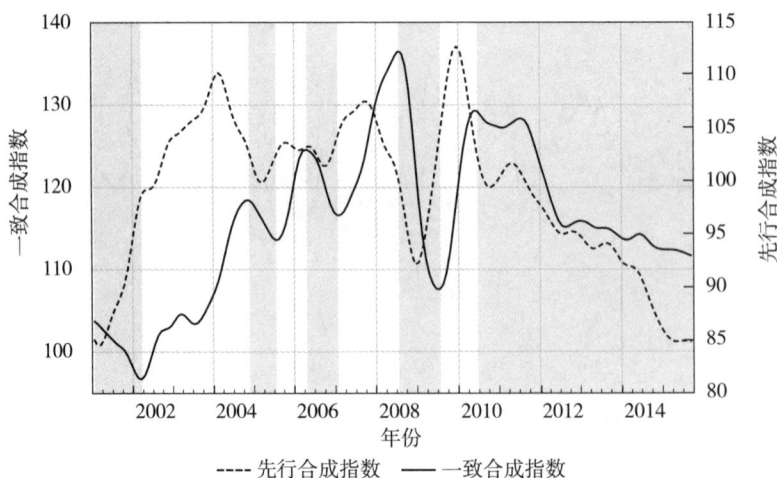

图 7　先行合成指数和一致合成指数

中国消费先行合成指数的峰和谷与一致合成指数的峰和谷的对应性较好。从消费的先行合成指数和一致合成指数的走势看，金融危机前，中国消费景气呈现波动性上升特征。受 2008 年金融危机影响，中国消费景气剧烈波动。随着中国应对金融危机的刺激政策发挥效力，2009 年年末消费景气快速上升，并在接下来的 2010 年和 2011 年维持平稳波动。但是，2011 年第 4 季度以来受经济下行压力增加、出口受阻以及投资放缓等因素的综合影响，消费景气开始下降，截止到 2015 年 10 月，消费景气依然处于下降阶段，尚未呈现明显的谷底。按照"峰到峰"对应法，消费先行指数经历了三轮周期循环，目前正处于新一轮周期的下降期内。但是 2012 年以来，一致合成指数的下降幅度较小，波动平缓。从先行合成指数看，2015 年以来，消费先行合成指数的变动平缓，预计未来中国消费景气将呈现平稳波动趋势，短期内出现快速回升的可能性较小。

　　为了进一步分析中国消费波动状况，本报告采用表 1 中给出的消费一致和先行指标组，利用"宏观经济景气监测预警系统"，建立了消费一致扩散指数和消费先行扩散指数，扩散指数（diffusion index，DI）的思想是将景气指标组中保持上升指标占比的变动看做消费景气扩散的过程，其值为 50% 时表示消费活动的上升趋势与下降趋势平衡，即消费景气转折的参考点。当扩散指数由上方向下方穿过 50% 线时，取前一个月作为消费景气的波峰，而当扩散指数由下方向上方穿过 50% 线时，取前一个月作为消费景气的波谷。移动平均后扩散指数本身的极大值（峰）点和极小值（谷）点会领先于 50% 对应的景气转折点，利用这一性质，有时可以帮助提前预测景气转折点的出现时间。图 8 给出了移动平均之后的消费先行扩散指数和一致扩散指数。

　　根据扩散指数转折点的判断标准，图 8 中消费先行扩散指数与一致扩散指数转折点对应性良好。从扩散指数看，2008 年金融危机后，与合成指数波动一致，消费扩散指数也出现了大起大落的局面，但是与一致合成指数不同的是，2010 年和 2011 年扩散指数仅出现小幅上扬，说明虽然消费合成指数上升，但是一致指标组的指标上升的比例并不高，从侧面反映了此时的经济上涨与刺激政策相关，并不是经济全面好转的象征。而

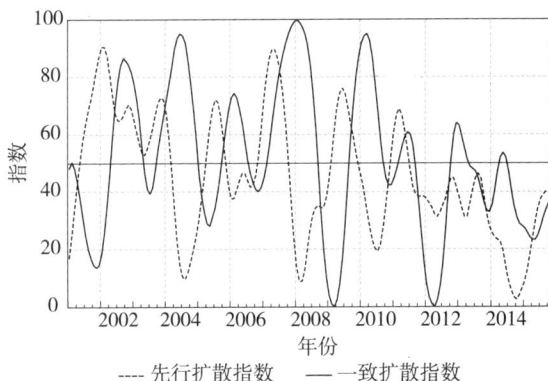

图 8　消费先行扩散指数和一致扩散指数

------ 先行扩散指数　　——— 一致扩散指数

2011 年年末至今，消费先行扩散指数一直在 50％线下运行，说明半数以上的先行指标并不活跃。但是消费先行扩散指数于 2014 年 10 月出现了局部极小值点，随后消费先行扩散指数开始逐渐回升。2015 年 10 月移动平均后的消费先行扩散指数为 40，即在先行指标组中有 40％的指标处于上升状态。其中，先行指标组中上升的指标分别为 M2 增速和城镇居民可支配收入增速，因此在工业去产能化进程加快以及国家基础设施投资增加的大环境下，预计先行扩散指数将会保持继续上升的趋势。

根据前期数据可以推算出，消费先行扩散指数由极小值点到谷底出现（由下向上穿越 50％线）的平均时长约为 9 个月，因此消费先行扩散指数于 2016 年第 2 季度达到波谷的可能性较大。从消费一致扩散指数看，消费一致扩散指数于 2015 年 5 月达到局部极小值点，随后消费一致扩散指数出现回升趋势，截止到 2015 年 10 月已经回升 12.8 个指数点，由于消费先行扩散指数的波谷相对于一致扩散指数波谷的先行期约为 6 个月，因此消费景气在 2016 年触底并大幅回升的可能性较小，延续 2015 年的平稳波动态势的可能性较大。

综合消费扩散指数和消费合成指数的分析结果，本报告认为中国消费景气目前仍然处于低位的平稳波动期，2016 年将延续这种态势。上文针对中国消费需求波动特征与中国消费需求影响因素的分析结果表明中国消费景气指数在 2016 年全年将继续维持平稳小幅波动态势，社会消费品零售总额将围绕 11％的增长速度小幅波动，出现大起或大落的概率较低。

五、政　策　建　议

随着中国经济发展进入新常态，经济增长动力应由出口导向转变为内需导向。虽然在经济下行压力下消费扮演了稳定器的作用，但是商品消费的增速却逐年下滑，传统消费热点拉动作用逐渐减弱，而新兴消费尚未形成规模，消费市场发展缺乏可持续性。需要注意的是，随着居民生活水平提高，消费结构升级加速，新的消费亮点不断涌现，各式各样的消费内容和模式涌入人们的生活，且消费环境日益复杂，这些消费领域的变动和特征对加快消费成为经济增长主引擎的目标提出了新的要求。因此我们提出以下几项建议。

1. 依靠"互联网＋"，拉动信息消费持续高速增长

目前，"互联网＋"思想促进信息消费产业的创新进入新时代，而该产业的发展势必引起其他各产业、各领域的资源整合，催生多样化的信息消费内容和模式。因此，应该促进信息产业创新水平、生产能力以及组织方式转变升级，加速中国移动互联网产业、云计算技术、物联网技术以及大数据等新兴信息服务业的融合发展；加强信息产业与传统产业的深度结合、优化重组，实现互为补充、共同发展，激发传统企业的创新活力并提升生产效率；政府鼓励企业或者带头建立公共信息资源共享平台，制定信息技术的交易中介服务监测体系，规范、统一信息技术交易市场，实现全社会信息资源整合；建立和完善信息安全标准化体系，加快制定三网融合、云计算、物联网等领域安全标准，保证消费者个人信息和交易安全。

另外，政府应继续支持或扶持互联网技术发展，发挥财税补贴、税收减免等金融政策的杠杆作用，扩大和整合现有资金渠道，建设网络宽带信息基础设施，加大信息安全的财政投入、信息化与工业化深度融合专项资金投入力度；鼓励信息产业"引进来"与"走出去"相结合，加强中国"互联网＋"产业与世界的双向流动与实时交流。

2. 继续缩小国内外价格差，提升消费者对国内市场认可度

"高税费"和"高流通成本"造成中国商品价格明显高于国外，进而产生了消费外流现象。针对此问题，建议政府通过减少税收种类、降低税率以及取消各种不合理收费来降低税费。同时，通过降低过桥费、过路费以及完善交通网络等降低流通成本，降低商品价格，缩小国内外价格差。另外，还应提升中国消费者的民族品牌意识，避免消费崇洋化，中国国内自主品牌要提升自主品牌打造能力，在不断提升质量的同时，加强对消费者的吸引力与公信力，使消费者不再"舍近求远"，促使"消费回流"。

3. 释放农村消费潜力，提升农村居民生活质量

农村居民消费是中国扩大内需的重要组成部分，随着农村居民收入水平的提高，农村居民消费也迎来了由温饱型消费向小康过渡性消费的转型升级时代。另外，城镇居民的消费方式先进于农村居民，城镇居民消费的"示范效应"会对农村居民的消费方式转变产生带动作用，从而有利于释放农村消费潜力。但是，农村居民落后的消费观念、单一的消费结构、较低的收入水平以及尚不完善的农村社会保障体系阻碍了该带动效应的有效发挥。

因此，应该建立并维护农村基础设施、加强网络基础设施等，加深农村居民对新产品、新消费观念的接受程度；实施全面农地机械化战略，实现土地的规模化、集约化、现代化管理。同时，还应壮大乡镇企业，使农民在农闲时节增收，提升农民的生产率，使农民获取稳定收入来源；完善农村社会保障体系，如农村医疗保险制度、农村养老保

险制度以及农业保险制度等，消除农民消费的后顾之忧，增加农民的消费倾向；通过对农民进行网络知识培训、建设完备的物流系统等举措建立和完善农村电商发展平台，进一步促使"农货进城""网货下乡"，促进城乡互动。

4. 调整产业结构，适应消费结构升级

随着消费者对商品和服务质量水平的提高，平衡有效供给与有效需求是实现消费可持续的基础，然而需求导向的产业结构是形成有效供给的前提，消费结构是有效需求的前提，因此应该完善产业结构与消费结构之间良性互动机制，即通过消费结构调整带动产业结构调整；进一步，通过产业结构调整创造新需求从而带动消费结构升级。

因此，执法部门应严格执行专利、商标保护制度，打击假冒伪劣商品，避免挤占有效供给市场空间；大力发展文化、教育、旅游、金融、娱乐等服务业，促进居民消费由"生存型"向"发展型""享乐型"转变，或提升消费者在自身发展、享乐方面的消费比重；通过加大对绿色产业的补贴、建立绿色金融体系或设立环保专项资金等大力发展战略性新兴产业，如绿色汽车、绿色家电、清洁能源等，形成绿色消费，改变消费方式。

5. 创新网络购物市场监管模式，维护良好消费环境

依托于互联网的商品和服务消费呈现飞速发展态势，但与此同时，有关网络购物的投诉数量不断上升。据统计，2014 年网购正品率仅为 58.7%，全国工商行政单位受理的网络购物投诉同比增加 356.6%[①]。由于网络购物打破了区域限制，因此政府应该创新网络购物监管模式，整合现有消费维权资源，构建网络维权平台，为网络消费营造良好的购物环境，促进网络消费健康发展。

---

① 赵亚芸 .2014 年网购正品率仅 58.7%　投诉案件同比增加 356.6%. 央广网，2015-11-03.

2015年固定资产投资态势分析与2016年走势展望[①]

张同斌　刘　琳　陈　磊　高铁梅

报告摘要： 在短期需求减弱与中期结构调整的交互作用下，2015年中国固定资产投资累计增速延续了下滑态势。2015年1～10月，固定资产投资（不含农户）完成额447 425亿元，同比增速为10.2%，创2001年来最低水平。在当前中国经济增速换挡压力加大、化解过剩产能和深化结构调整的影响下，服务业、战略性新兴产业固定资产投资难以弥补传统产业下降的影响，投资在经济增长中的动力效应和支撑作用逐渐减弱。并且，在政府政策由"需求侧"转向"供给侧"的过程中，固定资产投资增速大幅回升的基础已不再具备，优化投资结构将是实现"促投资、稳增长"的重要方向。

本报告首先分析了中国固定资产投资2015年的新常态特征，主要包含以下五个方面：①固定资产投资增速持续回落，但积极因素不断累积，固定资产投资的重点已经由制造业向基础设施投资转移；②固定资产投资结构不断优化，服务业、高技术产业固定资产投资成为新亮点，工业行业投资增速分化现象进一步显现；③多种政策推动下，民间投资具有活力，所占比重逐步提高；④实际到位资金增速持续低于投资增速，自筹资金占比不断攀升；⑤在"一带一路"的影响下，外商投资结构持续优化，对外投资增长强劲。

本报告通过建立综合反映中国固定资产投资运行态势的合成指数、扩散指数，对中国固定资产投资的景气波动特征及未来走势进行具体分析。结论认为，1997年至今中国固定资产投资一致合成指数已经历了6次完整的景气循环，目前正处于第7次景气循环的下降期。2013年8月开始，中国投资一致合成指数再次进入下降期，至2015年10月，投资一致合成指数值逼近1999年10月投资一致合成指数的最低值，且下降期已经达到26个月，为1997年以来持续最长的下降期。投资一致合成指数的长时期、大幅度下滑是中国经济进入新常态时期后，固定资产投资景气循环开始步入低位波动阶段的重要体现。

固定资产投资先行合成指数的结果显示，自2014年4月开始，投资先行合成指数触底回升，但仅持续了9个月后再次回落并持续至2015年10月。按照投资先行合成指数领先于投资一致合成指数6个月的先行期判断，投资一致合成指数应该于2014年10

① 本报告得到国家社会科学基金重大项目（15ZDA011）、国家自然科学基金项目（71173029、71303035）、教育部人文社会科学研究规划基金项目（14YJC790055）和辽宁省高等学校优秀人才支持计划（WJQ2013025）的资助。

月开始回升，但是 2014 年下半年以来，固定资产投资资金来源的国内贷款、自筹资金增速一直处于持续下滑状态，加之股市成交量大幅跃升，大量资金流入股市，实体经济的投资缺乏资金保障，使得固定资产投资一致合成指数并没有企稳回升。随着重大项目审批速度加快、民间投资市场准入扩大、前期沉淀的财政资金盘活等政策实施，在 2015 年第 4 季度或 2016 年第 1 季度，固定资产投资一致合成指数筑底企稳的可能性较大。

基于上述分析，我们提出以下三个方面的政策建议：①加大基础设施建设投资，不断优化投资结构；②完善投资制度，进一步促进民间投资活力提升；③提高投资效率和收益，拓展有效融资模式；④缩小固定资产投资额与固定资本形成之间的差距，实现资本有效累积。

一、 2015 年中国固定资产投资的新常态特征分析

总体而言，2015 年中国固定资产投资完成额累计增速呈现逐步下滑趋势，但投资结构不断优化，特别是第一产业、服务业固定资产投资累计增速实现较高增长，部分高端制造业与传统工业行业的固定资产投资呈现明显分化；国有独资企业投资增速比较稳定，外商投资在经历了上半年的回暖后，下半年再次进入下滑态势；固定资产投资资金来源趋于紧张，自筹资金占比较大；对外投资依然强劲，"一带一路"战略对投资的拉动效果十分显著。

（一） 固定资产投资增速持续回落， 但积极因素不断累积

图 1 显示，自 2013 年以来，中国固定资产投资（不含农户）累计增速呈现持续下降态势，2015 年固定资产投资增速回落态势更加明显，投资下行压力较大。

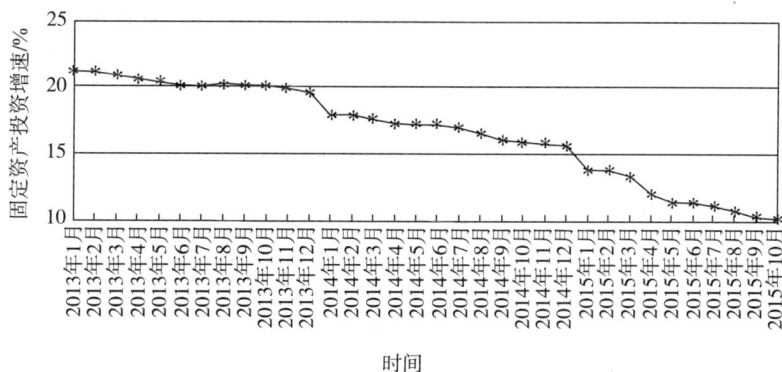

图 1 2013 年 1 月至 2015 年 10 月中国固定资产投资完成额累计增速
资料来源：中国经济信息网统计数据库宏观月度库

2015 年 1～10 月，中国固定资产投资完成额累计增速为 10.2％，较 2014 年同期相比下降 5.7 百分点，创 2001 年以来的新低。目前中国经济处于新常态下，固定资产投资名义增速显著回落，主要是作为投资两个重要增长点的传统制造业投资、房地产业投资持续下降所导致的。一方面，传统工业企业利润长期下滑、去产能形势严峻，进行固定资产投资的动力不足，并且随着资本存量的增加，资本回报率下降、边际收益递减的内在规律也使得固定资产投资的收益下降。另一方面，房地产业投资下滑幅度较大，是整体投资增速下滑的主要原因。2015 年 1～10 月中国房地产开发企业投资完成额 7.88 万亿元，同比增长 2％，较 2014 年同期下降 10.4 百分点。特别是，房地产业结构性、区域性供给过剩得不到有效消化，房地产企业资金短缺加剧，投资风险加大，使得房地产业的投资十分低迷。由于在固定资产投资中，房地产投资占到 20％左右，是最大的投资板块，且房地产业链长、与其他行业关联度高，房地产业投资下行还会波及钢铁、水泥等行业。

虽然固定资产投资持续回落，但是有利因素也正在不断累积。首先，中国固定资产投资的重点已经由制造业向基础设施投资转移。2015 年 1～9 月，中国基础设施投资增长 18.1％，对整体投资增长的贡献率达 29％，比 2014 年同期上升 7.1 百分点，起到了"稳定器"的关键作用。其次，基础设施投资的回收期长，但是其正外部性会随着时间的推移而扩大，特别是，中国中西部地区、"一带一路"沿线部分国家的基础设施建设依然十分薄弱，新增固定资产投资的需求较为旺盛。最后，目前工业产能和房地产的过剩都比较明显，扩大基础设施领域的投资，不仅能够拉动整体投资回升，而且还能够消化钢铁、水泥等行业的过剩产能，对于现有制造业过剩产能的化解、输出能够发挥积极作用[①]。

（二） 固定资产投资结构不断优化， 部分行业投资增速出现分化

分三次产业而言，第一产业保持了较高的投资增速，而第二产业，尤其是制造业投资增速回落明显且增速较低。如图 2 所示，2015 年以来第一产业固定资产投资累计增速在经历了上半年的下滑后，在政府政策的扶持下，其投资增速维持较高水平且保持稳定，2015 年 1～10 月第一产业投资完成额 1.3 万亿元，同比增长 28.1％；第二产业投资增速回落特征明显，下滑幅度较大，投资完成额 18.4 万亿元，同比增长 8％，相比 2014 年同期下降 5.4 百分点；第三产业投资增速也呈现出逐步下降的趋势，实现投资完成额 25.1 万亿元，同比增长 11％，较 2014 年同期相比下降 6.3 百分点。

服务业、高技术产业固定资产投资成为新亮点。2015 年 1～9 月服务业固定资产投资同比增长 11.2％，虽然增速较 2014 年同期有所下降，但仍高出第二产业 3.2 百分点。重要的是，服务业固定资产投资已经占到全国固定资产投资的 56.1％，高出第二

① 上海财经大学高等研究院.2015 年中国宏观经济形势分析与预测年中报告. http://se. shufe. edu. cn/structure/zh/meitibd_con_175585_1. htm，2015-07-26.

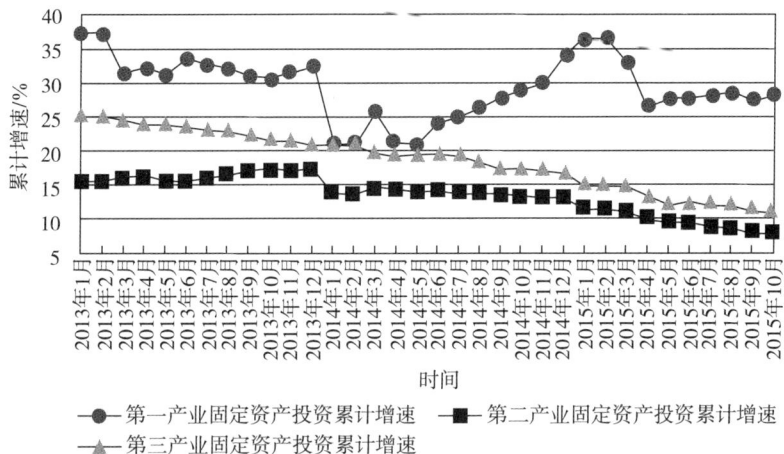

图 2　第一产业、第二产业、第三产业固定资产投资累计增速

资料来源：中国经济信息网统计数据库宏观月度库

产业 15 百分点。2015 年 1～7 月，高技术产业投资同比增长 16.4％，其中，高技术制造业投资增长 13.1％，高技术服务业投资增长 22.8％。高技术产业投资的快速增长，表明固定资产投资，特别是第二产业固定资产投资的内部结构进一步优化，这对于产业结构升级、经济结构优化都具有积极作用。

　　工业行业投资增速分化现象进一步显现。与信息化相关的 IT（information technology，即信息技术）制造业，与节能减排相关的环保制造业，以及电力、热力、燃气及水的生产和供应业等投资继续保持快速增长。2015 年 1～10 月计算机、通信和其他电子设备制造业固定资产投资（不含农户）增长 15.8％，交通运输、仓储和邮政业投资增长 15.8％，水利、环境和公共设施管理业投资增长 19.8％，电力、热力、燃气及水的生产和供应业投资增长 15.5％，高端制造业、与民生相关的行业固定资产投资的快速上升，在一定程度上也是"调结构"和"惠民生"政策效果的体现。与之相对，产能过剩严重、节能减排约束的煤炭、钢铁、石油开采加工等行业投资继续呈现同比下降，2015 年 1～10 月，煤炭开采和洗选业固定资产投资增长－16.5％，黑色金属矿采选业投资增长－20.2％，黑色金属冶炼及压延加工业投资增长－12.4％。在重化工行业和上述部分产能过剩行业，消化现有产能的压力仍然很大，这些行业固定资产投资增速的大幅下降，对于"去产能"的实现具有积极作用。

（三）　多种政策推动下，民间投资具有活力，所占比重逐步提高

　　2014 年 9 月至 2015 年 10 月各种类型企业的固定资产投资累计增速值如表 1 所示。

69

表 1　按经济类型分固定资产投资累计增速（单位：%）

时间	内资企业投资总额累计增速	国有企业投资总额累计增速	国有独资公司投资总额累计增速	外商投资企业投资总额累计增速	私营企业投资总额累计增速
2014 年 9 月	16.8	12.9	33.4	−0.5	25.1
2014 年 10 月	16.6	13.0	31.6	−0.2	25.0
2014 年 11 月	16.4	12.7	31.0	0	24.6
2014 年 12 月	16.3	15.1	9.2	−0.3	24.5
2015 年 2 月	14.4	11.3	34.8	−2.0	18.3
2015 年 3 月	13.8	12.3	30.3	2.6	17.9
2015 年 4 月	12.3	10.6	27.9	2.5	16.8
2015 年 5 月	11.7	10.4	29.3	0.9	16.5
2015 年 6 月	11.8	10.9	36.0	3.3	15.8
2015 年 7 月	11.6	12.6	17.8	1.4	15.3
2015 年 8 月	11.4	12.5	16.5	−0.7	14.7
2015 年 9 月	10.8	11.9	15.4	−2.2	13.9
2015 年 10 月	10.7	12.0	15.1	−2.4	13.9

资料来源：中国经济信息网统计数据库宏观月度库

2015 年，内资企业投资总额累计增速持续下降，国有企业投资总额累计增速稳定在 10%～12%，外商投资企业投资总额累计增速在 2015 年上半年较 2014 年同期有所回升，而下半年开始其投资增速进一步下滑，2015 年 1～10 月，外商投资企业投资总额累计为 8 814 亿元，低于 2014 年同期水平。外商投资企业投资增速的下降是受中国整体经济回落的影响，以及外资企业对中国经济发展前景的担忧所导致的。

与此同时，私营企业投资总额累计增速稳中略缓。2015 年 1～10 月，私营企业投资完成额累计为 13.9 万亿元，同比增长 13.9%；民间固定资产投资完成额累计 28.9 万亿元，同比增长 10.2%，等于同期固定资产投资累计增速，民间投资占比达 64.7%，与 2014 年同期民间投资占比持平。特别是，随着基础设施领域对民营资本进入条件的不断放宽，基础设施投资中民间投资增长较快，比重不断提高。2015 年 1～7 月，全国基础设施投资中民间投资 11 246 亿元，增长 24.7%，比全部基础设施投资增速高出 6.5 百分点。除了民间投资外，社会的创业意愿也进一步增强，尤其是大学生的创业意愿。据国家工商行政管理总局（简称国家工商总局）统计，2015 年 1～9 月全国新登记市场主体和新登记企业分别增长 15.8% 和 19.3%[①]，2015 年以来新毕业大学生创业比例同比增长近一倍，全国逾千万人的网络创业群体中大学生占到六成。

在 2015 年稳增长、调结构的大环境下，国家相继出台了一系列政策措施，优化投

---

① 国家工商总局. 前三季度新登记注册企业 315.9 万户，同比增长 19.3%. http://www.gov.cn/zhuanti/2015-10/15/content _ 2947895.htm, 2015-10-15.

资结构、扩大民间投资，更大地激发民间投资活力，引导社会资本投向更多领域，具体而言体现在四个方面：①2015 年 4 月，中国通过并实施《基础设施和公用事业特许经营管理办法》，该法规被认为是公私合作模式（public-private-partnership，PPP）推进的基本法，激发社会投资活力，能够与大众创业、万众创新形成民间投资的"双动力"。②2015 年，国务院围绕优化投资结构，决定调整和完善固定资产投资项目资本金制度，合理降低投资门槛，提高投资能力，增加有效投资，加快补上公共产品、公共服务投资的短板，通过改革促进结构调整和民生改善。③清理和规范中介服务等促进简政放权、放管结合的政策措施不断出台，有助于为创业创新减负清障。④大幅放宽民间投资市场准入，鼓励社会资本发起设立股权投资基金，并且政府采取投资补助、资本金注入、设立基金等办法，在基础设施、公用事业等领域，积极推广政府和社会资本合作的 PPP 模式等。

（四） 实际到位资金增速持续低于投资增速， 自筹资金占比不断攀升

进入 2015 年，如图 3 所示，投资实际到位资金累计增速基本保持平稳并有所回升，但仍低于 2014 年同期水平，且低于固定资产投资累计增速。2015 年 1～10 月，实际到位资金累计 47.1 万亿元，同比增长 7.3%，低于 2014 年同期固定资产投资累计增速 5.1 百分点。从实际到位资金各个组成部分的增速来看，2015 年 1～10 月国家预算内资金、自筹资金分别增长 21.1%、8.5%，国内贷款增速、利用外资增速则分别为 −4.5%、−28.6%，各类资金增速的鲜明对比，反映出在固定资产投资资金来源中"政府推动、政策驱动"的典型特征。

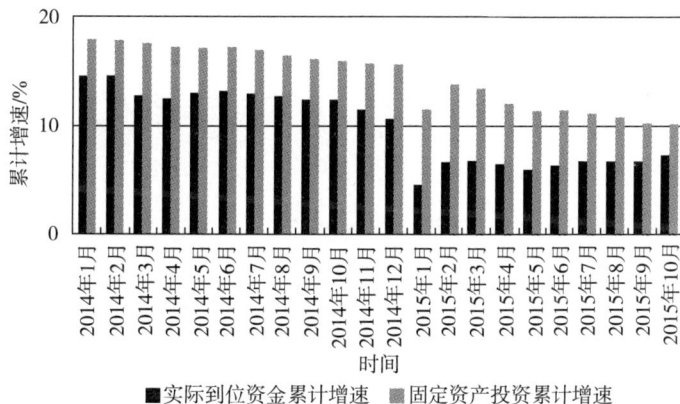

图 3　2014 年 1 月至 2015 年 10 月固定资产投资累计增速和实际到位资金累计增速

以国家预算内资金与国内贷款为例进行对比可得，2015 年 1～10 月，国家预算内资金累计达到 2.5 万亿元，同比增长 21.1%，与 2014 年同期相比提高 6.8 百分点。同时，国家预算内资金在固定资产投资资金来源中的占比也稳步提升，至 2015 年 10 月，该比例已达到 5.3%，与 2014 年同期相比提升 0.6 百分点。相反，自 2015 年 3 月以来，

固定资产投资资金来源中的国内贷款增速已经连续 8 个月呈现负增长，且国内贷款占投资总资金来源的比重也呈现出逐步下滑的趋势，至 2015 年 10 月，该比重已下降至 10.7%。

需要特别指出的是，在图 4 中，从实际到位资金的占比结构来看，中国固定资产投资资金来源中有 65% 以上来源于自筹资金，且自筹资金占投资总资金来源的比重有不断增加的趋势，至 2015 年 10 月，自筹资金占投资总资金来源的比重已达到 71%，自筹资金对投资的支撑作用逐步增强，表明中国企业自主投资能力逐步提升。如前所述，通过进一步完善 PPP 相关制度、固定资产投资项目资本金制度，创造良好的投资制度环境，可以激发自筹资金的增长，保持民间投资的活力，达到"促投资"以"稳增长"的目标。

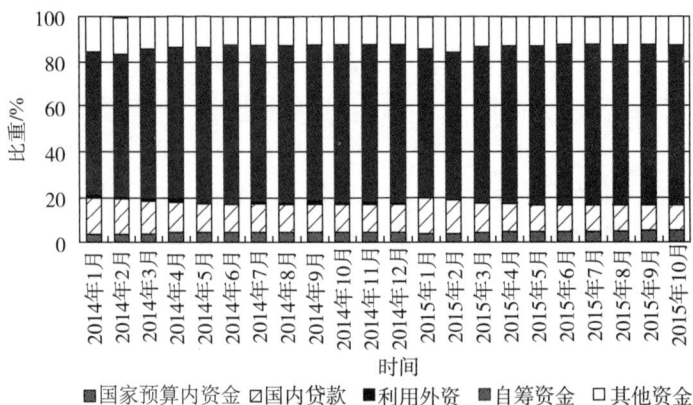

图 4　2014～2015 年固定资产投资资金来源比重
资料来源：作者基于中国经济信息网统计数据库宏观月度库计算得到

（五）"一带一路"影响下外商投资结构持续优化，对外投资增长强劲

商务部公布的数据显示，2015 年中国服务业、制造业等行业吸引外资情况明显好转，且高技术服务业和高技术制造业吸收外资继续保持上升势头，外商投资结构进一步优化。2015 年 1～10 月，服务业实际使用外资 634.2 亿美元，同比增长 19.4%，在全国总量中的比重为 61.2%，其中高技术服务业实际使用外资 67.6 亿美元，同比增长 57.5%，占服务业实际使用外资总量的 10.7%；制造业实际使用外资 326 亿美元，同比增长 0.2%，在全国总量中的比重为 31.4%，其中，高技术制造业实际使用外资 75.8 亿美元，同比增长 11.6%，占制造业实际使用外资总量的 23.3%。

同时，在"一带一路"战略的影响下，中国与沿线国家投资合作不断增长。2015 年 1～9 月，"一带一路"沿线国家对华投资设立企业 1 604 家，同比增长 19%，实际投入外资金额 61.2 亿美元，同比增长 18.4%[①]。此外，2015 年 3 月，在国家发布《推动共建丝绸之路经济带和 21 世纪海上丝绸之路的愿景与行动》之后，与"一带一路"战略相关的中国各省份开始编制推进"一带一路"建设实施方案、工作要点和项目清单，出台了一系列对接项目。据公开的数据统计可得，各省份公布的"一带一路"拟建、在建基础设施规模已达到 1.04 万亿元，"一带一路"战略对于中国与相关国家在基础设施建设、固定资产投资方面实现"互利互惠，互联互通"具有积极影响。

中国对外投资合作继续呈现较快发展态势。2015 年 1～10 月，中国境内投资者共对全球 152 个国家和地区的 5 553 家境外企业进行了非金融类直接投资，累计实现对外投资 5 892 亿元人民币，同比增长 16.3%[②]。特别是 2015 年 1～9 月，非国有企业对外直接投资占到总额的 67%，较上年同期提升 10 百分点，同比增长 38.2%，其中私营企业对外投资同比增长 179.6%，地方企业对外投资 538.6 亿美元，同比增长 78.8%，这表明非国有企业、地方企业"走出去"内生动力显著增强，已经成为对外投资的重要力量[③]。

2015 年，中国对外投资势头强劲，主要是在"一带一路"战略的引领下，国际产能合作推进加快，由"商品输出"向"资本输出"转变迅速。目前，中国正着力推进更高层次对外开放，随着"一带一路"战略的实施、双边和多边自贸区建设的加快，中国对外投资依然会保持强劲增长。中国对外投资的高增长，不仅能够消化国内部分行业过剩产能，而且能够加速海外资产累积，进而推动固定资产投资结构优化、促进中国经济结构转型升级。

二、 中国固定资产投资的景气波动特征及未来走势展望

（一） 中国固定资产投资景气的周期性波动特征

本报告采用国际上通用的经济景气指数方法分析中国固定资产投资的经济周期运行态势和景气波动状况。我们收集并整理了投资相关领域以及相关行业的经济指标 100 多个（样本区间为 1997 年 1 月至 2015 年 10 月），之后计算各指标的同比增长率序列，并进行季节调整，剔除了季节要素和不规则要素。在此基础上，以中国固定资产投资完成额累计增速为基准指标，采用 K-L 信息量方法、时差相关分析方法、峰谷对应法等多种方法进行筛选，最终筛选出 13 个反映中国固定资产投资周期波动的指标，分别构成

---

① 商务部 . 2015 年 11 月 4 日商务部召开例行新闻发布会 . http://www.mofcom.gov.cn/artical/ae/slfw/201511/20151101155088.shtml，2015-11-04.

② 商务部 . 商务部合作司负责人谈 1～10 月我国对外投资合作情况 . http://www.mofcom.gov.cn/artical/ae/ag/201511/20151101164797.shtml，2015-11-16.

③ 商务部 . 商务部合作司负责人谈今年前 3 季度我国对外投资合作情况 . http://www.mofcom.gov.cn/article-ae/ag/201510/20151001134392.shtml，2015-10-15.

了中国固定资产投资增长率周期的先行、一致和滞后景气指标组，建立了反映中国固定资产投资增长率周期波动的景气指标体系，如表 2 所示。

表 2　中国固定资产投资增长率周期景气指标组

指标类型	指标名称	延迟月数/月	时差相关系数
先行指标	1. 固定资产投资资金来源中外商直接投资累计增速	−12	0.62
	2. 固定资产投资资金来源中自筹资金累计增速	−4	0.93
	3. 固定资产投资新开工项目个数累计增速	−7	0.37
	4. 工业品出厂价格指数（逆转）*		
	5. 原材料、燃料、动力购进价格指数（逆转）*		
一致指标	1. 固定资产投资完成额累计增速	0	1.00
	2. 固定资产投资施工项目个数累计增速	−2	0.69
	3. 固定资产扩建投资额累计增速	−2	0.79
	4. 固定资产新建投资额累计增速	+1	0.93
	5. 工业企业增加值增速	+1	0.69
滞后指标	1. 铁路货运量累计增速	+11	0.63
	2. 社会消费品零售总额增速	+12	0.63
	3. 工业企业产成品累计增速	+12	0.56
	4. 工业品出厂价格指数	+9	0.57
	5. 原材料、燃料、动力购进价格指数	+9	0.58

注：带"＊"号的为逆转指标；表中未注明"累计"的指标均为月值序列

采用表 2 中筛选出的景气指标，基于合成指数方法分别建立了中国固定资产投资增长率周期的一致、先行和滞后合成指数（简称投资合成指数），各指数均以 2005 年平均值为 100，固定资产投资的一致合成指数与先行合成指数如图 5 所示，图中阴影部分为投资一致合成指数的下降期。

如图 5 所示，1997 年至今中国固定资产投资一致合成指数呈现出明显的波动特征，按"峰～峰"的周期计算，中国月度固定资产投资增长率已经历了 6 次完整的景气循环，目前正处于第 7 次景气循环的下降期。

2004 年，在基础设施建设项目增长过快、固定资产投资过热的压力下，中央政府开始控制投资盲目增长和调整投资结构，投资一致合成指数自 2004 年 2 月开始回落，至 2005 年 3 月筑底回升。自此以后，投资一致合成指数的波动幅度明显减小，非对称性明显减弱，政府的宏观调控政策在平缓中国固定资产投资增长率周期的大幅波动方面已取得显著成效。

在 2008 年金融危机之后，中国实行了一系列的经济刺激计划，其中大规模的投资对于经济回升发挥了积极作用，投资一致合成指数于 2008 年 11 月迅速进入上升期。与此同时，由于存在投资结构不合理等因素，产能过剩和重复建设等问题迅速凸显，中国又迅速推出了调整投资结构、控制产能过剩以及节能减排等政策，投资一致合成指数于 2009 年 10 月便开始回落。此后，在经济下行压力的作用下，政府为防止经济过度下

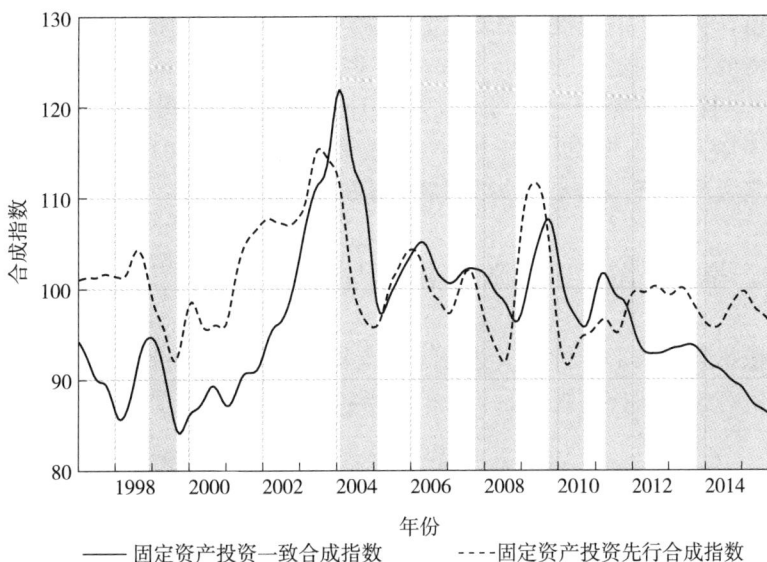

图 5　固定资产投资一致合成指数与固定资产投资先行合成指数

滑，实施了一系列的投资促进政策，虽然在 2010 年 9 月至 2011 年 4 月、2012 年 7 月至 2013 年 8 月分别出现了一次短暂的上升期（7 个月）、一次平稳期（13 个月），但中国投资一致合成指数回升幅度非常有限，投资领域呈现出明显的复苏乏力特征。

2013 年 8 月开始，中国投资一致合成指数仍位于低位运行，其指数值仅为 93.84，同时再次进入下降期，至 2015 年 10 月，投资一致合成指数值为 86.13，逼近 1999 年 10 月投资一致合成指数的最低值 84.04，且下降期已经达到 26 个月，为 1997 年以来持续最长的下降期。投资一致合成指数的长时期、大幅度下滑，是中国经济进入新常态时期后，固定资产投资景气循环开始步入低位波动阶段的重要体现，也是增长速度换挡期、结构调整阵痛期、前期刺激政策消化期三期叠加的重要特征。

具体而言，一方面，随着经济增长动力的转变，依靠传统的要素驱动、资源消耗已经不能有效促进经济的可持续增长，大规模投资逐渐在部分能源资源密集型、产能过剩突出型的行业或产业退出；另一方面，多年以来依靠投资作为经济增长主要拉动力的经济政策，已经造成了严重的深层次结构性矛盾，要真正转变经济增长方式，首先应从投资领域开始实施重点改革，才能真正对经济结构继续产生深远影响。在前一时期有关投资政策的累积效应和溢出效应还在持续发挥作用的情形下，虽然 2015 年中国人民银行已经实施了五次降准降息、调整存款利率浮动区间等政策，但在促进实体经济投资增长方面的效果十分微弱。

进一步地，观察图 5 中中国固定资产投资的先行合成指数可得，自 2014 年 4 月开始，投资先行合成指数触底回升，在仅持续了 9 个月后再次回落并持续至 2015 年 10 月。按照投资先行合成指数领先于投资一致合成指数 6 个月的先行期判断，投资一致合成指数应该于 2014 年 10 月开始回升，但是 2014 年下半年以来，固定资产投资资金来源的国内贷款、自筹资金增速一直处于持续下滑状态，加之股市成交量大幅跃升，大量资金流入股市，实体经济的投资缺乏资金保障，使得固定资产投资一致合成指数并没有企稳回升。需要指出的是，2015 年 1～9 月，固定资产投资基础设施投资实现了 18.1%的较高增长①，且 2015 年 5～9 月新开工项目计划总投资累计增速已经连续 5 个月回升，在国家进一步加大力度"促投资稳增长"的政策作用下，在 2015 年第 4 季度或 2016 年第 1 季度固定资产投资一致合成指数筑底企稳的可能性较大。

（二） 基于扩散指数中国固定资产投资增长率周期的走势判断

由于扩散指数对未来转折点预测的信息较多，因此本报告又利用表 2 中的指标建立了中国固定资产投资增长率周期的一致扩散指数和先行扩散指数，如图 6 所示。

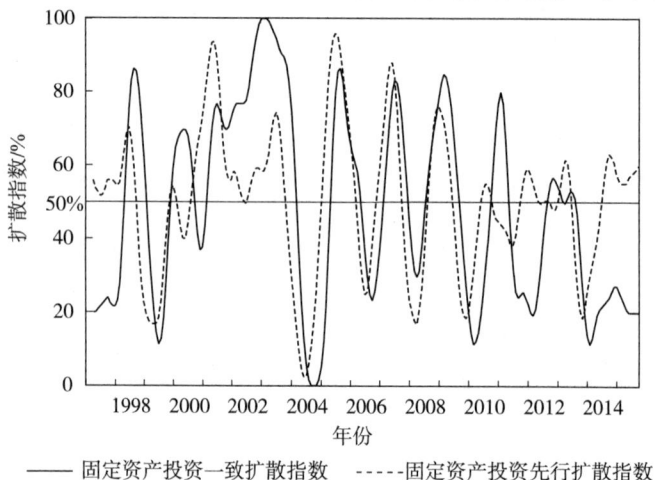

—— 固定资产投资一致扩散指数　-----固定资产投资先行扩散指数

图 6　固定资产投资一致扩散指数与先行扩散指数

图 6 显示，中国固定资产投资一致扩散指数在 2013 年 9 月自上向下穿过 50% 线，这表明 2013 年 8 月为固定资产投资上轮景气循环的峰。2014 年 2 月固定资产投资一致扩散指数触底回升，并于 2015 年 1 月再次掉头向下，直至 2015 年 10 月投资一致扩散指数值连续 6 个月维持在 20%，并没有自下而上穿越 50% 线的迹象，表明本轮投资景气循环尚未到达谷底。

固定资产投资的先行扩散指数于 2014 年 8 月由下向上穿过 50% 线，这表明固定资产投资先行扩散指数已于 2014 年 7 月达到最近一轮景气波动的谷底。因此，根据投资先行合成指数的走势及其相对于投资一致合成指数的平均谷底先行期（5 个月左右）计算，中国投资一致合成指数的持续下滑态势应于 2014 年 12 月左右触底回升，但该指数的回升状态并未出现，该结果与合成指数所得结论一致。在本轮景气循环中，固定资产投资一致合成指数与先行合成指数、一致扩散指数与先行扩散指数的背离，说明促投资

---

① 国家发展和改革委员会．进一步加大力度促投资稳增长．http://www.sdpc.gov.cn/jjxsfx/201511/t20151104_757511.html，2015-11-04.

稳增长的任务依然艰巨，也表明需要出台更多、更有效的投资促进政策。

三、 中国固定资产投资 2015 年运行态势的预警分析

为进一步分析中国固定资产投资增长周期的运行态势，我们又从众多经济指标中筛选出了 7 个对中国固定资产投资运行状况反映灵敏性较高的预警指标，构成了中国固定资产投资增长率周期的月度预警信号综合指数，其变动趋势如图 7 所示。

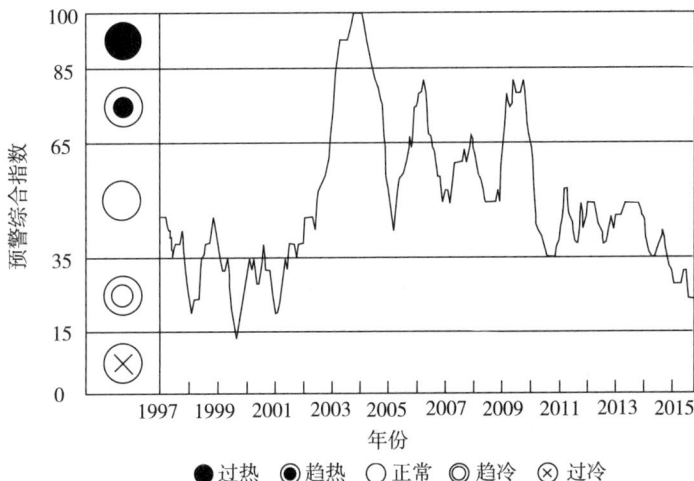

图 7　月度预警信号综合指数图

图 7 表明，投资预警综合指数与投资一致合成指数的走势相近，与一致合成指数发出了类似的信号。2014 年 12 月，固定资产投资预警综合指数由正常的"绿灯"区回落至趋冷的"浅蓝灯"区，并呈加剧下滑态势，至 2015 年 10 月其已滑落至趋冷的"浅蓝灯"区中部。

为了提高对中国固定资产投资景气波动特征及运行态势判断的准确性，为相关部门的调控政策提供具体详尽的参考信息，我们结合投资预警指标信号图（图 8），对主要固定资产投资增长率周期的景气状况做进一步分析。

（一）　固定资产投资完成额累计增速持续下滑

在政府投资结构调整、中国经济回落等多重因素的影响下，从 2009 年 12 月开始固定资产投资（剔除季节要素和不规则要素）累计增速从趋热的"黄灯区"回落到正常的"绿灯区"，并持续在"绿灯区"运行至 2015 年 2 月。进入 2015 年后，房地产投资和制造业投资增速大幅回落，中国固定资产投资增速滑落态势进一步加剧，从 2015 年 3 月开始，中国固定资产投资（剔除季节要素和不规则要素）累计增速已下滑至趋冷的"浅蓝灯"区。

指标名称	2014年		2015年									
	11月	12月	1月	2月	3月	4月	5月	6月	7月	8月	9月	10月
1. 固定资产投资完成额累计增速	○	○	○	○	◎	◎	◎	◎	◎	◎	◎	◎
2. 固定资产投资施工项目个数累计增速	◎	◎	⊗	⊗	⊗	⊗	⊗	◎	◎	◎	○	○
3. 固定资产投资本年新开工项目个数累计增速	◎	◎	◎	○	○	○	○	○	○	○	○	○
4. 固定资产投资资金来源中自筹资金累计增速	○	○	○	◎	◎	◎	◎	◎	◎	◎	○	○
5. 固定资产新建投资额累计增速	○	○	○	◎	◎	◎	◎	◎	◎	◎	◎	◎
6. 工业企业增加值增速	◎	◎	◎	◎	◎	◎	◎	◎	◎	⊗	⊗	⊗
7. 固定资产扩建投资额累计增速	◎	◎	◎	◎	◎	◎	◎	◎	◎	◎	◎	◎
综合判断	○	◎	◎	◎	◎	◎	◎	◎	◎	◎	◎	◎
	36	32	32	29	29	29	29	32	32	25	25	25

●过热　◉趋热　○正常　◎趋冷　⊗过冷

图 8　固定资产投资预警指标信号图

（二）　固定资产扩建投资额、 新建投资额先后回落至趋冷区间

在政府降准降息、扩大基础设施建设规模、鼓励民间投资等政策的影响下，2015年1月中国固定资产扩建投资额累计增速结束了持续 10 个月的"浅蓝灯"区运行状况，开始进入正常运行的"绿灯区"。但是，在资金来源限制、投资动力不足等约束下，固定资产扩建投资额累计增速在正常的"绿灯"区仅运行了 7 个月后，于 2015 年 8 月再次回落至趋冷的"浅蓝灯"区。固定资产新建投资额累计增速的变动趋势与固定资产扩建投资额累计增速较为相似，2015 年 2 月，固定资产新建投资额累计增速结束了在"绿灯区"的正常运行并进入趋冷的"浅蓝灯"区间，且一直持续到 2015 年 10 月。

（三）　固定资产投资资金来源中自筹资金累计增速跌落至"蓝灯" 区

进入 2014 年后，在固定资产投资增速加速下滑的状况下，中国固定资产投资实际到位资金增速也呈现快速回落态势，2014 年 12 月，固定资产投资资金来源中自筹资金累计增速跌落至趋冷的"浅蓝灯"区，并一直持续到 2015 年 8 月，且于 2015 年 9 月进一步跌落至过冷的"蓝灯"区。自筹资金增速一直是固定资产投资意愿的重要代表变量，该指标跌落至过冷区间，表明需要进一步加大力度降低投资成本与投资风险，提高固定资产投资的收益与回报，促进固定资产投资增速保持在合理区间。

（四） 固定资产投资施工项目个数与本年新开工项目个数累计增速均呈现回升态势

在经济下行压力逐渐加大的形势下，中国政府采取了一系列相对积极的财政货币政策，促进投资以稳定经济增长，就施工项目增速与新开工项目增速的变动情况而言，这些政策已经发挥了积极作用。2015 年 6 月，固定资产投资施工项目个数累计增速由过冷的"蓝灯"区上升至趋冷的"浅蓝灯"区。特别是 2015 年 3 月固定资产投资本年新开工项目个数累计增速由趋冷的"浅蓝灯"区进入正常的"绿灯"区运行，至 2015 年 10 月已经持续了 8 个月，并且仍然呈现逐步上升趋势。随着固定资产投资施工项目个数和本年新开工项目个数累计增速的不断回升，未来一段时间内投资筑底企稳的现象有望显现。

四、 对中国固定资产投资的未来走势展望

2015 年 1～10 月，固定资产投资完成额同比增速下降至 10.2％，对于固定资产投资增速跌破 10％的可能，以及投资超预期下滑是否导致经济"硬着陆"的问题，许多学者表示了担忧。实际上，在投资基数已经很大的情况下，10％的增速并不低。自 2011 年第 3 季度至 2015 年第 3 季度，固定资产投资价格指数由 107.27 持续下降至 97.7，下降了 9.57 百分点，价格指数的下降也是固定资产投资名义增速下降的一个重要原因。并且，随着资本的累积和资本深化速度的加快，资本的边际报酬递减，资本形成总额对经济增长的拉动力开始下降。根据中国经济信息网统计数据库公布的数据，2010～2014 年资本形成总额对 GDP 的贡献率由 65.18％下降至 46.74％，资本形成总额对 GDP 增长的拉动由 6.9％下降至 3.41％。

此外，结合投资景气指数的走势以及当前政府的宏观调控政策方向，本报告认为：总体而言，固定资产投资增速快速回落的态势将于 2015 年第 4 季度、2016 年第 1 季度结束，2016 年上半年，固定资产投资增速呈现回升态势的可能性较大，且 2016 年中随着政府的一系列促投资稳增长政策的实施，固定资产投资还将有望呈现稳中有升的乐观局面。

在整体经济复苏乏力、投资增速持续下降的情况下，政府已经加快了重大项目审批速度，加大了对中西部铁路和公路等重大交通项目的投资，推进了棚户区和危房改造等民生项目。同时，中国政府实施的放宽民间投资市场准入，中国人民银行连续五次实施的降准降息政策已经在一定程度上激发了民间投资的内生动力。再加上此前下调了部分固定资产投资项目的资本金比例，以及 PPP 项目有望加速落地，固定资产投资企稳回升的可能性较大。

此外，中央对盘活存量资金的督查力度不断加大，前期沉淀的财政资金有望加速流向实体经济，加上每年的第 4 季度是财政支出的高峰期，因此 2015 年年底或 2016 年年

初会有更大的资金支持以基建为主的固定资产投资。例如，与 2015 年 1～5 月相比，2015 年 1～10 月新开工项目计划总投资额累计增速已经由 0.5％上升至 4.1％，实现稳步回升。

特别是在销售端，商品房销售有所回暖，预计 2016 年年初房地产投资有望止跌企稳。其具体体现在，2015 年 1～10 月，全国商品房销售面积和销售额分别增长 7.2％、14.9％，增速同比提高 15 百分点、22.8 百分点。2015 年 10 月以来，虽然进入房地产销售淡季后库存有所攀升，但商品房销售有所回暖将对房地产开发投资增速回升，进而对整体固定资产投资增速回升产生积极影响。

五、 政 策 建 议

（一） 加大基础设施建设、 新产品与新业态投资

中国固定资产投资增速将进入低位波动阶段，这将是优化投资结构的良好时机。中国城镇化、城乡一体化处在快速推进阶段，交通基础设施、公共设施仍有巨大的投资需求空间。由于基础建设投资逐渐成为稳定投资增长的主力，政府可适当加大基础建设投资，增加公共产品有效投资，发挥基础建设投资在稳定投资增长与稳定经济增长中的关键作用。同时，政府应顺应各行业投资变动的规律，可以结合"创新驱动""大众创业、万众创新""互联网＋"的战略需求，对于新技术、新产品、新业态的投资予以合理引导与正确配置，为投资稳定、产业创新、结构调整加油助力。

（二） 降低投资成本、 完善投资制度， 促进民间投资活力提升

"融资难、融资贵"仍然是固定资产投资，特别是民间投资中面临的突出问题。高杠杆率、资金需求旺盛的特征拉高了资金成本，金融资本和股票市场使得降准降息的投资促进政策不能实现有效传导，上述因素均影响了固定资产投资，特别是民间投资、中小企业的投资意愿与投资能力。政府应该进一步放宽民间投资的准入领域，为民间投资提供良好环境，有效实行固定资产投资项目资本金制度，扩大投资需求。其中最为重要的是，政府要注重营造权利公平、机会公平、规则公平的投资环境，使得民间资本真正进入开放领域，有效进入实体经济。

（三） 提高投资收益， 拓展有效融资模式

在固定资产投资累积的过程中，既要注重数量，更要注重质量。特别是，近年来中国的资本产出比迅速上升，投资边际收益下降的趋势十分明显。实际上，中国固定资产投资效率还有较大的提升空间，在固定资产投资对经济增长的影响由"要素驱动"转向

"效率驱动"的过程中,应实施固定资产投资项目成本收益分析制度,加快市场化改革、修正投资领域的扭曲现象等。此外,地方政府主要依靠土地收入、影子财政体系等债务融资方式进行基础设施投资,该投融资模式不可持续,应不断扩大地方政府存量债务置换计划,以公开透明和低利率的地方政府债券替代原有债务,加快 PPP 推广以开发有效融资模式。

新常态下的中国经济转型——阵痛中的稳步前行①

杨晓光　　鲍　勤

报告摘要： 当前中国经济正处于"三期叠加"、"三性叠加"和"三个转换"相互交织的新常态时期，经济增速持续放缓，且预期这一趋势将会持续，中国经济正经历转型阵痛，无论是工业增加值、投资等宏观经济变量，还是用电量、铁路货运量、银行贷款这些经济的重要表征变量，都出现增速大幅下滑或者负增长的现象。过去的经济发展模式难以维系，许多工业行业都出现严重的产能过剩问题，工业品价格指数持续下跌，工业企业财务状况恶化，资产负债率大幅提升，财务负担较重。受此影响，中国经济总体债务负担不断加重，杠杆率迅速上升。然而，尽管中国经济目前正处于转型阵痛期，但从经济的结构性指标来看，中国经济的转型之路已悄然开启，经济正向着良性轨道稳步迈进。

从产业结构来看，金融危机之后，第三产业增加值占 GDP 比重快速增长，工业增加值占比迅速下降。若"十三五"时期延续"十二五"时期的变化趋势，则到 2020 年，中国第三产业增加值占 GDP 比重将提高至 54%，工业增加值占比将降至 30%。工业转型是中国产业结构转型的重要内容，从工业行业的经济指标和效益指标来看，工业行业的产能过剩和去库存化正稳步推进。产业结构转型带来了积极的经济质量效应，投资效率提高、能源强度降低有利于中国经济更高效、更加可持续性地发展。

从投资结构来看，2012 年以来，第一产业固定资产投资增速明显提升，超过第二产业和第三产业，成为目前中国固定资产投资增速最快的产业，随着经济结构转型，投资结构越来越明显地表现出第二产业投资占比下降，第一产业和第三产业投资占比上升的特点，这体现出农业逐步向现代化农业转型和服务业相对制造业而言快速发展的特征。此外，基础设施投资和民间投资的增速均快于固定资产投资的总体增速，这体现了投资结构的持续改进。

从消费结构来看，在城乡结构方面，随着农村居民收入的快速增长，农村消费品零售总额增速自 2012 年起持续高于城镇消费品零售总额增速，城乡差距不断缩小；在具体的消费内容方面，与生活品质提高密切相关的餐饮消费、旅游、文化娱乐等休闲领域的消费得到快速提升，电子商务的快速发展也使得邮政和快递业务收入增速保持高位。

在对外贸易的结构变化方面，从贸易方式来看，一般贸易占比逐渐提高，加工贸易

---

① 本报告得到国家社科基金重大项目"新常态下我国宏观经济监测和预测研究"（15ZDA011）及自然科学基金重点项目"高维度、非线性、非平稳及时变金融数据建模和应用"（71431008）的资助。

占比逐渐下降，贸易方式更加多元化；从企业类别来看，民营企业出口保持增长且所占份额不断扩大；从产品结构来看，出口项目结构不断优化，劳动密集型产品出口大幅下降，但机电产品出口保持持续增长，资源品进口量增大，在国际大宗商品价格下行的情况下有利于中国经济的绿色发展。

展望未来，"十三五"时期将是中国经济转型的重要时期，在这一时期，中国将面临相对宽松的国际经济环境，国际经济保持相对平稳的增长预期，有利于各国将经济发展置于首位，搁置争议，以互利共赢和共同发展为目标开展更广泛的合作。人民币国际化的平稳推进也将加强中国在未来国际经济格局中的地位，使得中国能够更积极地参与到新的全球经济金融制度的创建中。就中国内部而言，中国有着极富弹性的社会文化政治环境，特别是中国传统文化中"经世济民"的"士"的精神，和"德本财末"的经济学道德传统，将赋予"经济"以全新的理解，为中国经济复兴保驾护航，而中国政府的积极应对政策，更是能够通过协调政府这个"看得见"的手和市场这个"看不见"的手之间相辅相成的关系，来更好地为中国经济转型服务。

为保障经济平稳转型，需要解决产能过剩和去杠杆化这两个重要问题，但更需要在思想和政策上做好准备。首先，需要明确在当前的国际国内经济形势下，过去的经济增长方式难以维系，经济转型势在必行。所谓"穷则变，变则通，通则久"，顺应经济形势的变通才能保障国民经济的长治久安。另外，需要明确转型必然意味着阵痛和成本，意味着对旧有模式的打破和对既有利益分配格局的改变，因此必须坚定转型的大方向，确保经济政策的一致性，减少转型过程中因政策摇摆带来的反复和不确定性。其次，针对产能过剩问题，需要"节源开流"，一方面推进产能结构调整，另一方面从国际、国内两个市场扩大有效需求。再次，需要深化金融体系改革，推进宏观审慎监管，积极发展一些新型金融业态，为有活力的企业提供高效率的融资渠道。最后，需要深化改革，为社会和市场提供更多的自由和活力，鼓励各级组织和广大民众积极进取。

一、引　言

改革开放 30 多年以来，中国经济得到了长足的发展，不仅成为全球第二大经济体，而且人均收入得到很大的提高，进入中等发达国家的行列。但是随着时间的流逝，支撑30 多年来中国经济快速发展的利好因素逐渐衰变，既往发展模式下的矛盾日益积累，2008 年国际金融危机以及随后的欧债危机，改变了中国经济运行的国际环境，2012 年以来，中国经济进入了"三期叠加""三性叠加""三个转换"相互交织的新常态时期，经济增速持续放缓，2015 年前三个季度 GDP 增速分别为 7%、7% 和 6.9%，预计 2015年全年中国经济增速大致为 6.9%。目前，中国经济的景气指数以及各种指标均表明，中国经济的增速将继续下行。改革开放以来，中国经济仅有 1981 年、1988 年和 1990年三年的 GDP 增速在 6.9% 以下，随后经济都迅速回升。此次的经济下行，目前还看不到回升的迹象。一些国际机构，如 OECD、IMF、欧盟委员会、世界银行等在其对世界经济的展望和预测中，对美国、欧元区、日本等发达经济体和印度、俄罗斯、巴西等金砖国家在未来两年都给出了逐步提高的 GDP 增速预测，但对中国却一致给出了逐步放缓的趋势预测（图1）。国际国内一个众所关心的问题是：中国经济会不会在很长一段时间内一直这样下滑下去？中国经济能否顺利转型，再次步入一个新的、健康的稳定增长期？

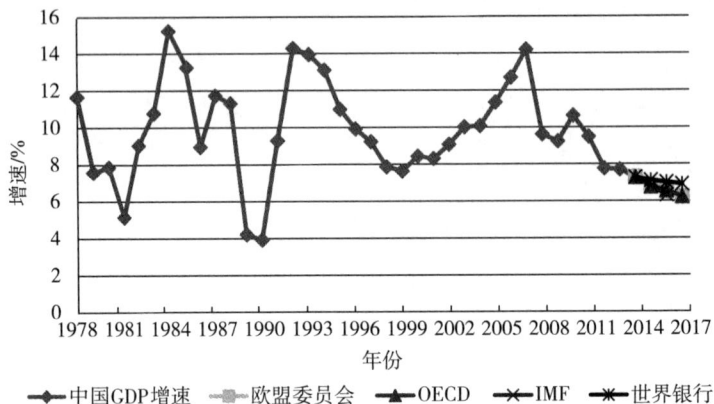

图 1　中国 GDP 增速及国际组织预测
资料来源：根据互联网数据整理

我们在对中国经济的结构性变化的考察中发现，中国经济转型之路已经悄然开启，中国经济的结构和各种要素正向着良性轨道稳步迈进，而当前国际政治经济形势以及国内社会经济环境有助于中国经济转型，中国经济目前面临的主要挑战，都可以得到有效的应对。因此，我们对于中国经济转型的前景抱有乐观的态度，我们认为中国经济目前遇到的困难，将随着转型的深入得到化解，在经历一段阵痛之后，中国经济增速下滑的态势在"十三五"时期就可能得到遏制，中国经济将在新的推动力之下走上中高速增长的道路。

下面本报告将首先对目前中国经济的阵痛表现做一个简单的概述；其次从产业结构、投资结构、消费结构、进出口结构四个方面展示中国经济的良好转化趋势，分析当前经济转型进程对中国经济增长的影响；再次从国际政治经济形势和国内社会经济环境两个方面考察中国经济转型的环境力量；最后讨论为确保经济平稳转型应该匹配的政策。

二、　阵痛中的中国经济

经济转型意味着资源配置方式的转变，意味着原有资源的闲置和淘汰，意味着费时费力去开拓新的资源，因此，转型总是伴随着产出的下降和经济的阵痛。与历史上所有经济转型一样，2015 年的中国经济正处在转型的阵痛之中。

除了上述经济增速下降以外，中国绝大多数经济指标均出现负向的变动。工业增加值增速持续下降，2015 年 10 月，工业增加值同比增长仅为 5.6%，1～10 月累计同比增长仅为 6.1%，固定资产投资增速持续下降，2015 年 1～10 月同比增速 10.2%，比 2014 年同期下降 5.7 百分点，其中房地产开发投资增速持续回落，2015 年 1～10 月仅 为 2%，比 2014 年同期下降 10.4 百分点，房地产开发企业土地购置面积增速下降 33.8%。这些宏观经济数据描绘出一幅增速持续下降的中国经济图景（图 2）。

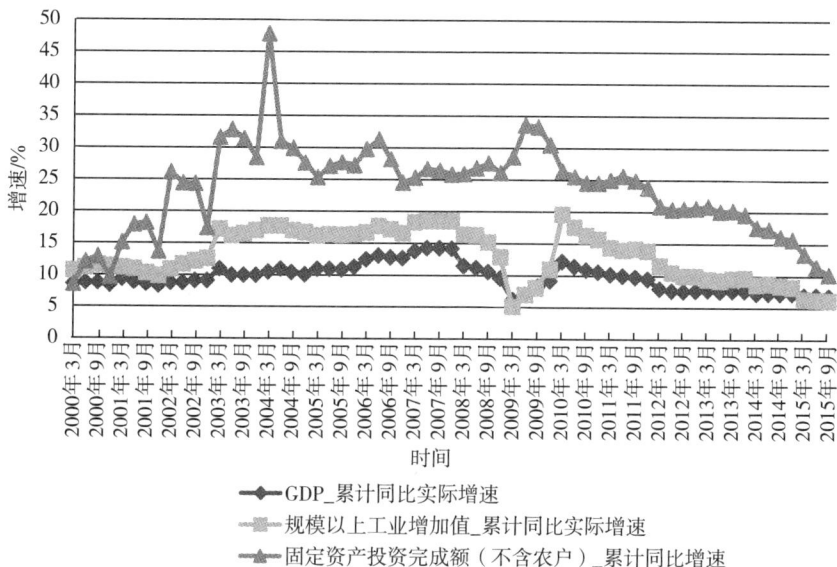

图 2　中国 GDP、工业增加值、投资完成额累计同比增速
资料来源：中国经济信息网统计数据库

此外，作为过去一段时间中国经济的重要表征变量，被称为克强指数的用电量、铁 路货运量和银行贷款近年来的表现也大幅偏离了原有轨道。全社会用电量同比增速自 2012 年起大幅下降，从两位数的增速一直下滑至 2015 年的个位数增速甚至负增长， 2015 年 1～10 月，全社会用电量累计同比增速仅为 0.7%，比 2014 年同期的 3.8% 下 降 3.1 百分点；铁路货运量同比增速自 2014 年 1 月起连续 22 个月负增长，且降幅不断 扩大，2015 年 10 月同比增速为 -16.34%；银行贷款期末环比增速持续下降，2015 年 10 月，新增人民币贷款规模仅为 5 136 亿元，环比下降 51%。克强指数能够反映过去 的经济发展模式下经济的发展状况，克强指数指标的大幅走低意味着中国经济正在经历 转型之痛。

过去的经济发展模式，给当下中国经济带来最直接的困难是产能过剩。中国经济的 许多行业，如钢铁、电解铝、水泥、平板玻璃等，目前都存在着严重的产能过剩问题， 如图 3 所示，尽管中国规模以上工业企业库存增速持续放缓，但库存总量仍保持持续增 长态势。受到产能过剩的影响，工业品价格指数持续下跌。如图 4 所示，自 2012 年 4 月至 2015 年 10 月，已经维持 43 个月的负增长。尽管工业生产者购进价格指数相比出 厂价格指数跌幅更大，但工业企业利润受到明显影响，工业企业财务状况恶化，资产负 债率大幅提升，财务负担较重。如图 5 所示，规模以上工业企业利息支出与利润总额之 比自 2014 年 9 月起同比持续增加，截至 2015 年 9 月，黑色金属冶炼及压延加工业以及煤炭开采和洗选业的利息支出与利润总额之比分别高达 2.20 和 1.80，这意味着企业利息负担是利润的两倍，而这两个行业的资产负债率分别高达 66.39％和 67.7％。

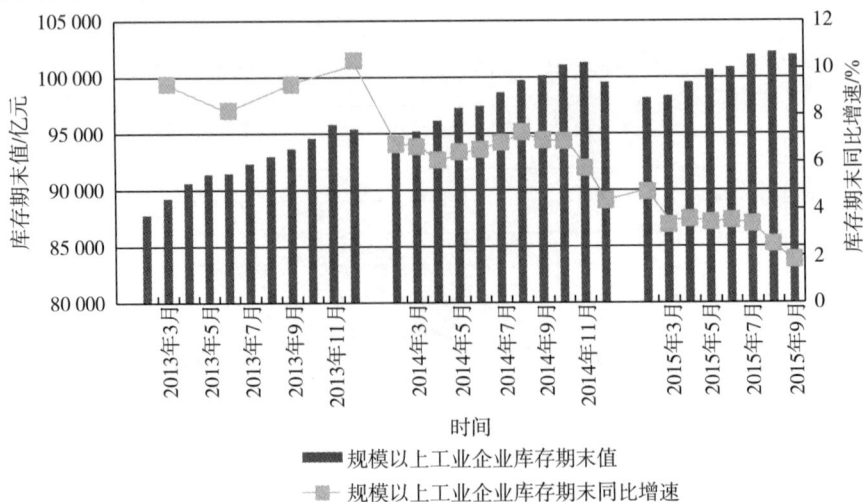

图 3　规模以上工业企业库存期末值及其同比增速
各年 1 月没有数据
资料来源：中国经济信息网统计数据库

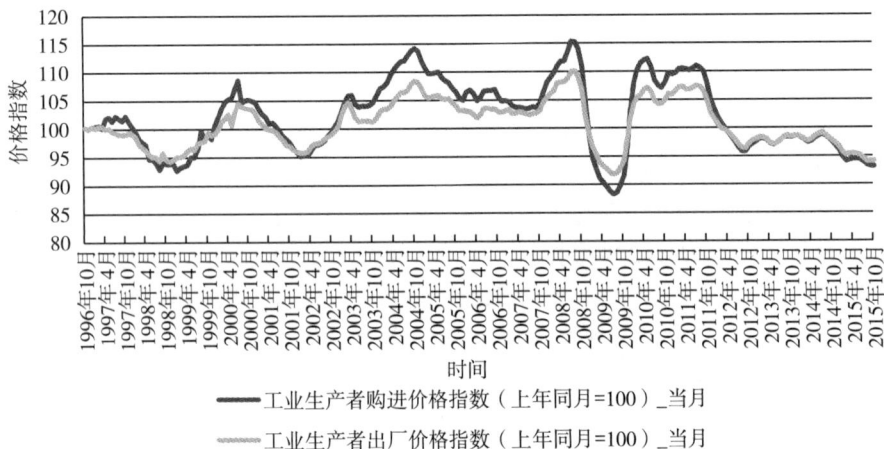

图 4　工业生产者购进价格指数与出厂价格指数
资料来源：中国经济信息网统计数据库

随着经济增速放缓，经济体的债务负担逐渐加重，这直接表现在经济主体的债务率提高上。根据《中国国家资产负债表 2015——杠杆调整与风险管理》中的估计，2014 年年末，中国经济整体的债务负担总额为 150.03 万亿元，占 GDP 的比重从 2008 年的 170％上升至 235.7％。其中，非金融企业债务占 GDP 比重从 2008 年的 98％提高到 2014 年的 149.1％，若不考虑地方政府融资平台债务，2014 年杠杆率为 123.1％，仍然比 2008 年提高 25.1 百分点；居民部门债务总额占 GDP 的比重从 2008 年的 18.2％提高到 36％；金融部门的债务总额占 GDP 比重从 13.3％提高到 18.4％；政府部门的债

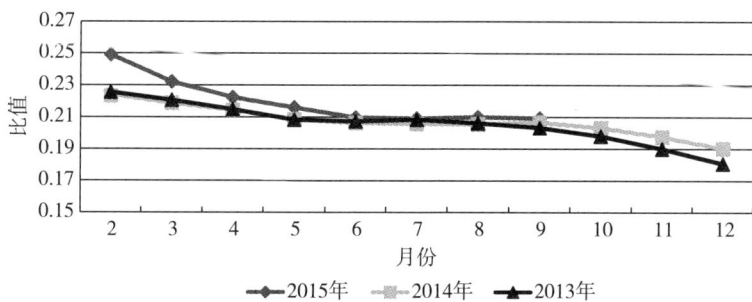

图 5　规模以上工业企业利息支出累计与利润总额累计之比

资料来源：中国经济信息网统计数据库

务总额占 GDP 比重从 40.6％提高到 58％。金融危机之后，杠杆率迅速上升，这增大了中国经济转型期面临的风险。

由以上种种表现可以看出，中国经济目前遭遇着很大的困难，经济转型处在阵痛之中。目前中国经济的下滑态势，影响着国际国内社会对中国经济的信心，进而可能影响到中国经济的顺利转型。对中国经济进行深层次的分析，考察经济转型的动向，有助于正确理解中国经济的内在变动力量，为经济顺利转型提供可靠的意见。

三、 中国经济转型的积极趋势

（一） 产业结构转型和产业生态的改善

从构成 GDP 的三次产业的产业结构来看，中国经济转型已经悄然前行了数年时间。如图 6 所示，2008 年国际金融危机前后，三次产业结构变化特征也发生了重要变化：金融危机之前，第三产业占比快速增长伴随着第一产业占比的快速下降；2008 年国际金融危机之后，第一产业占比下降速度减缓，第三产业占比的快速增长伴随着工业占比的快速下降。"十二五"时期，工业增加值占 GDP 比重逐年快速下降，从 2010 年的 39.71％下降至 2014 年的 35.86％，年均下降 0.96 百分点。假设"十三五"时期延续"十二五"时期的变化趋势，则到 2020 年，中国工业增加值占 GDP 比重将降至 30％，而第三产业增加值占 GDP 比重将提高至 54％。

由此可见，工业转型是中国产业结构转型的重要内容，从工业行业的经济指标和效益指标来看，工业行业的产能过剩和去库存化正稳步推进。从库存数据来看，截至 2015 年 9 月，规模以上工业企业中库存占比 5％以上的行业分别是计算机、通信和其他电子设备制造业（8.7％）、黑色金属冶炼及压延加工业（7.3％）、电气机械和器材制造业（6.6％）、通用设备制造业（6.2％）、化学原料和化学制品制造业（6.1％）、汽车制造业（5.6％）、有色金属冶炼及压延加工业（5.3％）以及专用设备制造业（5.1％），这八个行业的库存占规模以上工业企业总库存之比高达 50％以上，其月度累计库存同

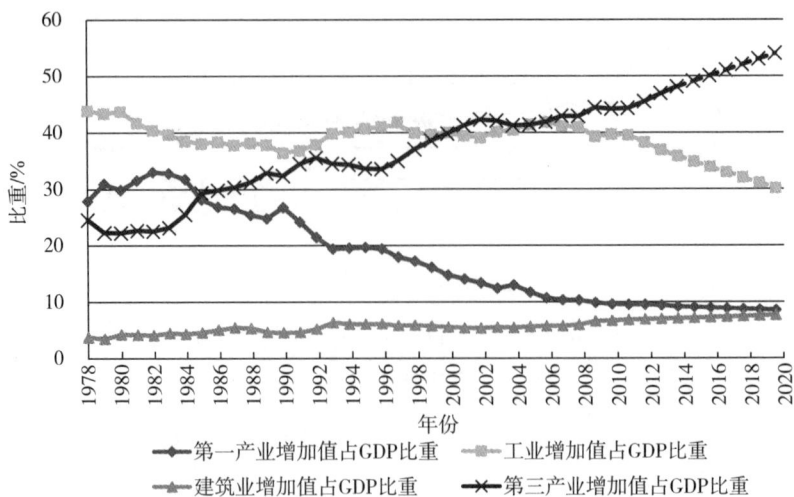

图 6 三次产业占 GDP 比重

资料来源：根据中国经济信息网统计数据库数据计算

比增速如图 7 所示。可以看到，2015 年以来，一个显著特征就是这些行业的库存增速放缓，甚至出现持续的负增长。和去库存化的进程一致的是去产能化。截至 2015 年 9 月，规模以上工业企业中产成品占比 4% 以上的行业分别是计算机、通信和其他电子设备制造业（8.1%）、电气机械和器材制造业（7.6%）、黑色金属冶炼及压延加工业（7.2%）、化学原料和化学制品制造业（7.1%）、汽车制造业（6.4%）、通用设备制造业（5.7%）、农副食品加工业（5.2%）、非金属矿物制品业（4.9%）、有色金属冶炼及压延加工业（4.7%）以及专用设备制造业（4.6%），这十大行业产成品占规模以上工业企业总产成品的 61.7%，其产成品期末同比增速如图 8 所示。可以看到，从 2014 年第 4 季度以来，这些行业的产成品增速出现大幅下滑，部分行业甚至出现负增长。

产业结构的转型带来积极的经济质量效应。在一定的时空范围内，经济资源是相对稀缺的，这包括劳动力、资本、能源等，经济资源的优化配置能够提高经济运行的效率，促进经济的发展，产业结构转型通过减少相对过剩的产业的供给、增加相对不足的产业的供给，能够促进相对稀缺的经济资源被用于更有效的地方，让经济的供应结构和需求结构更好地匹配，从而提高经济增长的质量，更有利于经济的长远发展。经济运行的效率表现在很多层面，限于数据的可得性，这里从单位投资创造的增加值和单位增加值的能耗两个方面进行衡量，这两个方面分别反映了投资效率和能源强度。

单位投资创造的增加值通过使用行业增加值与行业固定资产投资完成额的比值来刻画。如图 9 所示，自 2000 年以来，中国投资效率基本呈现逐年回落的态势。从三次产业来看，2014 年，对于每 100 元固定资产投资，第一产业、第二产业和第三产业带来的增加值分别为 422.6 元、130.9 元和 105.3 元。但是如果从细分行业的数据来看，如图 10 和图 11 所示，在第二产业中，仅有采矿业和制造业的投资效率出现明显快速下降，在第三产业中，尽管金融业投资效率大幅下降，但仍然高达每 100 元固定资产投资

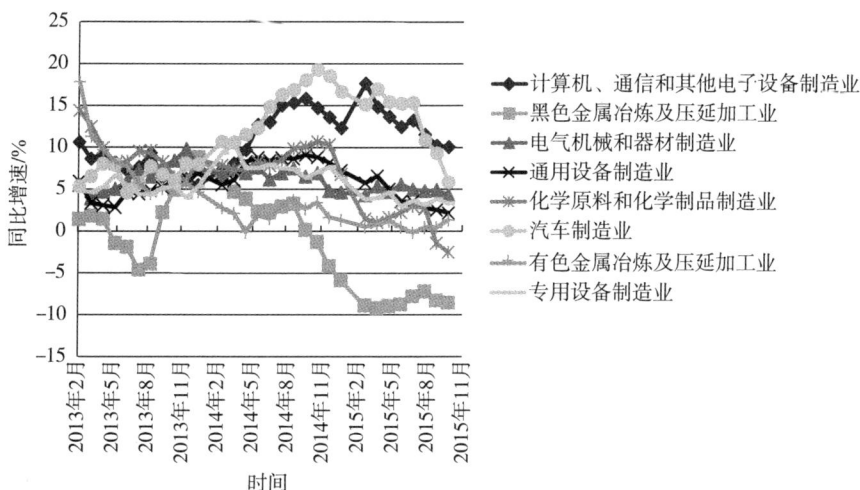

图 7　规模以上工业企业期末库存同比增速
资料来源：中国经济信息网统计数据库

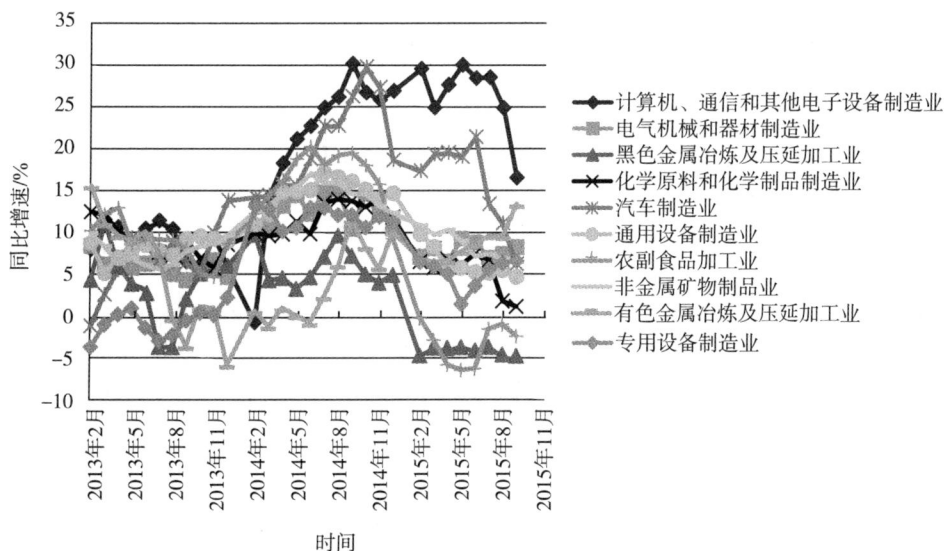

图 8　规模以上工业企业期末产成品同比增速
资料来源：中国经济信息网统计数据库

拉动 3 417 元金融业增加值，而卫生、社会保障和社会福利业的投资效率更是保持了温和提高的态势。

　　能源强度通过使用行业的能源消费与行业增加值的比值刻画，如图 12 所示，改革开放以来，中国的能源强度不断下降，这体现出中国能源使用效率的提高。从分行业的能源强度来看，2013 年工业的能源强度最高，为 1.339 万吨标准煤/亿元；交通运输仓储和邮政业次之，为 1.337 万吨标准煤/亿元；建筑业和批发零售住宿餐饮业的能源强

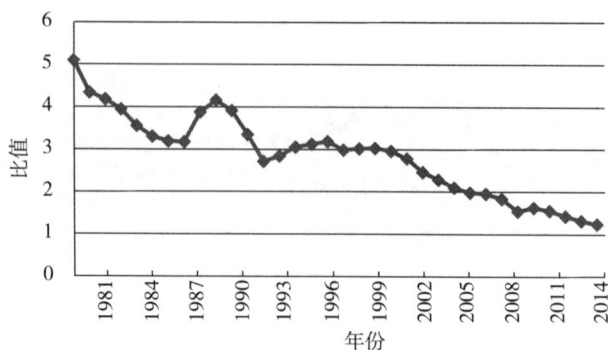

图 9 投资效率（GDP 固定资产投资完成额之比）

资料来源：中国经济信息网统计数据库

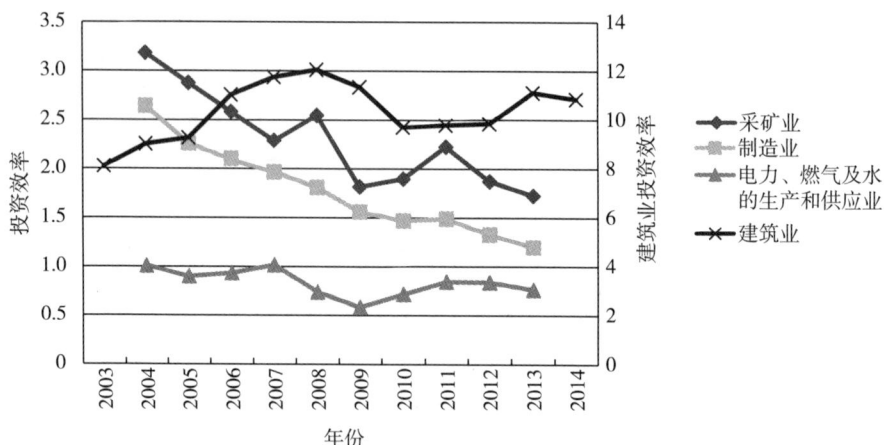

图 10 第二产业细分行业投资效率

资料来源：中国经济信息网统计数据库

度分别为 0.172 万吨标准煤/亿元和 0.159 万吨标准煤/亿元；农林牧渔业的能源强度为 0.141 万吨标准煤/亿元；总体能源强度为 0.670 万吨标准煤/亿元。近几年中国能源强度下降的主要动因，就是产业结构转型中工业占比的不断下降。此外，工业能源强度持续下降是中国总体能源效率提高的原因之一。在工业能耗中，占比超过 1% 的行业的能源消费占全国总能耗的比例如图 13 所示，可以看到，其中很多行业都是中国产能过剩的行业，如黑色金属冶炼及压延加工业、化学原料及化学制品制造业、非金属矿物制品业等。而随着去产能化的进程，能源消费结构也发生变化，例如，黑色金属冶炼及压延加工业占比自 2009 年达到顶峰后就逐步下降。

综上可见，不同产业和不同工业行业之间，其生产要素的投入结构存在着较大的差异，利用各种要素的效率也存在着较大的差异。当前，中国产能过剩的行业集中在高耗能、高污染行业，这些行业也亟须转型，通过兼并重组等方式淘汰落后产能、压缩产能的行业。受到产能过剩的影响，这些行业的效益较差，占用资金较多，资金的利用效率

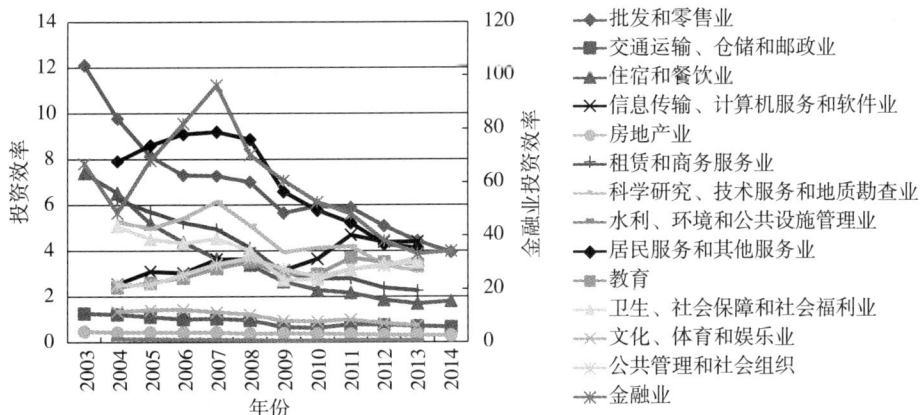

图 11　第三产业细分行业投资效率
资料来源：中国经济信息网统计数据库

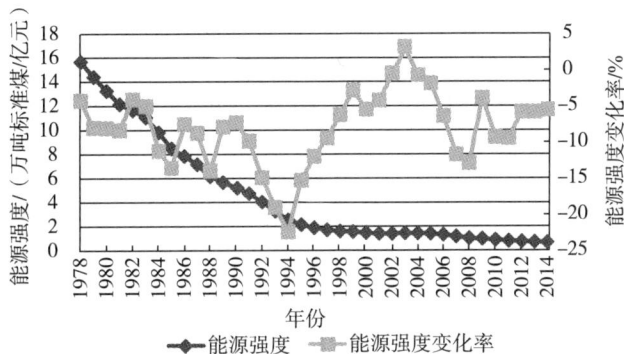

图 12　能源强度（能源消费总量/GDP）
资料来源：中国经济信息网统计数据库

不高，但这些行业的去库存化进程已经开启，且速度较快。只要坚持经济转型的方向不动摇，让产能过剩行业中的僵尸企业兼并、重组、破产，把资源分配到其他更有效率的行业，经济发展的前景将会大有改观。

（二）　投资结构转型与投资主体的变化

在经济活动中，投资意味着形成未来的生产能力，也意味着未来的消费，改革开放以来，投资一直是中国经济增长的重要动力之一。金融危机之后，中国投资增速持续下滑，固定资产投资同比增速从 2009 年年底的 30.5％ 大幅下滑至 2015 年 1～10 月的 10.2％。但是，尽管投资的总量数据呈现出逐步下滑的态势，但从投资结构数据来看，随着经济转型的深入，投资结构不断优化，固定资产投资的重点从制造业转向基础设施建设，2015 年 1～10 月，中国基础设施投资（不含电力）同比增长 17.4％，高于固定资产投资（不含农户）同比名义增速 7.2 百分点，为经济平稳转型做积极的铺垫。

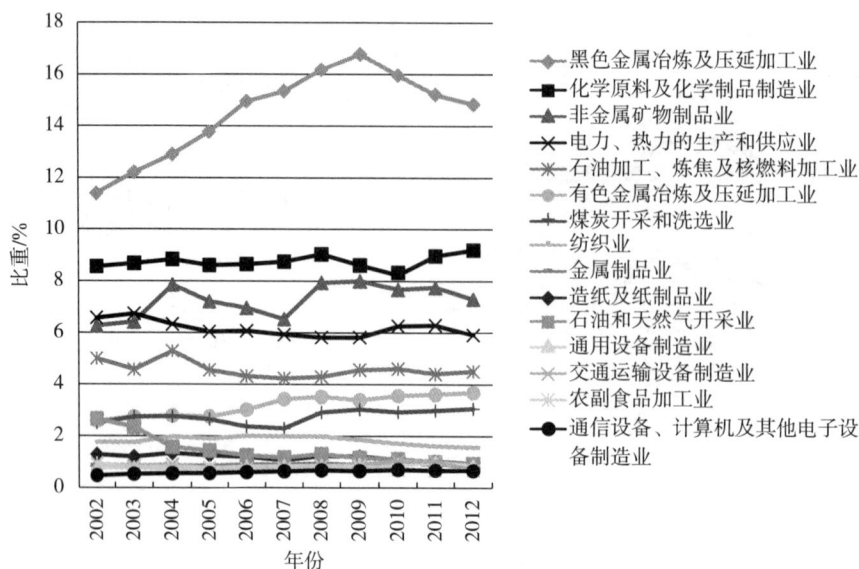

图 13　分行业的能源消费占总能源消费比重
资料来源：中国经济信息网统计数据库

　　从三次产业来看，如图 14 所示，2012 年以来，第一产业固定资产投资增速明显提升，超过第二产业和第三产业，成为目前中国固定资产投资增速最快的产业。2015 年 1~10 月，第一产业固定资产投资（不含农户，下同）累计同比增速 28.1％，与 2014 年同期相比略低 0.8 百分点，第二产业固定资产投资增速最慢，仅为 8％，相比 2014 年同期大幅下跌 5.4 百分点，第三产业固定资产投资增速为 11％，比 2014 年同期大幅下跌 6.4 百分点。在投资结构中，如图 15 所示，目前第三产业投资占比最高，约为 56％，第二产业投资占比约为 41％，第一产业投资占比约为 3％。随着经济结构转型，投资结构越来越明显地表现出第二产业投资占比下降，第一产业和第三产业投资占比上升的特点，这体现出农业逐步向现代化农业转型和服务业相对制造业而言快速发展的特征。2015 年 1~10 月第三产业固定资产投资同比增长 11％，虽然增速较上年同期有所下降，但仍高出第二产业 3 百分点。服务业固定资产投资已经占到全国固定资产投资的 56.1％，高出第二产业 15 百分点。在第二产业中，高技术产业、信息化产业、节能环保产业的投资保持快速增长，2015 年 1~7 月高技术产业投资同比增长 16.4％，其中高技术制造业投资增长 13.1％，高技术服务业投资增长 22.8％；2015 年 1~10 月，计算机、通信和其他电子设备制造业固定资产投资同比增长 16％，交通运输、仓储和邮政业投资增长 15.8％，水利、环境和公共设施管理业投资同比增长 19.8％。与高端制造业、与民生相关的行业固定资产投资的快速上升的趋势相反，产能过剩行业的投资持续下降，2015 年 1~10 月黑色金属冶炼及压延加工业、黑色金属矿采选业以及煤炭开采和洗选业投资增速分别为 −12.4％、−20.2％和 −16.5％。

　　此外，从投资主体来看，民间投资呈现良好的态势。2015 年 1~10 月，民间投资

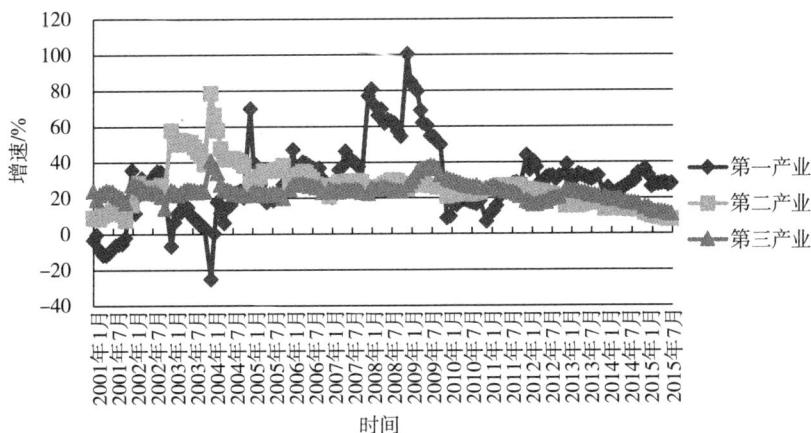

图14　三次产业固定资产投资完成额（不含农户）累计同比增速

资料来源：中国经济信息网统计数据库

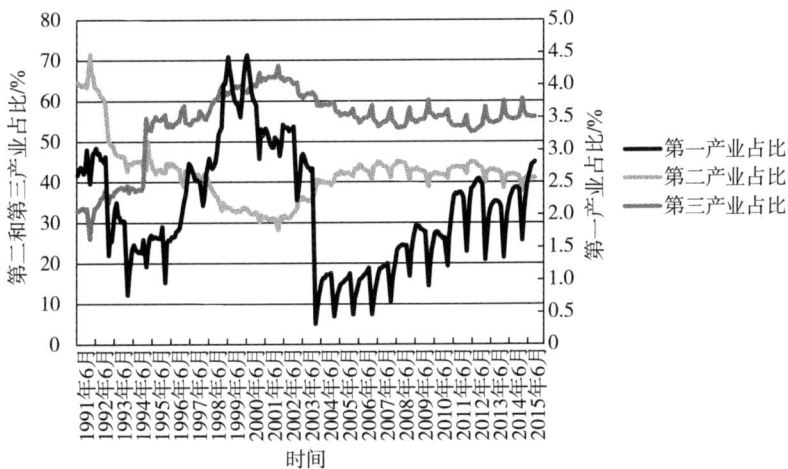

图15　三次产业固定资产投资完成额（不含农户）累计占总固定
资产投资完成额（不含农户）累计之比

资料来源：中国经济信息网统计数据库

完成额累计为 13.9 万亿元，同比增长 13.9%；民间固定资产投资在全部固定资产投资中占比达 64.7%，成为投资主导力量。中央政府的深化改革措施有力地推动着民间资本的投资热情。例如，随着基础设施领域对民间资本的放宽，基础设施投资中民间投资增长较快，比重不断提高。2015 年 1～7 月，全国基础设施投资中民间投资 11 246 亿元，增长 24.7%，比全部基础设施投资增速高出 6.5 百分点。充满活力的民间资本的投资热情能够提高中国投资的总体效率，为今后的发展奠定基础。

（三） 消费结构转型与消费活力的增长

2015 年中国服务业增加值占 GDP 比重首次超过 50%，1～9 月累计占比 51.4%，这标志着服务业已经成为拉动中国 GDP 增长的重要因素，而服务业与消费之间有着密切的关联，服务业比重的提高意味着消费能力的提升和消费质量的提高。数据表明，2014 年最终消费对中国 GDP 增长的拉动为 3.76，高于资本形成总额对 GDP 增长的拉动 0.35，最终消费对 GDP 的贡献率高达 51.6%。在中国经济转型的进程中，以民生为重是一个大的方向，提高居民收入、改善居民消费是体现"民生"的重要内容。当前，中国消费结构不断优化，从城乡结构来看，随着农村居民收入的快速增长，农村消费品零售总额增速自 2012 年起持续高于城镇消费品零售总额增速（图 16），尽管农村消费品零售总额仍然低于城镇消费品零售总额，但是两者之间的差距逐渐缩小，农村消费市场的扩大有利于开启内需，也能够缩小城乡居民生活水平的差距。

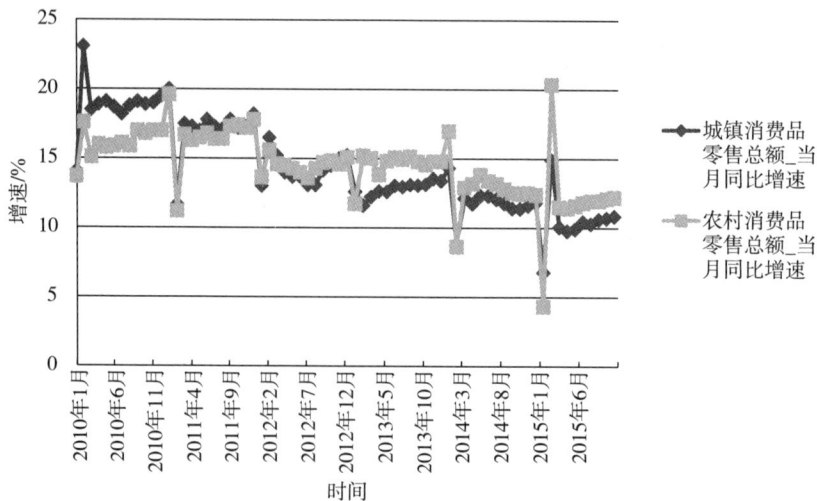

图 16　城镇和农村消费品零售总额当月同比增速
资料来源：中国经济信息网统计数据库

从消费内容来看，与服务相关的消费增速明显快于与商品相关的消费，与生活品质提高密切相关的餐饮消费、旅游、文化娱乐等休闲领域的消费得到快速提升。根据国家旅游局 2015 年第 2 季度对全国旅行社的统计调查，2015 年第 2 季度全国旅行社国内旅游组织 3 585.34 万人次，同比增长 10.56%，出境旅游组织 1 169.69 万人次，同比增长 36.88%。根据国家新闻出版广电总局的统计，2015 年前三季度，全国电影票房收入 330.09 亿元，同比增长 50.39%。特别值得一提的是餐饮消费增速自 2014 年 9 月起止跌回升，2015 年 10 月为 12.44%，而这是在中央大力反腐、严刹公款吃喝背景下，民间餐饮消费增长的结果。这些都体现出居民消费从商品消费向服务消费的转换升级趋势十分明显。此外，电子商务的快速发展，促使邮政和快递业务收入增速保持高位，在 2015 年 10 月分别为 26.9%

和 38%（图 17）。网络消费的主体是青年消费者，青年一代的消费热情预示着未来消费增长趋势。邮政、快递等业务的消费增长则明显快于商品消费。

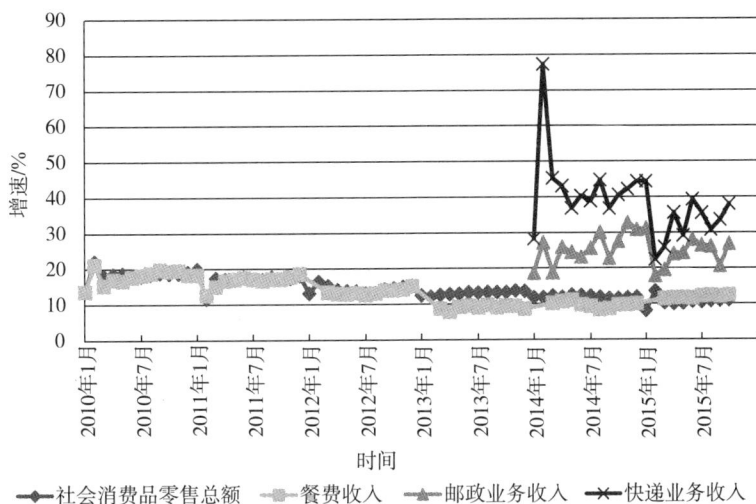

图 17 社会消费品零售总额、餐费收入、邮政业务收入和快递业务收入当月同比增速
资料来源：中国经济信息网统计数据库

（四） 对外贸易结构转型与进出口产品的优化

2008 年的金融危机对中国对外贸易造成较大冲击，货物和服务净出口对 GDP 的贡献率在金融危机之后迅速下降，此后虽逐步回升，但 2014 年也仅有 1.7%，拉动 GDP 增长 0.12 百分点。随着中国经济转型进程的加深，对外贸易结构发生重要变化：货物贸易方面，进出口大幅下降，但进口下降更多，根据海关统计，2015 年 1～10 月，中国出口额累计同比下降 1.9%，进口额自 2014 年 11 月起持续下降，累计同比下降 15.7%。服务贸易方面，逆差持续扩大，根据国际收支平衡表来看，2015 年前三季度服务项目逆差高达 1 609 亿美元，而同期货物贸易顺差为 4 157 亿美元，其中旅游服务逆差为 1 496 亿美元，运输服务逆差为 356 亿美元。尽管衰退型货物贸易顺差和持续扩大的服务贸易逆差让中国的外贸格局显得不容乐观，但服务贸易逆差的主要来源是旅游和运输服务逆差，与中国居民生活水准的改善密切相关。

具体到货物贸易，曾呈现出进出口产品的优化。从贸易方式来看，出口的贸易结构呈现如下特征（图 18）：其一，一般贸易出口占比逐渐升高，2015 年 10 月为 51.2%，是中国出口中占比最高的一类；其二，加工贸易出口占比逐渐下降，2015 年 10 月降至 37.3%；其三，贸易方式更加多元化，其他贸易出口占比从 1995 年年初的不足 2% 逐步提高至 2015 年 10 月的 11.5%。对于进口而言，其贸易结构也呈现出一般贸易进口占比升高、加工贸易进口占比下降的特征（图 19）。但是自 2014 年起，这一趋势出现反转，加工贸易进口占比重新上升，2015 年 10 月，一般贸易进口占比 51.3%，加工贸易进口占比 30.2%。加工贸易进出口占比的下降，体现了中国对外经济越来越多地依靠自身的经济动力。

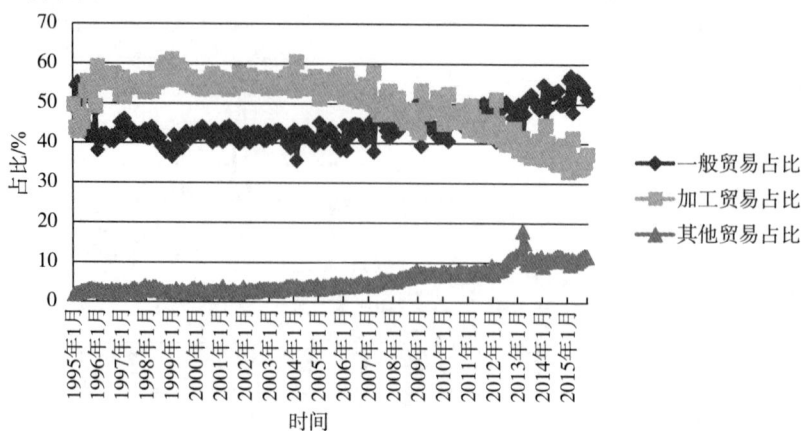

图 18 一般贸易、加工贸易和其他贸易占出口总额之比
资料来源：根据中国经济信息网统计数据库数据计算

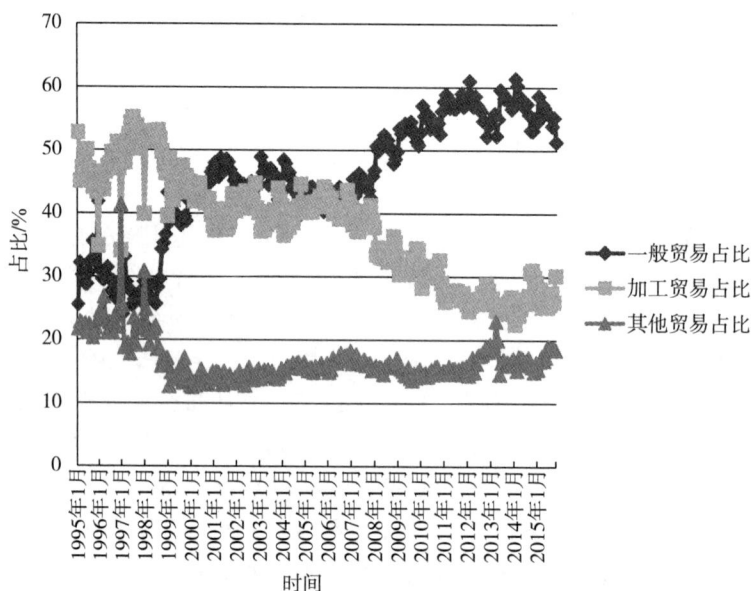

图 19 一般贸易、加工贸易和其他贸易占进口总额之比
资料来源：根据中国经济信息网统计数据库数据计算

从企业类别来看，民营企业出口保持增长，且所占份额不断扩大，国有企业和外商投资企业出口均呈现负增长。数据表明，2015 年 1～9 月，国有企业、外商投资企业、民营企业占总出口的份额分别为 10.9%、44.3%、44.8%，民营企业出口占比同比提高 1.8 百分点，国有企业、外商投资企业和民营企业出口增长率分别为 −4.5%、−5.1%、2.1%。民营企业已经成为对外贸易的主力。

从出口产品结构来看,尽管随着出口增速的下降,出口对中国经济的拉动作用降低,但出口项目结构不断优化,劳动密集型产品出口大幅下降,而机电产品出口保持持续增长。2015年1~10月,纺织、服装和鞋出口大幅下降,同比增速分别为-1.93%、-7.48%和-4.99%;机电产品出口同比增长1.2%,高新技术产品出口同比增长0.1%。从进口产品的结构来看,随着国际进口价格(主要是大宗商品价格)的下行,资源品的进口量增大,这有利于国内经济的绿色发展。2015年1~10月,中国原油进口量27 497.47万吨,比上年同期增加2 238万吨,但原油进口额累计1 143.1亿美元,比上年同期的1 946.8亿美元下降了803.7亿美元。

四、 中国经济转型的国际国内环境

(一) 有利于经济转型的国际政治经济环境

随着中国加入全球化程度的加深,中国经济与全球经济之间的关系越来越紧密,2008年金融危机之后,全球经济进入了再平衡进程,而中国经济的转型也随之逐步展开。在国际经济新格局的重塑中,更加多元化的国际货币体系和更加互利共赢的国际经济关系将为更加稳定和繁荣的全球经济提供保障。事实上,国际金融危机意味着此前以美元为主要国际货币建立起来的国际经济秩序的不平衡和难以维系,其主要原因是美元滥发。当前,美国经济正逐步复苏,而中国也更加积极地参与到新的全球经济金融秩序的创建中来,中国经济增速的放缓,不仅是旧有秩序难以维系导致的必然结果,也为积极开拓建立更加稳定、更加互利共赢的国际新秩序提供了必要的基础。特别地,自2014年以来,中国"走出去"的步伐悄然加快,作为最重要的内容,人民币国际化平稳推进,截至2015年10月,中国与33个国家和地区达成货币互换协议,协议总金额高达33 122亿元人民币。跨境人民币业务逐步扩大,2015年上半年,以人民币进行结算的跨境货物贸易、服务贸易及其他经常项目、对外直接投资、外商直接投资分别发生3万亿元、3 711亿元、1 670亿元、4 866亿元。特别地,2015年11月30日IMF执行董事会批准人民币加入特别提款权货币篮子,规定自2016年10月1日起,人民币被认定为可自由使用货币,并将与美元、欧元、日元和英镑一道构成特别提款权货币篮子。这标志着人民币正式成为国际货币。人民币国际化有利于加强中国在未来国际经济格局中的地位,有利于中国经济的稳着陆和未来的长远发展。

"十三五"时期将是中国经济转型的重要时期,而这一时期,中国将面临相对宽松的国际经济环境,根据OECD的预测,世界经济2016年增速为3.8%,IMF和世界银行的预测分别为3.6%和3.3%,其中主要经济体均保持增长态势,美国2016年经济增速为2.8%,欧元区的经济增速预期为1.6%~2%,日本的经济增速为1%~1.7%。发展中经济体发展速度加快,特别是印度经济,根据预测将保持高于7%的增长。在相对平稳宽松的国际经济增长预期下,各国政策都会将经济置于首位,这也有利于各国放下争议，以互利共赢和共同发展作为目标来开展更加广泛的合作。近年来，美国对亚太地区关注度提高，但 ISIS 的恐怖袭击也牵扯了美国在亚太地区的精力，客观上为中国营造出一个相对宽松的外部环境。事实上，相对于世界上主要的经济体，中国是一个与世界其他文化纷争最少的经济体。中国的发展仍然受到世界各国的广泛欢迎。

（二） 富有弹性的国内社会文化政治环境

就内部而言，无论是中国经济自身的特点还是中国经济当前的社会经济环境，都有利于中国经济平稳转型。其一，中国经济是一个韧性很强、弹性很大的经济体，中国经济有着规模庞大的人口，这对应着巨大的潜在市场，在相对自由的经济环境下，中国有着多种经济形态、多种所有制、多样化的生产力水平，中国的城乡差别、地域差别也远远超过西方发达国家。中国经济的这些多样性不仅为中国发展保有巨大的空间，而且也增强了中国经济迎接转型冲击的弹性。其二，中国人的品性和中国传统文化精神是确保中国平稳转型的根本，中国传统文化中，"经济"不止是赚钱谋利，更是"经世济民"的大理想，中国传统文化的复兴将让中国人重新认识从西方传入的"经济"概念，意识到"德本财末"，恢复经济学中的道德传统。中华民族是勤劳进取的民族，所谓"与时逐而不责与人"，所谓"君子乾乾终日，夕惕若厉"，所谓"自强不息，厚德载物"，这样的民族精神让中国人面对转型的压力时，积极求变，吃苦耐劳，从容应对。特别地，最近 30 多年的中国社会的全面发展，造就了当代中国人乐观豁达的心态。面对目前的经济转型阵痛，人们能平和地应对困难，积极地去建设新的未来。其三，中国经济社会有着较高的经济自由度和社会自由度，对于转型而言，自由能够让人有更大的空间，探索出更多新的可能，30 多年来，中国社会达成了一个共识，科学技术是第一生产力，全社会热情拥抱科技的创新，人们从思想深度欢迎技术进步。最近几年，中国自主创新的步伐也有所加快，有利于促进技术进步，在"大众创业、万众创新"的进程中，完成经济转型。此外，中国社会经济政策改变，如"二孩"政策，都使得各项因素中向好的力量远远大于负面的力量，有利于中国经济的平稳转型。

中国政府的积极应对政策也为中国经济转型提供了保障。2015 年中国采取了更加积极的宏观经济政策。其中，财政政策更为积极，全国财政赤字预算 16 200 亿元，比 2014 年增加 2 700 亿元，财政支出稳步增长，截至 2015 年 10 月，全国一般公共预算支出同比增长 18.1%，其中，教育支出增长 16.5%，文化体育与传媒支出增长 11.7%，医疗卫生与计划生育支出增长 20.6%，社会保障和就业支出增长 21.7%，城乡社区支出增长 29.7%，农林水支出增长 20.8%，节能环保支出增长 34.5%，交通运输支出增长 24%。2015 年，货币政策名稳实松，已经五次降准（含一次定向降准）和五次降息，金融机构人民币存款准备金率累计下调 2.5 百分点，而符合"定向降准"政策的部分金融机构的人民币存款准备金率降幅达 5 百分点甚至更多，金融机构一年期贷款基准利率累计下调 1.25 百分点至 4.35 百分点，一年期存款基准利率累计下调 1.25 百分点至 1.5 百分点。

五、 经济平稳转型仍需思想和政策携手保障

从前文的分析可以看出，尽管目前中国经济处在转型期的阵痛之中，但是经济转型的势头很好，经济转型的环境相对宽松。在国际国内政治经济因素不发生大变动的情况下，我们预计"十三五"期间中国经济就会结束下跌趋势，走上中高速平稳发展的轨道。

但是转型阵痛之中的中国经济仍然面临着巨大的挑战。产能过剩仍然是目前的头号难题。产能过剩或有效需求不足是一切经济危机的重要表现，也是当前中国经济面临的阵痛。导致产能过剩的原因主要有以下几个方面：其一，金融危机之后，伴随着全球经济再平衡的进程，西方国家特别是美国的制造业回流，导致中国面临的外部需求下降；其二，全球经济格局重塑下，部分低端加工贸易转向更具有成本优势的国家，导致中国整条产业链条中部分产品出现产能过剩；其三，经济的供需结构存在矛盾，一方面全球制造业产品升级，中国中产阶级崛起，引发对高品质产品的需求，另一方面中国国内制造和国内销售的产品较为低端，加之质量问题、安全问题，导致中国的海外购物迅速增加，但国内供应出现相对过剩，此外，对服务品而非消费品的需求也是消费结构错配导致产能过剩的重要原因。

中国经济转型过程中不仅有阵痛还有风险，经济增速放缓引发人们对就业问题的极大关注，但是转型过程中导致的失业和就业难也为劳动力这一重要生产要素提供了更多机会，人的创造力是无穷的，通过合理地引导，能够实现更加有效的资源配置，也会为转型提供动力。和就业问题相比，债务风险则更值得关注，作为经济成功转型的必要条件之一，中国经济必须完成去杠杆化这一过程，确保金融体系能够为实体经济提供有效率的支撑，从而助力实体经济发展。中国经济当前的杠杆率过高，这使得经济体面临的风险也较高，尽管2015年几次降息降准，但部分工业企业的财务负担仍然较重，总体而言，企业、居民和政府的债务负担都比较高。

为保障经济转型的平稳顺利，需要对目前这些挑战予以足够的重视，在思想和政策上做好准备，为当前经济转型的良好势头保驾护航。为此，首先需要在思想认识高度达成统一和共识，明确在当前的国际国内经济形势下，过去的经济增长方式难以维系，经济转型势在必行。一方面，国际经济再平衡进程下，中国的外需模式发生了根本变化；另一方面，国内经济中各种要素价格提高，环境等软约束逐步变为硬约束，制约此前的经济增长模式发挥作用。所谓"穷则变，变则通，通则久"，顺应经济形势的变通才能确保国民经济的长治久安。此外，需要明确的是转型必然意味着阵痛和成本，它意味着对旧有模式的打破，就必然改变既有的利益分配格局。既然经济必须转型，那么如何转型？怎样以更小的代价、更快更好地完成经济转型？答案是必须充分重视政府这只"看得见的手"，通过战略规划和政策，积极引导市场这只"看不见的手"有效发挥资源重新配置的作用。必须坚定转型的大方向，确保经济政策的一致性，减少转型过程中因政策摇摆带来的反复和不确定性。所谓不破不立、否极泰来，经济中问题的充分暴露是解

决问题的必要条件，有利于更快完成转型。牺牲一段时间的 GDP 目标，能够防止问题向更严重的方向积累从而延缓转型。

其次，产能过剩问题需要做好节源开流。一方面，控制新产能、加快淘汰落后产能，通过兼并重组推进产能调整；另一方面，从国际、国内两个市场入手，扩大国内和国外的有效需求。中国经济转型过程本身就提供了产能过剩问题的解决途径，通过增长方式的转变、产品结构的变化、自主技术的研发、新旧市场的大力拓展，能够实现"节源"和"开流"；长远来看，"一带一路"以及稳定与美欧经济关系的做法有助于消化一部分过剩产能。2016 年将是产能过剩问题进一步得到解决的时期，预计在"十三五"中期即可完成产能过剩的调整。特别地，需要继续深化国有企业改革，数据表明，产能过剩和库存严重的行业，大都是在国有企业占主导的行业。在国有企业改革时，要有壮士断腕的决心，以确保有限经济资源的有效利用。

再次，深化金融体系的改革，积极发展一些新型金融业态，为有活力的企业提供高效率的融资渠道。整顿证券市场，保障直接融资渠道的健康，改善企业融资结构。稳重谨慎地推进中国经济的去杠杆化，对于产能过剩、高耗能、高污染、财务困难的企业，不妨兼并重组乃至让其破产，以免债务问题继续积累。加强对金融风险的监测和管理，严守系统性金融风险绝不发生的底线。

最后，需要给社会和市场更多的自由和活力。必须继续深化市场化改革，全面放开限制，让有活力的民间资本进入垄断行业，为民营资本进入"一带一路"等战略性布局提供便利。必须充分调动政府、社会各方面的积极性，面向逐步转型的新世界，要允许试错，鼓励创新，用宽松的环境鼓励各级组织和民众有所作为，而非束缚人们的手脚，造成社会各个阶层的不作为。解放了的双手和自由奔跑的双脚，才能画出最美丽的图画，翻越过最艰难的障碍。

2015 年中国居民收入分析及 2016 年预测①

陈全润　杨翠红　陈锡康

报告摘要： 2020 年实现 GDP 和城乡居民人均收入比 2010 年翻一番是中国 2020 年建成全面小康社会的重要目标之一。"十二五"以来，在政府重点关注收入分配改革、提高居民收入的背景下，中国居民收入出现新的增长模式。其主要表现为：农村居民收入增速快于城镇居民收入增速，城乡收入倍差不断缩小；居民收入增速总体快于 GDP 增速，居民收入在国民收入中的比重不断提升；收入分配状况不断好转。要实现 2020 年城乡居民人均收入比 2010 年翻一番的目标，中国城镇居民收入尚需保持平均每年 4.5% 左右的增长速度，农村居民收入尚需保持平均每年 3.0% 左右的增长速度。然而，近几年中国经济增速正逐渐放缓，2016 年 GDP 增速有进一步下滑的预期。在经济增长速度放缓的情况下，未来中国居民收入将如何增长、城乡居民收入差距将如何变化等已成为社会各界广泛关注的话题。

　　2015 年中国居民收入实现了稳定增长。国家统计局公布的统计数据显示：2015 年前三季度全国居民人均可支配收入为 16 367 元，同比实际增长 7.7%，比 GDP 增长速度高 0.8 百分点。居民收入在国民经济中的比重进一步提高。从收入来源看，2015 年前三季度增长较快的收入来源为转移性收入和财产净收入。但与 2014 年同期相比，除转移性收入以外，所有收入来源的增速都出现了下降。其中，受粮食价格下跌和肉类产量下降影响，居民经营净收入增幅下降了 3.6 百分点。从城乡居民收入来看，2015 年前三季度中国城镇居民人均可支配收入为 23 512 元，同比实际增长 6.8%；农村居民人均可支配收入为 8 297 元，同比实际增长 8.1%，增速快于城镇居民。影响 2015 年中国居民收入增长的主要因素有：①产业结构优化改善了收入分配状况，推动居民工资净收入较快增长。②农村劳动力工资水平提高促进了农村居民工资收入的提高。③受粮食价格下降及肉类产量下降影响，农村居民经营净收入增长放缓。④国家支农惠农政策保证了农村居民转移性收入的较快增长。⑤社会保障力度加大促进了城镇居民转移性收入增长。

　　预计 2016 年中国居民收入仍将实现稳定增长。其主要原因如下：第一，产业结构优化将持续改善收入分配状况，居民收入占 GDP 的比重将进一步提高；第二，政府民生改革将促进居民转移性收入增长；第三，城镇化的推进将推动居民收入增长。预测结

① 本报告受国家自然科学基金项目（项目编号：71201162，71125005，61273208，71473244）和中国科学院 STS 行动计划资助，特此致谢！

果显示：2016 年中国居民人均可支配收入将达到 24 007 元，实际增长速度为 7.4％左右。其中，城镇居民人均可支配收入将达到 33 852 元左右，实际增长 6.7％左右；农村居民人均可支配收入将达到 12 505 元，实际增长 7.6％左右。从预测结果来看，2016 年中国居民收入将延续农村居民人均收入增长速度快于城镇居民的局面，城乡居民收入倍差将进一步缩小至 2.71 左右；但由于农村居民人均收入的基数明显低于城镇居民，城乡居民绝对收入差距仍将扩大。从总体上来看，全国居民人均可支配收入增速将快于 GDP 增速，居民收入占 GDP 的比重将进一步提高。

针对当前的形势，我们提出以下促进居民增收的政策建议：①将稳定经济增长速度作为经济工作的首要任务。②加快收入分配改革，改善劳动报酬在初次分配中比重较低的状况。③推进农业适度规模化经营，提高农业劳动生产率。

一、 引　　言

"十二五"以来，中国政府高度关注居民收入增长问题。改善收入分配格局，提高居民收入，缩小城乡差距是政府"十二五"期间的重要政策导向。十八届五中全会公报进一步强调了将"2020 年实现国内生产总值和城乡居民人均收入比 2010 年翻一番"作为 2020 年建成全面小康社会的目标。在政府重点关注收入分配改革、提高居民收入的背景下，中国居民收入在"十二五"期间出现了新的增长模式。其主要表现为：农村居民收入增速快于城镇居民收入增速，城乡收入倍差不断缩小；居民收入增速总体快于 GDP 增速，居民收入在国民收入中的比重不断提升；收入分配状况好转。

要实现 2020 年城乡居民收入比 2010 年翻一番的目标，中国城镇居民收入尚需保持平均每年 4.5％左右的增长速度，农村居民收入尚需保持平均每年 3.0％左右的增长速度。近几年，中国经济由高速增长期进入中高速增长期，经济增速正逐渐放缓。2015 年前三季度中国 GDP 增长速度比 2014 年同期下降了 0.5 百分点。2016 年中国 GDP 增速有进一步下滑的预期。在经济增长速度放缓的情况下，未来中国居民收入如何增长，城乡居民收入差距如何变化等已成为社会各界关注的话题之一。本报告对 2015 年中国城乡居民收入情况进行了回顾，并对 2016 年中国城乡居民收入增速及城乡居民收入差距的变化趋势进行了分析预测，最后针对当前的形势给出了促进居民收入增长的相关政策建议。

二、　2015 年中国居民收入回顾与分析

（一）　2015 年前三季度居民收入情况

加快居民收入增长，努力实现居民收入增长与经济发展同步是中央"十二五"规划的重要政策导向。在政府高度关注居民收入增长的背景下，2015 年中国居民收入实现

了稳定增长。国家统计局公布的统计数据显示：2015 年前三季度全国居民人均可支配收入为 16 367 元，同比名义增长 9.2%，扣除价格因素实际增长 7.7%，比前三季度 GDP 增长速度高出 0.8 百分点。居民收入在国民收入分配中的比重进一步提高。

从收入来源看（表 1），2015 年前三季度增长较快的收入来源为转移净收入和财产净收入。但与 2014 年同期相比，除转移净收入以外，所有收入来源的增速都出现了下降。其中，经营净收入增幅下降了 3.6 百分点。这在很大程度上是由粮食等主要农产品价格下跌以及肉类产量下降导致农村居民经营净收入增速下滑引起的。

表 1　中国居民人均可支配收入构成（单位：元/人）

收入来源	2014 年	2015 年
居民人均可支配收入	14 986（10.5%）	16 367（9.2%）
其中：工资净收入	8 606（9.8%）	9 385（9.1%）
经营净收入	2 628（10.3%）	2 805（6.7%）
财产净收入	1 192（14.2%）	1 313（10.1%）
转移净收入	2 560（11.5%）	2 865（11.9%）

注：括号内数字为名义增速

资料来源：国家统计局国家数据库

从城乡居民收入来看（图 1），2015 年前三季度中国城镇居民人均可支配收入为 23 512 元，同比名义增长 8.4%，扣除价格因素实际增长 6.8%，增幅比 2014 年同期下降。2015 年前三季度中国农村居民人均可支配收入为 8 297 元，同比名义增长 9.5%，扣除价格因素实际增长 8.1%，增幅比 2014 年同期下降，但比 GDP 增速高 1.2 百分点，比城镇居民人均可支配收入增速高 1.3 百分点。

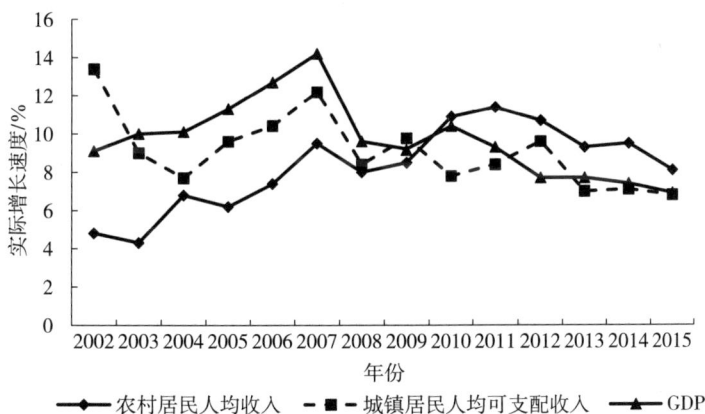

图 1　2002～2015 年前三季度中国城乡居民人均收入及 GDP 增速

2015 年农村居民收入为可支配收入，之前年份为纯收入

资料来源：国家统计局国家数据库

从总体来看，2015 年前三季度中国居民收入增长的特点为：①政府高度重视民生，

转移支付力度不断加大，居民转移净收入增长较快；②收入分配状况进一步得到改善，居民收入增速快于 GDP 增速，居民收入在国民收入分配中的比重在提高，农村居民收入增速快于城镇居民收入增速，城乡居民收入倍差在缩小。

（二） 2015 年居民收入增长因素分析

（1）产业结构优化改善了收入分配状况，推动居民工资净收入较快增长。2015 年前三季度，中国第二产业与第三产业增加值分别同比增长 6.0％与 8.4％。第三产业增加值增速比第二产业快 2.4 百分点，第三产业在 GDP 中的比重提高到 51.4％。与第二产业相比，第三产业具有吸纳就业能力强以及从业人员报酬占增加值比重高的特点。例如，2012 年第二产业 1 亿元增加值所吸纳的就业人数为 980 人，第三产业 1 亿元增加值所吸纳的就业人数为 1 190 人。第三产业吸纳就业的能力明显高于第二产业。根据 2012 年投入产出表计算，第二产业从业人员报酬占增加值的比重为 41.8％，而第三产业该比重为 45.4％，明显高于第二产业。第三产业在国民经济中比重的提高明显改善了收入分配状况，是实现居民收入增速快于 GDP 增速的重要原因。

（2）农村劳动力工资水平提高促进了农村居民工资收入的提高。2015 年中国农村务工人员的工资水平有较大幅度提高。一方面，在用工需求不断增加，而中国整体劳动力供给水平不断下降的情况下，"民工荒"问题在部分地区仍时时出现，许多企业因此提高了工资水平。另一方面，最低工资标准大幅度提升推动了农村务工人员工资水平的提高。据人力资源与社会保障部统计，2015 年前三季度，中国有 14 个省市提高了最低工资标准，上海、深圳的月最低工资标准已超过 2 000 元。由于中国很大一部分农民工的工资水平在最低工资标准附近，最低工资水平的提高在很大程度上推动了农村居民工资净收入的增长。

（3）受粮食价格下降及肉类产量下降影响，农村居民经营净收入增长放缓。2015 年中国粮食价格出现较大幅度下降，玉米收储价格下调约 10％，小麦价格也有较大幅度下降。另外，前三季度肉类产量与上年同期相比下降 1.3％。在此情况下，2015 年前三季度中国第一产业增加值达到 39 195 亿元，同比增长 3.8％，比 2014 年同期下降 0.4 百分点。农村居民家庭净收入增速因此放缓。

（4）国家支农惠农政策保证了农村居民转移净收入的较快增长。2015 年国家继续推进民生改革，惠民政策力度进一步加大。例如，2015 年新农村合作医疗人均补助标准达到 380 元，比 2014 年提高了 60 元，增长 18.8％。中国社会保障覆盖面的扩大以及力度的加大推动了农村居民转移净收入的快速增长。政府向居民的转移净支出在调节二次收入分配中起了重要作用。

（5）社会保障力度加大促进了城镇居民转移净收入增长。转移净收入是城镇居民的重要收入来源之一，约占城镇居民人均可支配收入的 17％。2015 年企业退休职工养老金调整再次上调 10％。这是自 2005 年以来连续第 11 年上调，目前月均养老金已经超过 2 000 元，8 000 名万企业退休人员因此受益。这充分体现了政府高度重视保障和改善民生，政府转移支付力度的加大保证了城镇居民转移净收入的稳定增长。

三、 2016 年中国居民增收形势分析及预测

（一） 2016 年城乡居民增收形势分析

1. 产业结构优化将持续改善收入分配状况，居民收入占 GDP 的比重将进一步提高

经济结构战略性调整，加快服务业发展是中国政府"十二五"期间转变经济发展方式的主攻方向。在政府大力发展服务业的政策推动下，近几年来中国第三产业在国民经济中的比重不断提升。2015 年前三季度第三产业增加值继续保持了快于第二产业的增长速度。第三产业在国民经济中的比重继续提升。从需求的角度来看，第三产业比重的提升主要得益于最终需求结构的变化。近几年随着固定资产投资增速的下滑，资本形成总额占 GDP 的比重下降，而最终消费（包括居民消费与政府消费）占 GDP 的比重上升。2015 年前三季度最终消费对 GDP 增长的贡献率比上年同期提高了 9.9 百分点。最终消费需求对第三产业的拉动作用要远远高于投资需求。最终消费比重的提高在很大程度上提升了第三产业在国民经济中的比重。此外，随着收入水平的提高，居民对服务业的需求将增加，服务业支出占居民消费的比重将不断提高。居民消费结构的变化也将带动第三产业在国民经济中比重的提升。

预计 2016 年第三产业在国民经济中的比重还将进一步提升。与第二产业相比，第三产业具有就业吸纳能力强、从业人员报酬占增加值比重高的特点。第三产业在国民经济中比重的上升将进一步改善中国收入分配状况，推动居民收入增长，提高居民收入占 GDP 的比重。

2. 政府民生改革促进居民转移净收入增长

2015 年政府惠民政策力度的加大在很大程度上促进了居民转移净收入的增长。企业退休职工养老金连续 11 年上调，城镇居民医疗保险与新农村合作医疗补助标准连续 7 年增长。在政府高度重视民生改革的背景下，作为政府调节收入分配的重要工具，预计 2016 年政府的转移支付力度仍将加大。企业退休职工养老金很有可能连续 12 年上调，居民医疗补助标准很有可能连续 8 年增长。

3. 城镇化的推进将推动居民收入增长

近几年中国城镇化率保持了较快增长。城镇化率已由 2010 年的 49.9％上升到 2014 年的 54.8％，年均提高约 1.2 百分点。城镇化一方面通过农村劳动力转移可以提高农业劳动生产率，进而促进农村居民的经营收入增长。在城镇化进程中，中国第一产业劳动生产率（第一产业增加值与第一产业就业人员数之比）已由 2010 年的 14 512.3

元/人 提高到 2014 年的 25 597.2 元/人（现价）。另一方面，相关研究发现追求收入增长是劳动力流动的主要目的，城镇化过程中新转移到城镇就业的劳动力通常会获得高于转移之前的收入水平。因此，城镇化也将促进新转移劳动力的收入增长。

2014 年国务院新出台了关于进一步推进户籍制度改革的意见，将进一步调整人口迁移政策，统一城乡户口登记制度，合理引导农村人口向城镇转移。人口迁移政策的积极调整将进一步推动城镇化进程，从而促进居民收入尤其是农村居民收入的增长。

4. 粮食价格大幅下降将影响农村居民经营收入增速

2015 年中国粮食价格大幅下降，农民的粮食生产净收入因此出现较大幅度下滑。这将在很大程度上影响农民的种粮积极性，2016 年粮食产量减产的可能性很大。农民的经营净收入增速将因此受到负面影响。

当前，政府已经意识到粮食价格大幅下跌所可能产生的负面影响。在 2015 年 11 月 11 日李克强总理主持召开的国务院常务会议上，确定了稳定粮食生产、增加种粮收入的措施，以此来保障中国粮食安全和农民利益。其主要措施包括：改革粮食价格形成和收储机制，完善玉米、大豆补贴政策，小麦、稻谷等口粮品种继续实行最低收购价政策，扩大"粮改饲"试点范围，促进种植结构调整等。政府采取的一系列稳定粮食生产、保护农民种粮利益的措施将在一定程度上减轻粮食价格下跌对农民收入的冲击。

（二） 2016 年居民收入预测

在对 2016 年城乡居民增收形势分析的基础上，我们利用系统综合因素预测法对 2016 年中国居民人均可支配收入进行了初步预测。预测结果如表 2 所示。

表 2　2016 年中国居民收入预测结果

城乡居民收入	收入/元	实际增长速度/%
居民人均可支配收入	24 017	7.4
城镇居民人均可支配收入	33 852	6.7
农村居民人均可支配收入	12 505	7.6

预测结果显示：2016 年中国居民人均可支配收入将达到 24 017 元，实际增长速度为 7.4% 左右。其中，城镇居民人均可支配收入将达到 33 852 元左右，实际增长速度为 6.7% 左右；农村居民人均可支配收入将达到 12 505 元，实际增长 7.6% 左右。从预测结果来看，2016 年中国居民收入将延续农村居民人均收入增长速度快于城镇居民的局面，城乡居民收入倍差将进一步缩小至 2.71 左右；但由于农村居民人均收入的基数明显低于城镇居民，城乡居民绝对收入差距仍将扩大。从总体上来看，全国居民人均可支配收入增速将快于 GDP 增速，居民收入占 GDP 的比重将进一步加大。

四、 促进居民增收的政策建议

1. 稳定经济增长速度

保持较快的经济增长速度是增加就业、提高居民收入的前提。历史经验表明，在经济增长速度下滑较快的年份，居民收入增速通常也会有较大幅度的回落。2008 年，受国际金融危机影响，中国的经济增长速度出现较大幅度下滑，同年农村居民人均纯收入增速与城镇居民人均可支配收入增速分别下滑了 1.5 百分点和 3.8 百分点。2011～2013 年，在外部需求减弱、经济结构调整等因素的影响下中国的经济增长速度逐步放缓。在经济增速持续放缓的情况下，2013 年中国居民收入增速出现较大幅度回落。从提高居民收入的角度出发，建议政府仍要将稳定经济增长速度作为当前宏观经济工作的首要任务。在稳定经济增长的前提下，逐步推进经济发展方式转变，提高经济增长质量。

2. 加快收入分配改革，改善劳动报酬在初次分配中比重较低的状况

在保证经济增长的前提下，通过改善收入分配格局，提高居民收入在国民收入中的比重，是促进居民收入增长的重要手段。当前中国收入分配格局中存在的重要问题之一是劳动报酬占 GDP 的比重偏低。从国际经验来看，美国、日本、德国等发达国家劳动报酬占 GDP 的比重一般在 50% 以上，美国、德国等国家甚至接近 60%；并且从时间维度来看，这些国家的劳动报酬比重都比较稳定。中国的劳动报酬占 GDP 的比重在 40% 左右，远低于发达国家以及巴西等发展中国家，且下降趋势明显。近两年，尽管随着第三产业在国民经济中的比重不断上升以及最低工资标准的不断提高，劳动报酬占 GDP 比重下降的趋势有所好转。但各产业内部的收入分配状况仍需进一步改善。建议加快落实收入分配改革，健全工资决定和正常增长机制，改善劳动报酬在 GDP 中比重较低的状况。

3. 推进农业适度规模化经营，提高农业劳动生产率

受耕地、水等资源限制，当前中国农产品增产的难度越来越大。另外，目前国内主要农产品价格已经普遍高于国际市场价格。因此，在当前由大量农村劳动力参与的农业分散经营模式下，农村居民依靠农产品增产、农产品价格上涨来增加收入将变得越来越困难。挖掘农村居民家庭经营收入的增长潜力还需从提高农业劳动生产率入手。建议尽快落实户籍制度改革，加快农业劳动力向城镇转移，降低农业就业人员数量；同时加快土地流转，实现农业适度规模化经营，提高农业劳动生产率，以此增加农村居民的家庭经营收入。

行业经济景气分析与预测

2016 年中国农业生产形势分析与展望①

杨翠红　　陈锡康

报告摘要： 2015 年中国农业生产遭遇了不同程度的自然灾害，特别是部分秋粮主产区如东北、华北等省区夏秋季节出现的持续高温干旱，对全年粮食生产造成了一定程度的影响。但通过努力，中国最终将实现 2004 年以来的粮食产量"十二连增"。2015年全国夏粮总产量达到 2 821.3 亿斤（1 斤＝0.5 公斤），比 2014 年增加 89.4 亿斤，增长 3.3％；早稻总产量达到 673.8 亿斤，比上年减少 6.4 亿斤，下降 0.9％。就秋粮来看，虽然生长期干旱影响了粮食产量的增幅，但秋粮的主产区东北三省均有望增产。

展望 2016 年，我们对粮食、棉花和油料的主要分析和预测如下。

第一，预计 2016 年中国粮食播种面积将出现较大幅度减少。初步预测全国粮食播种面积将达到 112 100 千公顷左右，比 2015 年下降 1 200 千公顷，即 1 800 万亩（1亩≈666.67 平方米）左右。如果后期天气正常，不出现大的自然灾害，2016 年全年粮食产量有可能减产。其中，预计夏粮产量将保持稳定略增的态势，秋粮产量将可能较大幅度地减产。初步预计 2016 年粮食产量将比 2015 年减少 300 亿斤左右。2016 年中国粮食生产既有有利条件，同时又面临着一些不利因素的严峻考验。有利条件主要为：2015～2016 年度秋冬播小麦面积增加，冬小麦出苗整齐，给夏粮增产奠定了基础；中央和各省市继续加大对农业和粮食生产的支持力度等。不利因素为：粮食价格大幅下跌；农民收入将有较大幅度下降；"卖粮难"问题重新出现，这些因素将严重挫伤粮农的种粮积极性。

第二，预计 2016 年中国棉花播种面积将继续减少，减幅在 15％左右。在天气正常的情况下，产量也将进一步下降。其主要依据为：2015 年全年棉花价格呈现明显的下行趋势，虽然和 2013 年、2014 年相比降幅有所缩小。再加上植棉成本特别是人工成本提高较快，棉农收益减少；受全球经济复苏缓慢的影响，中国纺织服装出口下降；棉花下游纱线企业对棉花需求不振，无法有效提振对棉花的需求；全球棉花供给宽松，新兴经济体经济增长乏力，需求无明显好转，预计短期国际棉价仍将低位震荡。此外，棉花用工较多，费时费力等。这些因素相互交织均会严重影响农民的植棉积极性。

第三，预计 2016 年中国油料播种面积将小幅增加，其中油菜播种面积减少，花生播种面积增加。如果后期天气正常，预计油料仍会实现增产。主要依据有：受国家取消油菜籽托市收购等政策调整、2015 年全年油菜籽价格下降和种植效益下降等因素影响，

---

① 本报告得到国家自然科学基金委员会资助（项目编号：71125005，61273208，71473244），特此致谢！

农民秋冬播油菜积极性严重受挫，长江流域产区调减了油菜种植面积；2015 年以来花生价格有大幅度上升，提高了农民种植花生的积极性。预计 2016 年花生播种面积将有一定幅度的增加。除了价格、收益因素提高农民的种植积极性以外，客观来看，调减的一部分玉米种植面积可能有一定比例转种花生。

为保证 2016 年及以后农业生产形势的稳定发展，我们提出如下建议。

（1）建议适当地降低中国粮食的自给水平，实行粮食分类自给率政策。建议保证口粮（水稻+小麦）的高度自给，可将自给率定在 98%；对于谷物可适当降低自给水平，建议定在 90%；而广义的粮食（谷物+豆类+薯类）自给率可定在 80%。

（2）加快水利设施建设，特别是重点产粮区的灌排设施建设，提高抗击自然灾害特别是抵抗旱灾的能力，降低自然灾害对粮食生产的影响。

一、 2015 年中国农业生产形势回顾

1. 2015 年中国粮食产量实现了自 2004 年以来的"十二连增"，夏粮、秋粮增幅较大，早稻产量下降

根据国家统计局对全国 31 个省（自治区、直辖市）（不包括香港、澳门、台湾）农业生产经营户的抽样调查和农业生产经营单位的全面统计，2015 年全国粮食播种面积、单位面积产量、粮食总产量如下[①]：① 全国粮食播种面积为 113 340.5 千公顷（170 010.7 万亩），比 2014 年增加 617.9 千公顷（926.9 万亩），增长 0.5%。其中谷物播种面积为 95 648.9 千公顷（143 473.4 万亩），比 2014 年增加 1 045.4 千公顷（1 568.1 万亩），增长 1.1%。②全国粮食单位面积产量为 5 482.9 公斤/公顷（365.5公斤/亩），比 2014 年增加 97.8 公斤/公顷（6.5 公斤/亩），提高 1.8%。其中谷物单位面积产量为 5 982.9 公斤/公顷（398.9 公斤/亩），比 2014 年增加 90.8 公斤/公顷（6.1公斤/亩），增长 1.5%。③全国粮食总产量为 62 143.5 万吨（12 428.7 亿斤），比 2014年增加 1 440.8 万吨（288.2 亿斤），增长 2.4%。其中谷物产量为 57 225.3 万吨（11 445.1 亿斤），比 2014 年增加 1 484.6 万吨（296.9 亿斤），增长 2.7%。

分粮食品种看，2015 年夏粮和秋粮产量增幅较大，早稻产量下降。

根据对全国 26 个夏粮生产省（自治区、直辖市）的调查，2015 年全国夏粮播种面积、单位面积产量、总产量如下[②]：①全国夏粮播种面积为 27 692.3 千公顷（41 538.4万亩），比 2014 年增加 110.7 千公顷（166.1 万亩），增长 0.4%。其中，谷物播种面积为 24 057.4 千公顷（36 086.1 万亩），比 2014 年增加 131.5 千公顷（197.3 万亩），增长 0.5%。②全国夏粮单位面积产量为 5 094.0 公斤/公顷（339.6 公斤/亩），比 2014

---

① 国家统计局. 国家统计局关于 2015 年粮食产量的公告. http://www.stats.gov.cn/tjsj/zxfb/201512/t20151208_1286449.html, 2015-12-08.

② 国家统计局. 国家统计局关于 2015 年夏粮产量数据的公告. http://www.stats.gov.cn/tjsj/zxfb/201507/t20150715_1214986.html, 2015-07-15.

年增加 141.6 公斤/公顷（9.4 公斤/亩），提高 2.9%。其中谷物单位面积产量为 5 412.4 公斤/公顷（360.8 公斤/亩），比 2014 年增加 145.6 公斤/公顷（9.7 公斤/亩），增长 2.8%。③全国夏粮总产量为 14 106.6 万吨（2 821.3 亿斤），比 2014 年增产 447.0 万吨（89.4 亿斤），增长 3.3%。其中，谷物产量为 13 020.9 万吨（2 604.2 亿斤），比 2014 年增加 419.5 万吨（83.9 亿斤），增长 3.3%。

国家统计局发布的全国早稻生产数据显示[1]，全国早稻总产量为 3 369.1 万吨（673.8 亿斤），比 2014 年减产 32 万吨（6.4 亿斤），下降 0.9%。其中，2015 年全国早稻播种面积为 5 715.4 千公顷（8 573.1 万亩），比 2014 年减少 79.5 千公顷（119.3 万亩），下降 1.4%；全国早稻单位面积产量为 5 894.8 公斤/公顷（393.0 公斤/亩），比 2014 年增加 25.6 公斤/公顷（1.7 公斤/亩），增长 0.4%。

2015 年全国秋粮产量为 44 662.4 万吨（893.2 亿斤）[2]，比 2014 年增加 1 013.1 万吨（202.6 亿斤），增加 2.3%。其中，2015 年全国秋粮播种面积为 79 932.8 千公顷（119 899.2 万亩），比 2014 年增加 593.1 千公顷（889.6 万亩），增加 0.7%；全国秋粮单位面积产量为 5 587.5 公斤/公顷（372.5 公斤/亩），比 2014 年增加 85.9 公斤/公顷（5.7 公斤/亩），提高了 1.6%。

2. 2015 年中国棉花播种面积继续减少，棉花产量仍将下降

根据《全国农产品成本收益资料汇编 2015》，2014 年中国棉花每 50 公斤主产品平均出售价格为 666.39 元，比 2013 年下降 28.62%，为 2010 年以来的最低点。虽然全国平均每亩单产达到 98.08 斤，创下历史新高点，但由于价格下降幅度较大，亩均产值下降至 1 592.17 元，比 2014 年下降 18.87%，降幅较大。与此同时，亩均总成本却增加了 5% 左右，造成 2014 年植棉的亩均现金收益全国平均仅为 747.24 元，比 2013 年减少 475.93 元，降幅达到了 38.91%。相比之下，2014 年三种粮食的亩均现金收益为 710.44 元，和棉花比较接近。但是两者的每亩用工数量差别很大，当年棉花用工（18.23 日）平均约是三种粮食平均用工（5.87 日）的 3.1 倍。从主要棉区来看，全国棉花单产增加主要来自于新疆（西北棉区），湖南、江西、安徽（长江流域棉区），河北、山东（黄河流域棉区），单产增加幅度在 5%～30%，其中山东增幅最高，为 29.26%；甘肃、湖北、江苏和陕西单产则分别比上年下降 6.31%、3.91%、20.17% 和 4.48%。2014 年棉花的价格和收益均大幅度下降，且均呈大幅度亏损状态（图 1），极大地挫伤了农民的植棉生产积极性，棉花的种植面积进一步减少。

---

[1] 国家统计局 . 2015 年全国早稻产量 3369 万吨（673.8 亿斤）. http://www.stats.gov.cn/tjsj/zxfb/201508/t20150821 _ 1233725.html，2015-08-21.

[2] 国家统计局 . 国家统计局关于 2015 年粮食产量的公告 . http://www.stats.gov.cn/tjsj/zxfb/201512/t20151208 _ 1286449. html，2015-12-08.

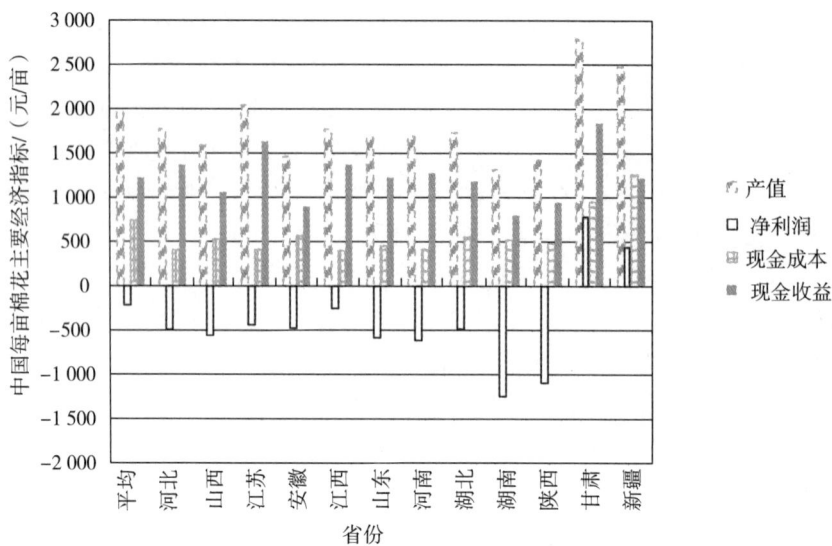

（a）2013年

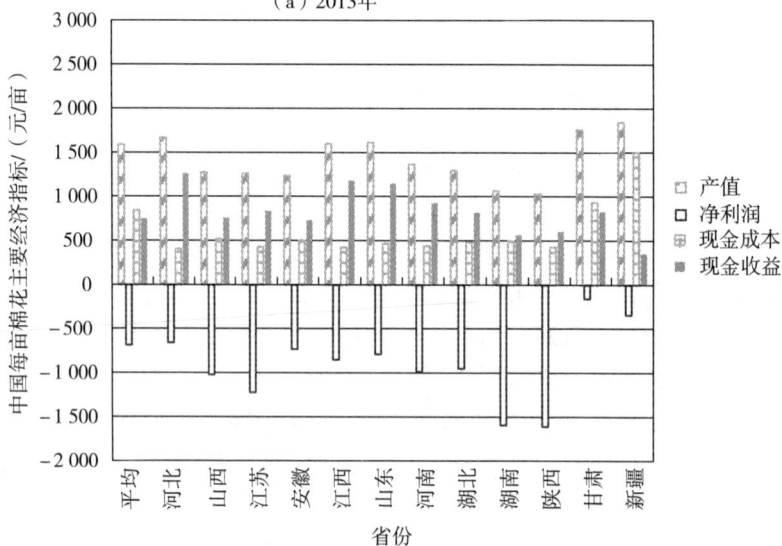

（b）2014年

图1　2013年和2014年中国每亩棉花的主要经济指标比较

　　关于中国棉花的种植面积，国家统计局、中国棉花协会、中国储备棉管理总公司和中国农科院棉花研究所等单位都进行了农民种植棉花的意向调查。调查结果显示趋势一致，全国棉花种植面积将有较大幅度的下降，幅度从11％到24％不等。例如，2015年4月15日，国家统计局发布的《一季度国民经济开局平稳》一文指出，根据全国11万多农户种植意向调查，2015年棉花播种面积比2014年减少11.2％；中国棉花协会2015年3～4月的调查显示，2015年度全国植棉面积下降24％；中国储备棉管理总公司承建的国家棉花市场监测系统于2015年3月中旬就15个植棉省（自治区）、85个植棉县（市、团场）、4 250个定点植棉信息联系户进行了调查。调查结果显示，2015年全国植棉意向面积为 5 118.7 万亩，同比减少 1 291.1 万亩，降幅达 20.1%，降幅较 2014 年 11 月调查结果扩大 5.6 百分点。

根据我们对 8 个棉花主产省（自治区）的调查，并结合目前的一些数据，预计 2016 年中国棉花种植面积将下降 18% 左右，产量将下降 15% 左右。

3. 2015 年油料总播种面积将减少，其中花生播种面积增加，油菜籽播种面积减少，预计油料总产量将增加

受 2014 年以来花生仁价格大幅上涨的影响（图 2），2015 年中国花生种植面积有所增加。受国外廉价的食用植物油和油菜籽大量进口的冲击，近年来，国内油菜籽价格一直呈现疲弱状态（图 3），农民种植油菜籽的积极性减弱。2015 年中国夏收油菜籽种植面积下降，由于天气较好，油菜籽单产较 2014 年有所增加，油菜籽实现增产。国家统计局 2015 年 7 月 15 日发布的数据显示，夏收油菜籽产量为 1 388 万吨，比上年增加 16 万吨，增长约 1.2%。

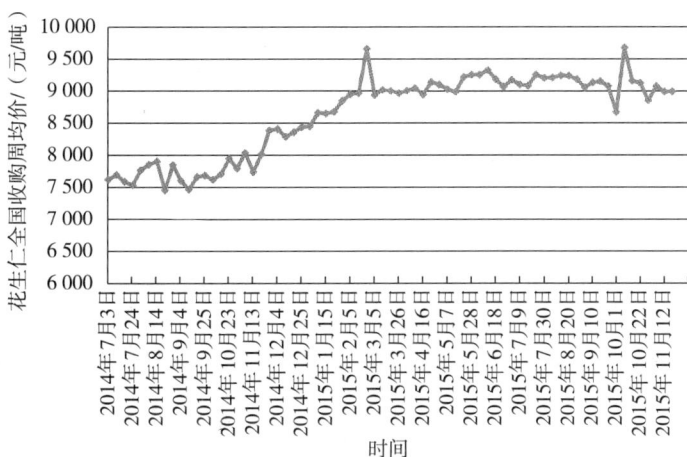

图 2　2014 年 7 月到 2015 年 11 月花生仁全国收购周均价走势图

资料来源：根据中华粮网（http://price.cngrain.net/sinoprice/LPIndex.aspx? id=52）数据整理

我们预计，2015 年中国油料产量将约为 3 570 万吨，增幅在 1.5% 左右。

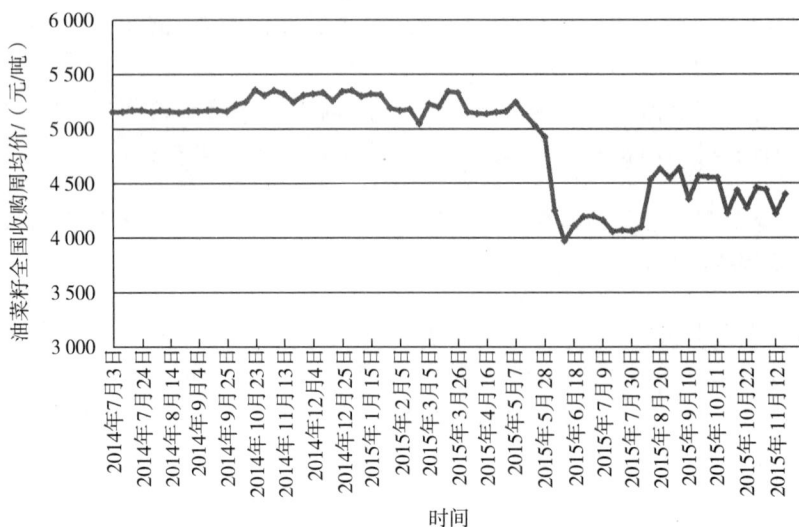

图 3　2014 年 7 月到 2015 年 11 月油菜籽全国收购周均价走势图

资料来源：根据中华粮网（http://price.cngrain.net/sinoprice/LPIndex.aspx? id=8）数据整理

二、　2016 年中国农业生产形势初步判断

（一）　2016 年粮食生产形势分析

预计 2016 年中国粮食播种面积将可能出现较大幅度减少。初步预测 2016 年全国粮食播种面积为 112 100 千公顷左右，比 2015 年下降 1 200 千公顷，即 1800 万亩左右。如果后期天气正常，不出现大的自然灾害，2016 年全年粮食产量有可能减产。预计夏粮产量将保持稳定略增的态势，秋粮产量将可能较大幅度减产。初步预计 2016 年粮食产量将比 2015 年减少 300 亿斤左右。粮食生产形势分析如下。

粮食生产的有利条件包括以下两方面。

（1）夏粮播种面积稳中略增，如果春季不出现严重的干旱，预计夏粮会继续增产。2015～2016 年度全国冬小麦种植面积继续呈现增加趋势。农业部要求秋冬种要按照"稳中求进"的原则，稳定播种面积，努力提高单产，力争冬小麦面积稳定在 3.38 亿亩，冬油菜面积稳定在 1 亿亩以上。2015 年 11 月 19 日，农业部种植管理司副司长潘文博在"当前粮食相关政策新闻通气会"上表示[1]，农业部预计 2015 年秋冬种粮食面积增加近 130 万亩，其中冬小麦增加 60 万亩，且目前为止出苗整齐，长势较好。小麦生产大省河南的小麦播种面积稳中略增，比上年增加 28.5 万亩。

---

[1]　王思博. 中国 2015 年秋冬种粮食面积预计增加 130 多万亩. http://www.chinanews.com/cj/2015/11-19/7632017.shtml，2015-11-19.

（2）中央和各省市继续加大对农业和粮食生产的支持力度。中央有关部门决定稳定小麦最低收购价：为保护农民利益，防止"谷贱伤农"，2015 年 10 月 11 日，国家发展和改革委员会公布，2016 年政府将继续在小麦主产区实行最低收购价政策。综合考虑粮食生产成本、市场供求、国内外市场价格和粮食产业发展等各方面因素，经国务院批准，2016 年生产的小麦最低收购价为每 50 公斤 118 元，保持 2015 年水平不变，以稳定粮食生产，促进粮食产业健康发展。

国务院总理李克强在 2015 年 11 月 11 日主持召开的国务院常务会议重申了稳定粮食生产增加种粮收入、保障粮食安全和农民利益的措施。会议指出，"我国粮食连年增产，今年再获丰收，有力支撑了经济社会发展和民生改善，但也存在库存大幅增加、价格下降等问题。当前正值秋收冬种，要多措并举，切实保护农民利益和种粮积极性"。"要改革粮食价格形成和收储机制，完善玉米、大豆补贴政策，小麦、稻谷等口粮品种明年继续实行最低收购价政策。"

2015 年 11 月 12 日，依据《国务院关于建立健全粮食安全省长责任制的若干意见》，国务院办公厅近日印发《粮食安全省长责任制考核办法》，这是国务院办公厅第一次以专门文件明确省级人民政府的粮食安全责任考核，是深入贯彻落实新形势下的国家粮食安全战略、全面落实地方粮食安全主体责任、切实保障国家粮食安全的新举措。预计各省市也会出台具体措施以稳定粮食生产。

在中国粮食生产和供需出现新形势的情况下，这些政策和措施的出台将在一定程度上保证农民的种粮积极性。

粮食生产的不利因素包括以下三个方面。

（1）粮食价格大幅下降。2015 年 8 月以来三种主要粮食价格出现较大幅度下跌，农民收入将有较大幅度下降，严重挫伤粮农的种粮积极性，预计 2016 年粮食价格将继续在低位运行。

2015 年 8 月以来，粮食主产区的玉米、小麦价格均出现了不同程度的下跌（图 4）。其中，玉米价格下跌明显，7 月 30 日全国玉米收购周均价为 2 260 元/吨，到 10 月 30 日降至 1 761 元/吨，降幅达 22%。分地区来看，以黑龙江哈尔滨玉米的出库价格为例，11 月 10 日为 1 960 元/吨，而 8 月 10 日则为 2 230 元/吨，三个月间跌幅达到 12%；同期辽宁沈阳玉米出库价格下降 17%。

小麦收购价格在国庆节前也经历了一轮断崖式下跌。河南郑州普通小麦的进厂价从 10 月 9 日前后的 2 510 元/吨降至 11 月 10 日的 2 300 元/吨，下降幅度超过 8%。目前，水稻收购价总体稳定，但部分地区较往年也有小的跌幅。粮食丰收，粮价大跌，农民收入直线下降。

目前，国内外粮食供求总体宽松，国际粮价低位运行，国内外粮食价差仍然较大。预计 2016 年中国粮食价格将继续在低位运行。

（2）粮价下跌，农民种粮收益下降。吉林省价格监测机构 2015 年 10 月中旬的专项

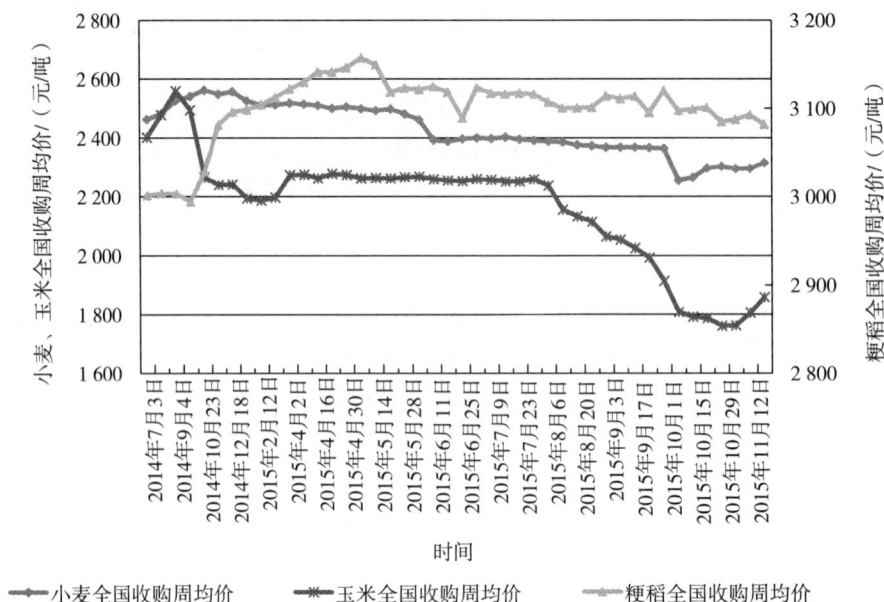

图 4　2014 年 7 月至 2015 年 11 月三种主要粮食全国收购周均价走势图

资料来源：根据中华粮网（http://price.cngrain.net/sinoprice/AvgPrice.htm）数据整理

调查和初步测算显示[①]，2015 年全省玉米、粳稻亩均产量分别为 453.16 斤、532.06 斤，与上年相比，玉米下降 13.5%，粳稻产量基本持平。亩均总成本分别为 1 303.23 元、1 544 元，涨幅分别为 9.56% 和 6.14%。在总成本构成中，人工成本涨幅显著，两种作物涨幅均超过 10%。由于粮食产量和价格下降、成本上升，预计 2015 年收益均比上年减少，玉米、粳稻净利润分别下降 52.85%、5.61%。2016 年由于粮价继续下降，种植粮食的生产成本，特别是人工成本不断上升，种粮收益将继续下降。

（3）在国外大量廉价进口粮的冲击下，不仅粮价下跌，而且国产粮食销售困难，出现农民"卖粮难"现象。以玉米为例，中国海关总署发布的数据显示，2015 年 7 月中国进口的玉米以及替代品（包括大麦、高粱和玉米酒糟粕）数量创下历史新高。其中，7 月中国玉米进口量为 111 万吨，比上年同期提高了 10 倍左右；7 月中国大麦进口量为 128 万吨，比上年同期提高 68%；7 月中国高粱进口量达到 111 万吨，同比提高 183%。各大粮食加工企业和饲料生产企业为了降低成本，不得不购买价格低廉的进口玉米或高粱、大麦等作物替代玉米，以致国产粮食销售困难，多地出现农民"卖粮难"现象，将严重打击农民的生产积极性。

----

① 吉林省发展和改革委员会. 2015 年吉林省粮食生产和市场价格情况调查. http://www.jldrc.gov.cn/jgcs/xtc/jgxx/201511/t20151124_9261.html，2015-11-24.

（二） 2016 年棉花生产形势分析

预计 2016 年棉花播种面积将继续减少，和 2015 年相比减少约 15％左右。在天气正常的情况下，产量也将进一步下降。其主要判断依据如下。

第一，2015 年棉花价格呈现明显的下行趋势，虽然和 2013 年、2014 年相比降幅有所缩小。再加上植棉成本特别是人工成本提高较快，棉农收益减少。受国际金融危机和欧洲债务危机影响，近年来对纺织品的需求减少，造成棉花生产相对过剩，2011 年以来中国的棉花价格一直呈现震荡下降的态势，下滑幅度较大。以中国 3128B 级皮棉的价格为例，2013 年 9 月月度平均价格为每吨 19 151 元，到 2014 年 9 月，月均价仅为每吨 16 590 元，一年间棉价每吨下降了 2 561 元，降幅为 13.4％；2015 年以来中国棉花价格延续了下跌的态势，2015 年 9 月均价每吨 13 062 元，比上年同期下降 21.3％（图 5）。

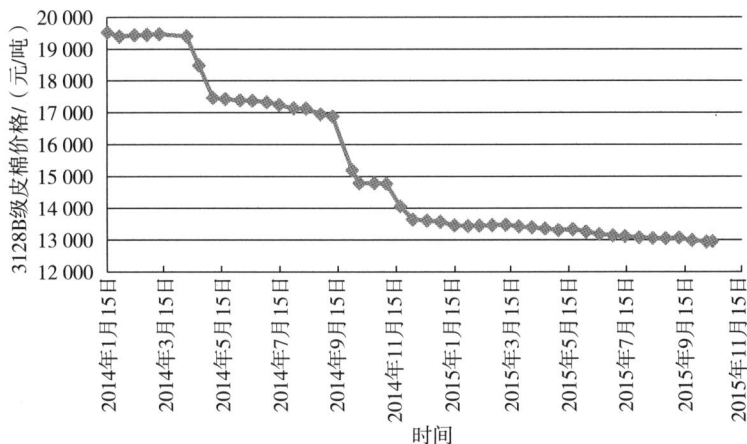

图 5　2014 年 1 月以来中国 3128B 级皮棉价格趋势图（月中和月末价格）
资料来源：根据中国棉花协会（http://www.china-cotton.org/list.php? id＝20）数据整理

由于棉花价格处于低位，中国主产棉区棉农收益下降。2015 年新疆维吾尔自治区棉花平均收购价格约为 5.4 元/斤[①]，较上年下降约 15％左右，但棉花亩均种植成本预计与上年相比波动不大。2015 年新疆棉花目标价格调减为 19 100 元/吨，预计也对棉农收益造成一定影响。如果按单产和上年持平估算，预计新疆棉农亩均收益将有较大幅度的下降。根据记者对新疆阿克苏等棉区的调查，已经有不少棉农表达了 2016 年减少棉花种植面积的意向[②]。山东德州是棉花主产区，由于 2014 年德州棉花生产的净利润降

[①]　新疆维吾尔自治区发改委．新疆维吾尔自治区发改委对南疆三地区棉花价格成本收益情况进行调研．http://www.china-cotton.org//app/html/2015/11/18/75435.html，2015-11-18.

[②]　徐蒙．2015 年新疆棉花调查：产量价格齐跌　棉农还贷困难．http://www.cottonchina.org/news/pubzmb.php? articleid＝189614，2015-11-11.

到了近十年来的最低点，2015 年棉花面积比上年调减了 40％左右。根据其主产县夏津县物价局 11 月中下旬对调查户棉花生产成本与收益情况的调查，与上年相比，棉花单产略降、棉价降幅较大（7.7％），造成产值回落、净利润下降。2015 年亩均产值为 1 465.64 元，同比下降约 5％，亏损 520.32 元，与上年同期的亏损 369.96 元相比，增加 150.36 元。

第二，受全球经济复苏缓慢的影响，中国纺织服装出口下降；棉花下游纱线企业对棉花需求不足，无法有效提振对棉花的需求。

2015 年 1～10 月，中国纺织、服装出口额下降，其中纺织品出口 910.90 亿美元，同比下降 1.93％，服装出口 1 439.50 亿美元，同比下降 7.48％。作为棉花最直接的需求者——纱产量 2015 年的增幅出现较大幅度回落。2015 年 1～10 月，中国纱累计产量为 3 280.28 万吨，同比增长 3.17％，而 2014 年同期纱产量增幅为 9.35％。

受纺织品服装出口下滑、棉花需求持续不振、新棉上市棉花供给过剩等因素影响，预计短期内国内棉价仍将呈震荡下行态势。另外，中国棉花库存较高，根据中国棉花协会公布的数据，2013～2014 年度棉花期末库存为 1 281.4 万吨，2014～2015 年度为 1 356.8 万吨，预计 2015～2016 年度为 1 323.8 万吨，均属于过高库存。

全球棉花供给宽松，新兴经济体经济增长乏力，需求无明显好转，预计短期国际棉价仍将低位震荡。

（三） 2016 年油料生产形势分析和预测

预计 2016 年中国油料播种面积会小幅增加，其中油菜播种面积减少，花生播种面积增加。如果后期天气正常，预计油料将增产。

2016 年度油菜籽生产形势不容乐观。受政策调整、种植效益下降等因素影响，农民秋冬播油菜积极性严重受挫，2016 年长江中下游地区调减油菜籽种植面积。第一油菜生产大省湖北省油菜办的信息显示[①]，2015 年该省秋冬播油菜种植面积预计为 1 750 万亩，和夏收的 1 877 万亩（2014 年秋冬播的油菜种植面积）相比，减少 127 万亩。

2015 年国家取消油菜籽托市收购，而实行"省级政府＋中央补贴"相结合的政策。油菜籽收购数量降低幅度较大，价格波动下降。如图 3 所示，2015 年 5 月下旬，油菜籽全国收购均价经历了一个断崖式的下降过程，到 7 月 30 日的两个月间下降了约 20％。之后环比有所上升，但 9 月下旬以后又出现了震荡下降。11 月中旬油菜籽价格和 2014 年同期相比下降了 16％左右。

2015 年油菜籽种植收益大幅度降低。由于 6 月以来油菜籽价格大跌，部分产区下跌幅度超过 30％，主产区收益普遍下降。例如，江西省虽然油菜籽单产增加，但价格下跌，调查户收益大幅下降，2015 年亩均净利润为－52.68 元，同比减少 108.43 元；成本利润率为－7.76％，同比降低 16.89 百分点。成本构成中增加最大的是家庭用工折

价，亩均 57.18 元，因其不计入现金成本，调查户亩均现金收益为 429.23 元，同比减少 48.26 元，减幅明显低于净利润减幅。

由图 2 可见，2015 年以来花生价格有大幅度上升，从 1 月到 11 月，平均上升幅度为 6.4%。预计 2016 年播种面积将有一定幅度的增加。除了价格、收益因素提高农民的种植积极性外，由于粮食播种面积减少，调减的一部分玉米种植面积可能转种花生。

三、 政 策 建 议

1. 建议适当地降低中国粮食的自给水平，实行粮食分类自给率政策

1996 年《中国的粮食问题白皮书》中首次提及了"95% 的粮食自给率"红线；而 2008 年的《国家粮食安全中长期规划纲要》则再次明确提出了"我国粮食自给率要稳定在 95% 以上"。虽然自 2004 年以来中国粮食生产已连续十二年增产，但是粮食需求增速快于生产增速，且近几年来国内外粮食价格倒挂，粮食的净进口量大幅度增加，中国粮食的自给率已经悄然下降。2003 年中国粮食净进口量为 10.6 亿斤，粮食自给率为 99.9%，为高度自给；2010 年降为 90.9%，2014 年中国粮食净进口量为 1 798 亿斤，粮食自给率已经降低到 87.1%。

中国粮食生产成本已经高于不少发达和发展中经济体，因此盲目地追求高的粮食自给率不但成本高昂，而且不是非常必要。但需要保证口粮（水稻＋小麦）的高度自给，可将自给率定在 98%；对于谷物可适当降低自给水平，建议定在 90%（谷物中除三种主要粮食外尚包括很多别的作物）；而广义的粮食（谷物＋豆类＋薯类）自给率可定在 80%。

2. 加快水利设施建设，特别是重点产粮区的排灌设施建设，提高抗击自然灾害特别是抵抗旱灾的能力，降低自然灾害对粮食生产的影响

目前，中国农田有效灌溉面积仅占耕地面积的 47.8%，还有过半数的耕地是"靠天田"，缺少基本灌溉条件，东北地区比例更低。东北四省区是中国的秋粮主产区，但长期以来饱受旱灾的严重困扰。例如，2014 年由于持续的旱灾，辽宁省秋粮减产 88 亿斤。东北地区灌溉条件不仅差于华北黄淮地区，有效灌溉面积占耕地面积的比重也低于全国平均水平。2014 年，河南、山东、河北的有效灌溉面积占耕地面积的比重分别为 62.7%、64.2% 和 67.2%，而黑龙江、吉林、辽宁和内蒙古有效灌溉面积的占比则分别只有 33.4%、23.2%、29.5% 和 32.7%。

2016 年中国主要工业行业发展分析与预测[①]

王　珏　陆凤彬　任晓勋　崔晓杨　刘　洋
胡蓝艺　齐　琛　王　伟　云　昕　李雪蓉等

报告摘要：2015 年中国主要工业行业运行总体低迷。受经济增长乏力及产能过剩的影响，工业产业固定资产投资完成额增速回落，工业生产持续低迷，工业企业出口大幅下滑。本报告以汽车、钢铁、煤炭行业为例，分析了 2015 年主要工业行业运行情况，对 2016 年行业景气走势及重要运行指标进行预测。

汽车行业：2015 年中国汽车产销增速放缓，库存居高不下，行业整体处于低迷态势。展望 2016 年，中国汽车行业面临诸多挑战，库存量较高仍是 2016 年汽车市场面临的主要压力，汽车产销低速增长将成为常态。计量经济模型预测显示，2015 年中国汽车产量和销量分别约为 2 403.1 万辆、2 431.4 万辆，同比增长分别约为 1.3% 和 3.5%。2016 年中国汽车产量为 2 487.2 万辆，同比增长约 3.5%；汽车销量为 2 567.6 万辆，同比增长 5.6%。未来，汽车保有量较低的中西部地区依然是市场增量的主要来源，新能源和自主品牌汽车有望成为汽车行业新的驱动力。此外，汽车电商、汽车金融等汽车后市场将继续成为市场追逐的热点。

钢铁行业：2015 年中国钢铁行业运行和景气状况低迷，行业产能过剩、盈利能力差、效率低下等问题依旧严峻。展望 2016 年，钢铁行业景气将继续维持低位运行态势。计量经济模型预测显示：2015 年全年粗钢产量为 8.11 亿吨左右，同比下降约 2.30%；钢材产量为 11.27 亿吨左右，同比增长约 0.90%。2016 年全年粗钢产量为 7.86 亿吨左右，同比下降约 3.10%；钢材产量为 11.11 亿吨左右，同比下降约 1.50%。未来，应继续在节能减排、智能制造和国际化战略上出台钢铁行业相关扶持政策。同时，钢铁行业自身也需要完善市场机制，加快产业转型升级，创建有序竞争、良性互动的行业新生态。

煤炭行业：2015 年中国煤炭行业景气状况整体欠佳，煤炭价格持续下跌，煤炭企业亏损面进一步扩大。展望 2016 年，伴随宏观经济增速继续放缓，经济结构调整持续推进，能源消费总量实施控制，环境保护要求不断提高，国际煤炭竞争不断加剧，中国煤炭行业面临的形势将依然严峻，煤炭企业的经营仍将面临较大风险，煤炭行业景气仍将延续下行态势。计量经济模型预测显示，2015 年中国原煤产量将同比下降约 3.0%，

---

①　本报告得到中国科学院国家数学与交叉科学中心经济金融研究部专项课题资助。

为 37.58 亿吨；2016 年原煤产量约为 36 亿吨，同比下降约 4.2%。未来，应进一步加大治理产能过剩的工作力度，积极实施"洁净煤"战略，促进煤炭生产和消费的高效化、清洁化，优化煤炭产能结构，提高产业集中度，推进煤炭产业转型升级。

一、 2015 年工业行业运行情况回顾

（一） 工业行业总体运行情况

2015 年中国主要工业行业运行总体低迷。2015 年 1～10 月，中国规模以上工业增加值同比增长 6.1%，比上年同期降低 2.3 百分点；工业企业固定资产投资总额同比增长 8.0%，比上年同期降低 5.4 百分点；工业企业出口交货值同比下降 1.6%，比上年同期降低 8.2 百分点；制造业采购经理人指数（purchase managers' index，PMI）呈"倒 U"形。工业运行景气跟踪图（图 1）显示，2015 年 1 月，工业增加值、工业企业出口交货值和 PMI 均处于"萧条"期，工业企业固定资产投资总额处于"复苏"期；2～5 月，工业增加值和 PMI 均由"萧条"期逆时针运行至"复苏"期，但工业企业固定资产投资总额和工业企业出口交货值均处于"萧条期"；6～10 月，工业增加值、工业企业固定资产投资总额、工业企业出口交货值和 PMI 均处于"萧条"期，工业行业整体运行呈现低迷态势。

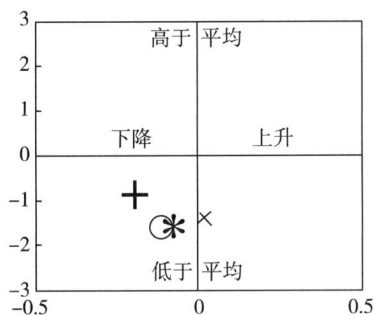

（a）2015年1月工业运行景气跟踪图

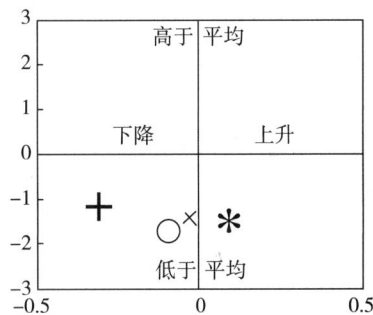

（b）2015年2月工业运行景气跟踪图

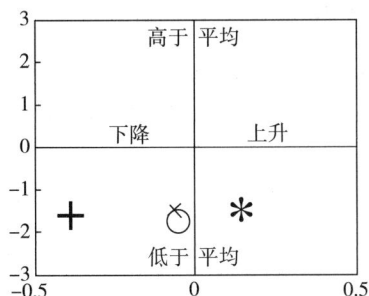

（c）2015年3月工业运行景气跟踪图

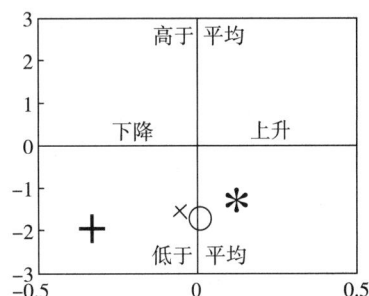

（d）2015年4月工业运行景气跟踪图

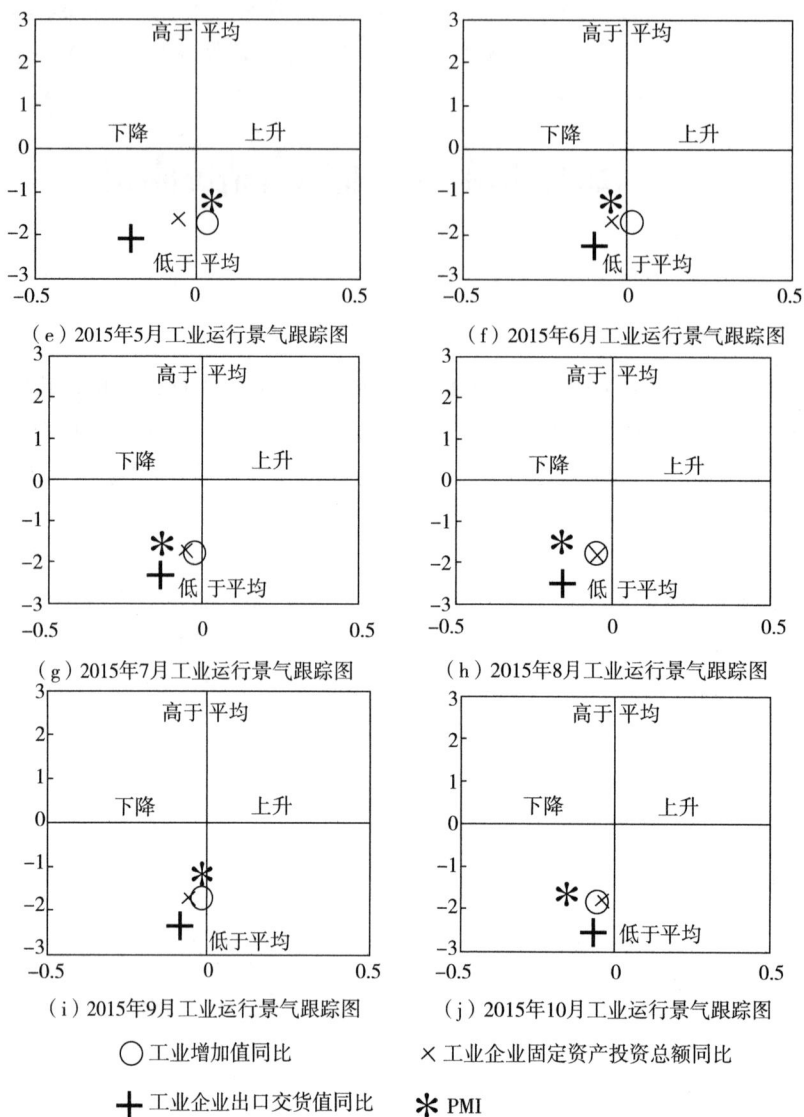

（e）2015年5月工业运行景气跟踪图 　　（f）2015年6月工业运行景气跟踪图

（g）2015年7月工业运行景气跟踪图 　　（h）2015年8月工业运行景气跟踪图

（i）2015年9月工业运行景气跟踪图 　　（j）2015年10月工业运行景气跟踪图

○ 工业增加值同比 　　　　　　× 工业企业固定资产投资总额同比

╋ 工业企业出口交货值同比 　　 ＊ PMI

图1　工业运行景气跟踪图

工业行业生产持续低迷。2015年1～10月，中国规模以上工业增加值同比增长6.1%，比上年同期降低2.3百分点。受全球经济复苏乏力、房地产市场投资增速放缓及产业结构调整的影响，电力、钢铁、水泥等投资性行业增速放缓尤为明显，工业企业产成品库存增速放缓，但去库存压力尚未结束。1～10月，发电量、钢材、水泥产量同比增长分别为−0.1%、1.0%、−4.6%，较上年同期分别下降4.3%、3.7%、7.1%。受"勤俭节约"之风及内需不足等因素影响，服装、智能家电、通信器材等部分消费类行业增速放缓。

受经济增长乏力及产能过剩的影响，工业产业固定资产投资完成额增速回落。2015年1～10月，中国工业固定资产投资完成额同比增长8%，比上年同期降低5.4百分点。增速回落主要受到采矿业、金属制造和建筑业三个行业固定资产投资完成额增速放缓的影响。1～10 月，采矿业、金属制造、建筑业各行业固定资产投资完成额同比分别增长−8.5%、9.9%、4.4%，较上年同期分别下降 10.7%、13.1%、24.5%。2015 年中国经济增长乏力及去库存压力是工业行业固定资产投资完成额增速回落的首要原因。

由于国际经济复苏乏力等多重因素的作用，工业企业出口呈负增长态势。经初步季节调整，2015 年 1～10 月，工业企业出口交货值同比增长−1.6%，比上年同期下降 8.2 百分点。全球需求疲弱，出口订单进一步下滑导致中国工业品出口同比持续回落。煤炭、有色金属等投资性行业及纺织服装、农副食品等消费性行业出口均呈负增长态势。但受"一带一路"战略和"走出去"战略的积极拉动，金属制品、机械和设备修理业、铁路船舶等其他运输设备出口增速有所回升。

制造业 PMI 低位企稳。截至 2015 年 10 月，制造业 PMI 已连续三个月在 50%临界线以下运行，近几个月低位企稳。2015 年 10 月制造业 PMI 与 9 月持平，为 49.8%，较 8 月上升 0.1 百分点。其中，生产指数、新订单指数和供应商配送时间指数等指数波动回升，表明制造业市场需求有所改善；采购量指数稳中有降，原材料库存指数连续四个月下降，说明产业去库存进程延续；受国内外经济低迷及人民币汇率波动等因素影响，新出口订单指数和进口指数持续震荡下降，表明中国制造业进出口形势仍然严峻。

（二） 汽车行业

2015 年，受宏观经济增速回落与股市资金分流等因素影响，汽车产销量增速趋缓，中国汽车行业整体处于低迷态势。汽车库存全年处于高位，汽车出口增速放缓，进口出现负增长，汽车整车价格持续走低，行业整体经济效益增速下降明显。

1. 产销量增速趋缓，走势先抑后扬

2015 年，整体宏观经济增速回落，以及股市投资火热导致部分居民购车需求延后，汽车消费需求增速放缓。1～10 月，累计销售汽车 1 927.81 万辆，同比增长 1.51%，增速比 2014 年同期下降 5.07%。其中，由于小排量乘用车购置税减半政策的出台，10 月购车需求集中释放，销量达到 222.16 万辆，同比增速为 11.8%，市场出现回暖迹象。1～10 月，累计汽车产量为 1 928.03 万辆，同比上升 0.02%。其中 10 月汽车产量为 218.87 万辆，同比增速为 7.06%，与上年基本持平。汽车产销量数据均显示 2015 年前三季度汽车产销增速均有所下降，但在 10 月产销增速企稳，回升态势明显（图 2 和图 3）。

从新能源汽车销售来看，2015 年中国新能源汽车销量呈爆发式增长。1～10 月，中国新能源汽车销量为 17.11 万辆，累计同比增长 290%。其中，10 月新能源汽车销售量为 3.43 万辆，同比增长 500%。新能源汽车销量在中国高速增长，一方面是由于新能源汽车技术的日益成熟，另一方面也与购车补贴与无摇号限制等优惠政策相关。在传统能源汽车行业整体低迷的情况下，新能源汽车为整个汽车行业的发展添加了新的驱动力。

库存方面，2015 年中国汽车面临较大的库存压力，汽车库存量自年初以来一直保持着

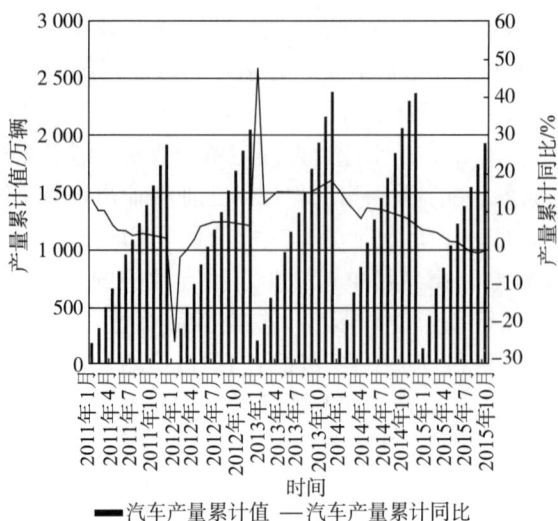

图 2　中国汽车产量（累计）
资料来源：中国汽车工业协会

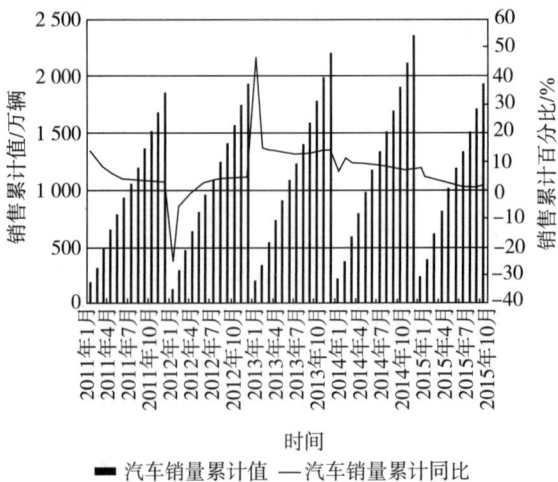

图 3　中国汽车销量（累计）
资料来源：中国汽车工业协会

较高的水平。上半年汽车库存增速明显上升，下半年有所缓和，10 月汽车库存为 115.15 万辆，同比下降 3.31%，汽车厂家压库的趋势有所改善，但仍处于历史高位（图 4）。

2. 汽车进出口走势下滑

2015 年汽车行业进出口走势持续走低，相比 2014 年同期均有大幅下降。2015 年，国内进口车需求偏弱，汽车进口数量出现负增长。1～9 月，中国汽车累计进口 81.84 万辆，同比下降 23.13%。从出口来看，2015 年发展中国家经济增速放缓，汽车出口态

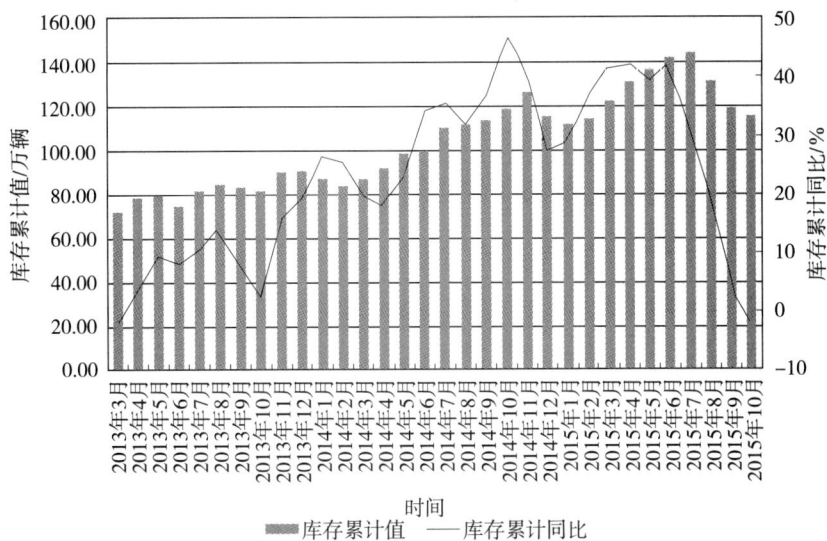

图 4　汽车库存

资料来源：Wind 数据库

势严峻。1～9 月，中国汽车累计出口 57.10 万辆，同比下降 15.29%。相对于 2014 年同期，中国汽车进出口增速分别下降 8.86% 和 28.88%（图 5 和图 6）。

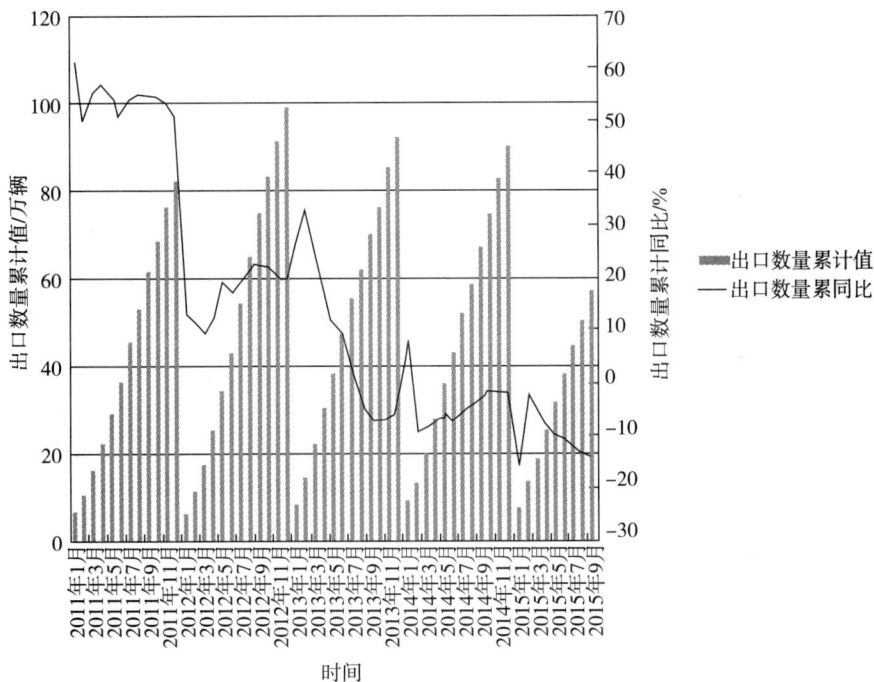

图 5　汽车和汽车底盘出口情况

资料来源：海关总署

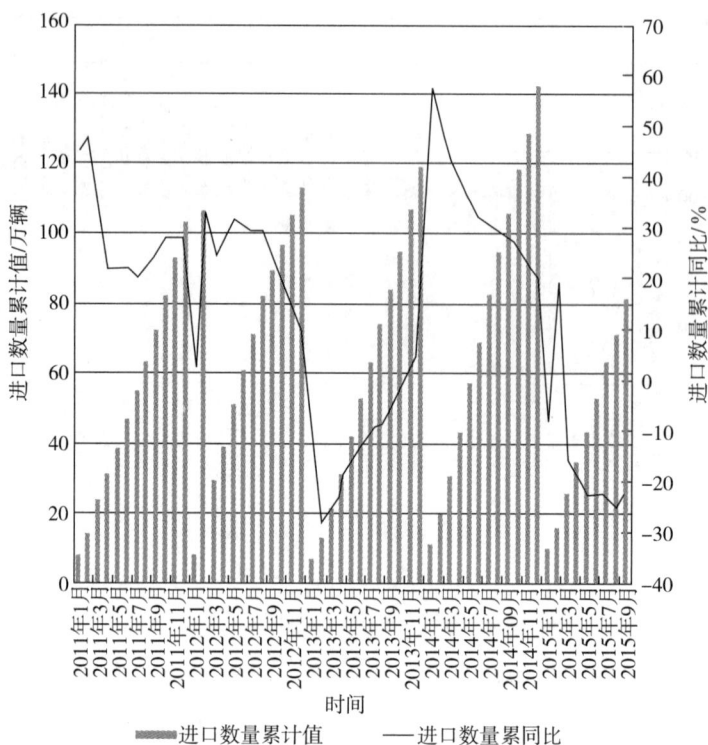

图 6 汽车和汽车底盘进口情况
资料来源：海关总署

3. 固定资产投资回归理性，投资水平低速增长

随着汽车行业由高速发展进入低速发展期，汽车行业投资增速也逐渐回归理性。2015 年以来，汽车行业投资保持低速平稳增长，并呈现先抑后扬的走势。1～10 月，汽车行业累计完成固定资产投资完成额 9 560 亿元，同比增长 13.4%，高于同期制造业 8.3% 的整体增速（图 7）。

4. 汽车价格下行，行业绩效指标增速下降明显

2015 年前半年中国汽车需求低迷，汽车经销商面临较大的库存压力，大车企纷纷打响价格战。国企商用车价格振荡下行，乘用车价格小幅波动，进口汽车价格小幅走低，不同车型价格总体呈稳中有降的趋势。2015 年中国汽车制造业整体经济效益增速下降明显。1～9 月，汽车制造业主营业务收入累计同比增长 2.22%，增速比 2014 年同期下降 11.3%。2015 年汽车制造业利润总额首次出现下降趋势，累计同比下降 4.44%。2015 年 8 月，汽车制造业税金总额相比 2014 年下降明显，累计同比下降 2.70%。1～9 月，中国汽车制造业资产总计 53 951.55 亿元，同比增长 8.67%，增速较上年同期有所下降（图 8）。

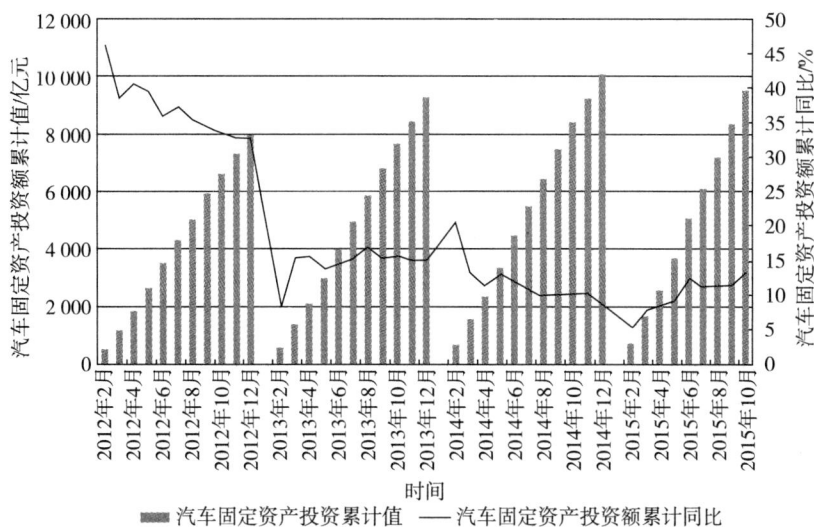

图 7   汽车制造业固定资产投资完成额情况

资料来源：Wind 数据库

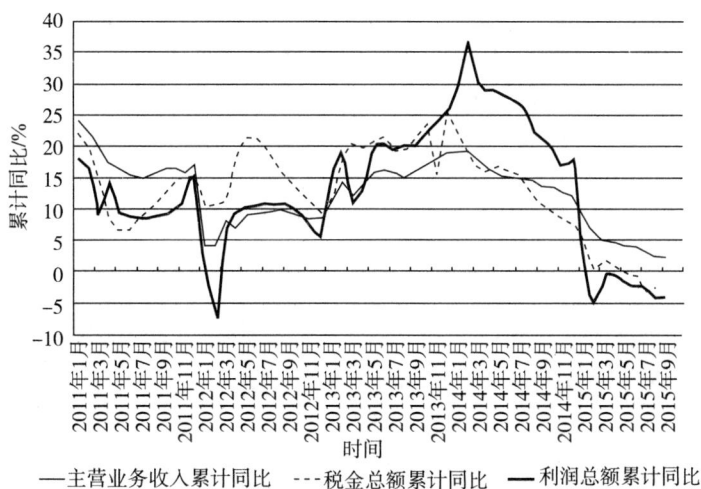

图 8   汽车制造业绩效指标

资料来源：Wind 数据库

（三） 钢铁行业

2015 年中国钢铁行业形势更加严峻，产能过剩问题依旧突出，国内市场需求增量见顶，行业盈利能力持续低迷。政府产能调控政策虽已初见成效，但仍未能从根本上扭转钢铁行业产能过剩、亏损严重的状态。

1. 钢铁产量局部收缩，消费乏力，库存创新高

2015 年全国粗钢产量开始下降，钢材产量增速回落，地区差异开始显现。1～10 月，中国粗钢产量 67 510.4 万吨，同比下降 2.2%，增速较上年同期下降 4.3%；钢材产量 93 430.3 万吨，同比增长 1.0%，增速较上年同期下降 3.7%。分地区看，全国最大产钢省份河北省粗钢产量 15 956.7 万吨，同比增长 0.32%，钢材产量 21 008.8 万吨，同比上升 4.7%，增速较上年同期分别上升 2.92% 和 1.1%；第二大产钢省份江苏省粗钢产量 9 011.2 万吨，同比上升 10.5%，钢材产量 11 083.6 万吨，同比上升 6.7%，增速较上年同期分别上升 1.2% 和 3.1%；其他产钢大省的粗钢和钢材产量增速均出现大幅下滑，表明钢铁行业在国家化解产能过剩的大背景下加快转型升级，粗放型增长模式得到一定程度的控制。但从两个最大产钢省份的粗钢和钢材同比增速上升的情况看，化解产能过剩压力依然存在。

2015 年钢铁表观消费量出现下滑，销售增长疲弱。1～9 月，粗钢累计表观消费量为 52 874.20 万吨，同比下降 5.44%，增速较上年同期下降 7.14%，粗钢表观消费量进入峰值区的特征明显；钢材累计表观消费量为 76 704.82 万吨，同比下降 1.57%，增速较上年同期下降 4.48%。

2015 年钢材库存再创新高。1～9 月，钢材库存量累计 14 971.08 万吨，同比增长 9.27%，各月库存量均大幅高于上年同期水平，说明 2015 年钢铁行业去库存压力依然很大。在年内"去库存"周期中，钢材库存量在 2 月和 6 月出现两个峰值，其后均有所下降，9 月钢材库存为 1 606.77 万吨（图 9）。

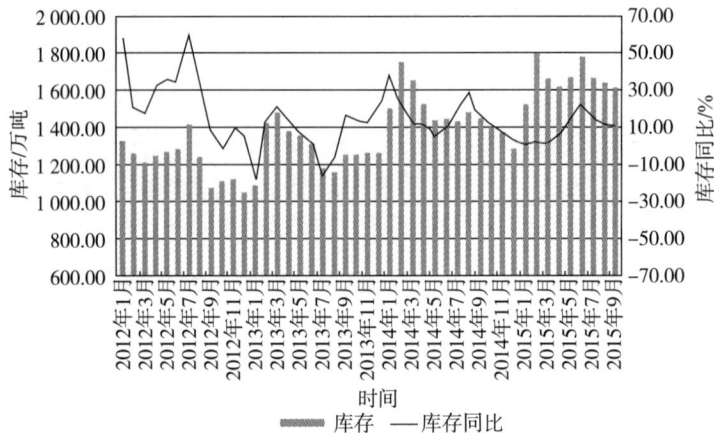

图 9　钢材库存量及同比
资料来源：中国钢铁工业协会

2. 钢材出口量增长，进口量缩减，进出口价格均走低

2015 年钢材出口数量增长，但出口价格和出口额偏低。截至 10 月，北美、欧洲和业洲钢铁价格指数分别下降 21.13%、26.10% 和 10.73%，国内钢材价格指数下降 28.46%，国际市场钢材价格降幅小于国内市场降幅，企业纷纷加大出口力度。1~10 月，中国累计出口钢材 9 213 万吨，同比增长 24.7%；累计出口总金额为 533.29 亿美元，同比下降 6.9%。出口价格方面，10 月钢材出口平均单价为 518.01 美元/吨，同比下降 27.96%。总体来看，虽然 2015 年钢材出口量大幅增长，但出口平均单价逐渐走低，出口金额下降，国内钢铁企业出口盈利空间很低。此外，虽然钢材出口量增加利于缓解国内市场供需矛盾，但将面临贸易摩擦加剧的压力，出口形势不容乐观。

2015 年钢材进口量价同降。1~10 月，中国累计进口钢材 1 068 万吨，同比下降 11.7%，增速较上年同期下降 15.8%。进口价格虽然在 7 月有所回升，但整体呈下降趋势，10 月钢材进口平均单价为 1 029.72 美元/吨（图 10）。进出口平均单价价差整体呈上升趋势，且 2014 年和 2015 年两年上升趋势更加明显，表明国内钢铁企业的国际竞争力不足（图 11）。

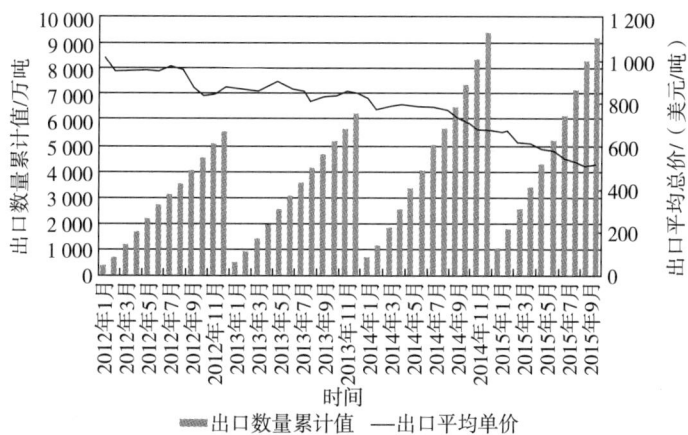

（a）进出口量

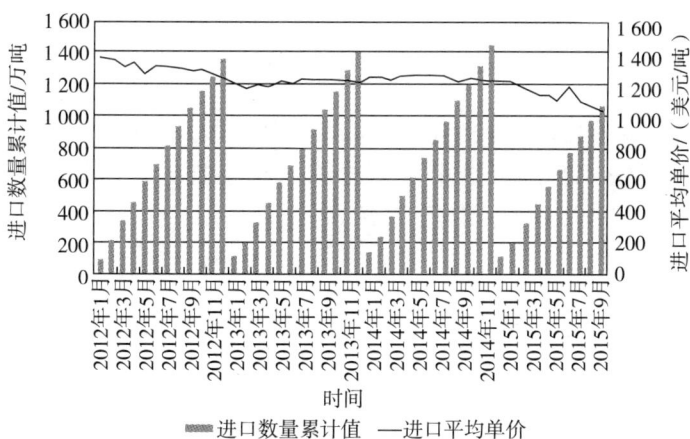

（b）平均单价

图 10　钢材进出口量及平均单价

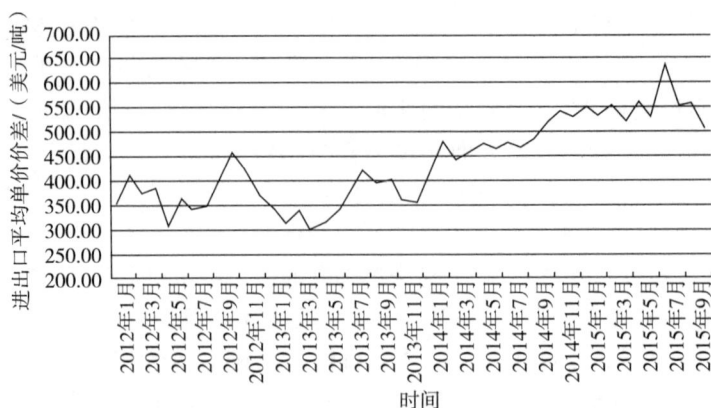

图 11 钢材进出口平均单价价差

资料来源：海关总署

3. 固定资产投资继续放缓，盈利状况持续低迷

2015 年黑色金属冶炼及压延加工业、矿采选业的固定资产投资均放缓。1～10 月，黑色金属冶炼及压延加工业固定资产完成额为 3 506.84 亿元，同比下降 12.4%，增速较上年同期下降 6.3%；矿采选业固定资产投资完成额为 1 185.82 亿元，同比下降 20.2%，增速较上年同期下降 24%。同期全社会固定资产投资完成额为 447 424.88 亿元，同比增长 10.20%，增速较上年同期下降 5.70%。虽然下游行业汽车制造业固定资产投资保持较高增速，但房地产业、建筑业和铁路、船舶、航空航天及其他运输设备制造业固定资产投资增速放缓，下游行业增长乏力使钢铁行业固定资产投资动力不足。

2015 年钢铁行业盈利状况继续低迷，主营业务收入和利润收缩明显，销售利润率依旧在低位徘徊。虽然年内中国人民银行多次下调贷款利率，但受银行严控钢铁企业贷款规模影响，企业融资难状况没有改善，实际贷款成本也未下降，财务状况不容乐观。

4. 钢材价格持续走低，原料燃料价格同步下行

2015 年国内钢材价格延续下行态势，综合价格指数及各成分品种价格指数均处于历史低点。中国钢铁工业协会的中国钢材综合价格指数（China steel price index, CSPI）由年初的 81.91 点一路下跌至 10 月 30 日的 59.44 点，跌幅达 27.43%；同期，中国钢铁工业协会监测的八大钢材品种无缝管、镀锌板、冷轧薄板、热轧卷板、螺纹钢、高线、板材和长材的价格指数分别下跌 24.11%、29.62%、32.60%、32.63%、23.82%、23.05%、30.71% 和 24.78%。10 月出口钢材平均单价环比略有增长，但同比呈现下跌态势。10 月出口平均单价为 518.01 美元/吨，相较于 9 月增加 13.21 美元/吨，较上年同期下降 201.08 美元/吨（图 12）。

2015 年国际铁矿石原料价格大幅回降，但期间价格出现了两次快速反弹，极大地吞噬了钢铁企业的利润空间；燃料价格回落明显，一定程度上缓解了钢铁企业的压力。从中国进口铁矿石价格指数（China iron ore price index, CIOPI）来看，一次是由 4 月

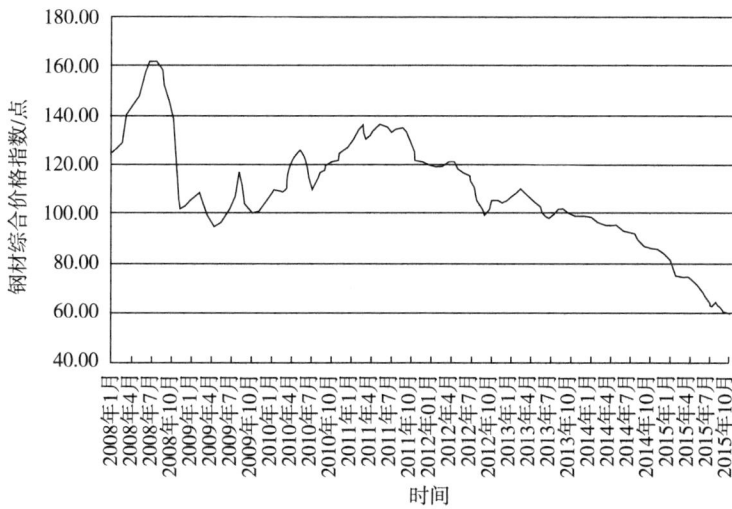

图 12　中国钢材综合价格指数

10 日的 173.42 点上涨到 5 月 12 日的 224.59 点，另一次是由 7 月 8 日的 167.09 点上涨到 9 月 11 日的 215.07 点（图 13）。9 月铁砂矿及精矿的进口平均单价为 58.01 美元/吨，环比下降 2.65%，同比下降 34.47%。中国太原炼焦煤价格指数、中国太原煤炭交易综合价格指数年内跌幅分别高达 20.16% 和 22.04%。

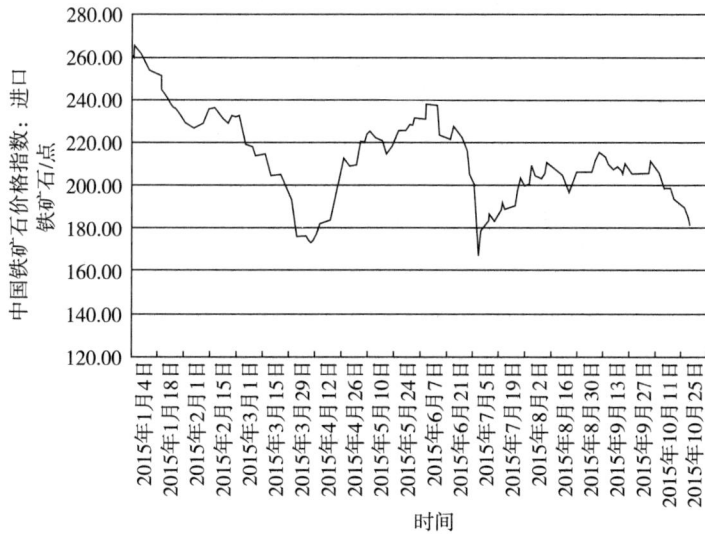

图 13　中国铁矿石价格指数：进口

（四）　煤炭行业

2015 年中国煤炭行业整体持续低迷。具体来说，受宏观经济增速放缓、过剩产能难以消化、国际能源价格下降等多重因素影响，煤炭产销量均出现下滑，市场需求依然不振，主要煤矿、电厂、港口的煤炭库存居高不下，煤炭供需关系呈现持续偏松格局。煤炭价格跌幅继续扩大，行业盈利能力受到影响，煤炭行业微利运行状态没有改变。

1. 煤炭产销双降，全社会煤炭库存居高不下

2015 年，中国经济持续低位运行态势，煤炭市场需求持续疲弱，行业产能过剩问题依旧突出，国际煤炭价格持续下降，国际、国内社会的多重不利因素共同影响，引致国内煤炭产量、销量均呈现下降态势。1~10 月，全国原煤产量为 30.45 亿吨，同比下降 3.6%，较上年同期情况下降 2.10 亿吨，山西、内蒙古、陕西、甘肃等主产区的原煤产量均出现下滑（图 14）。销售方面，受国际低价煤炭大幅进口、国内煤炭需求处于低位、能源结构优化调整等因素影响，1~9 月全国累计销售煤炭 25.86 亿吨，较上年同期下降 5.57%。煤炭产量、销量均呈现同比下降的态势。从整体来说，煤炭供需关系呈现偏松格局。

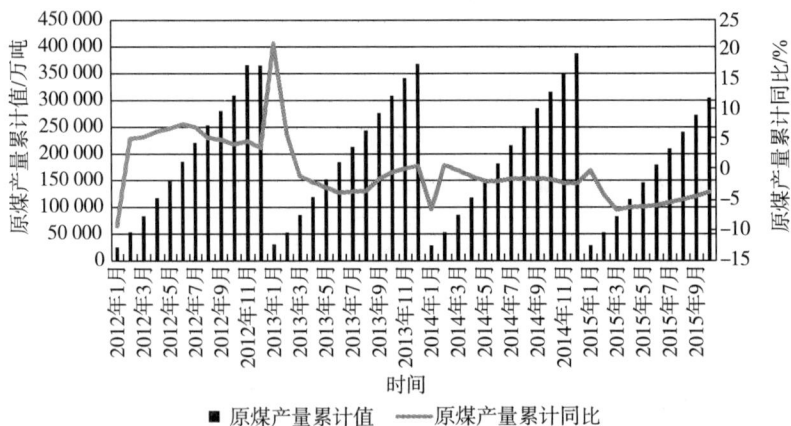

图 14　原煤产量

资料来源：国家统计局

库存方面，2015 年 1~9 月，国内重点煤矿库存持续攀升。截至 9 月底，全社会煤炭库存已经持续 45 个月超过 3 亿吨。其中，煤炭企业库存 1.08 亿吨，比 2015 年年初增加 2 100 万吨，增长 25%；重点发电企业存煤 6 919 万吨，比年初减少 2 536 万吨，下降 26.8%；主要港口存煤 3 978 万吨，比年初减少 765 万吨，下降 16%。

2. 供需矛盾未见缓解，煤炭价格跌幅继续扩大

自 2015 年以来，受经济转型发展、工业用电不振、雾霾治理等因素影响，下游煤炭需求减少，煤炭价格持续下降（图 15）。根据中国煤炭工业协会监测，10 月 30 日中国煤炭价格指数（全国综合指数）为 127，比上期下跌 1.2 基点，比年初下跌 10.7 基点，同比下跌 9.7 基点。1~10 月，环渤海动力煤综合价格指数持续下跌，除 6 月上旬出现两周短暂回升之外，均呈现下跌走势，并在 10 月 28 日创下了 2010 年以来的历史最低值 380 元/吨，同比下降 8.96%。

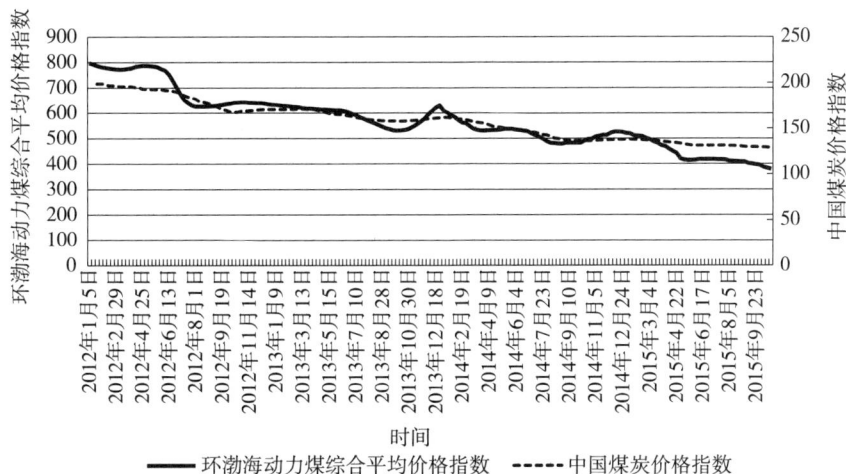

图 15　煤炭价格走势

资料来源：海运煤炭网、中国煤炭工业协会

3. 煤炭进口同比降幅继续扩大，出口同比降幅有所缩减

受经济增速放缓、能源结构调整和煤炭价格持续走低等因素的影响，2015 年中国煤炭行业继续呈现进口量持续下降、出口量持续萎缩的态势。1～9 月中国煤炭进口量明显缩减，煤炭累计进口量 1.19 亿吨，同比下降 31.00%。出口方面，由于近年来国内外煤炭价格持续倒挂，1～9 月中国累计出口煤炭量进一步萎缩，仅为 401.83 万吨，同比下降 7.80%，较上年同期累计减少 34.69 万吨，但自 3 月起，同比降幅有所缩减（图 16）。

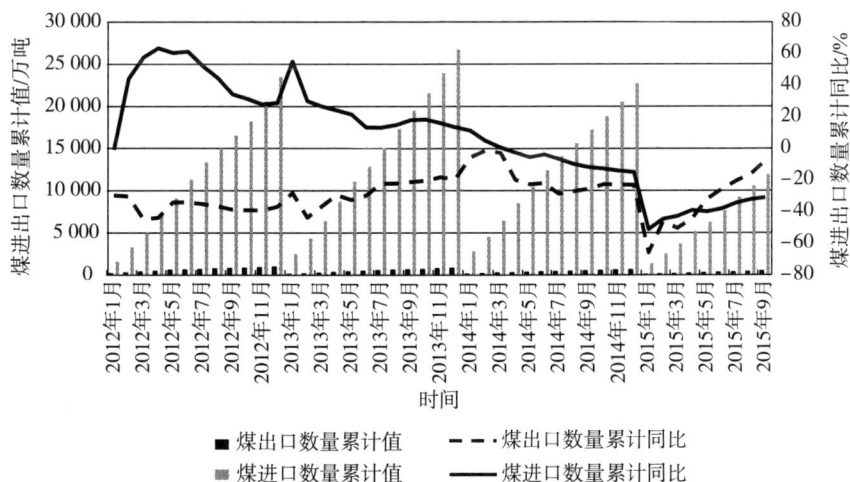

图 16　煤炭进出口量

资料来源：国家海关总署

4. 下游行业依旧低迷，固定投资持续放缓

2015 年，在煤炭产能过剩、煤炭市场供大于求的格局下，国内煤炭采选业固定资产投资呈现负增长趋势。1～10 月，煤炭开采和洗选业固定投资完成额为 3 301.11 亿元，累计同比下降 16.50%，较上年同期下降 9.5 百分点。

下游行业方面，受宏观经济增速放缓、产业结构调整加速等消极因素影响，下游行业煤炭需求延续低迷态势。火电方面，由于新能源的贡献度有所提升，2015 年 1～10 月，中国火电产量持续低迷，累计同比降低 2.57%，对上游煤炭行业的拉动有限。钢材、水泥方面，第 3 季度钢材产量总体继续回落，增速低于上年同期（9 月单月同比减少 2.6%），整体仍处于较低水平；水泥产量在 4 月有小幅回升，但 7 月又出现回落趋势。受此影响，热力煤和焦炭需求仍处于较低水平。化肥方面，第 3 季度全国合成氨产量仍处于下降趋势（除 8 月有小幅回升外），化肥行业用煤需求趋于萎缩（图 17）。

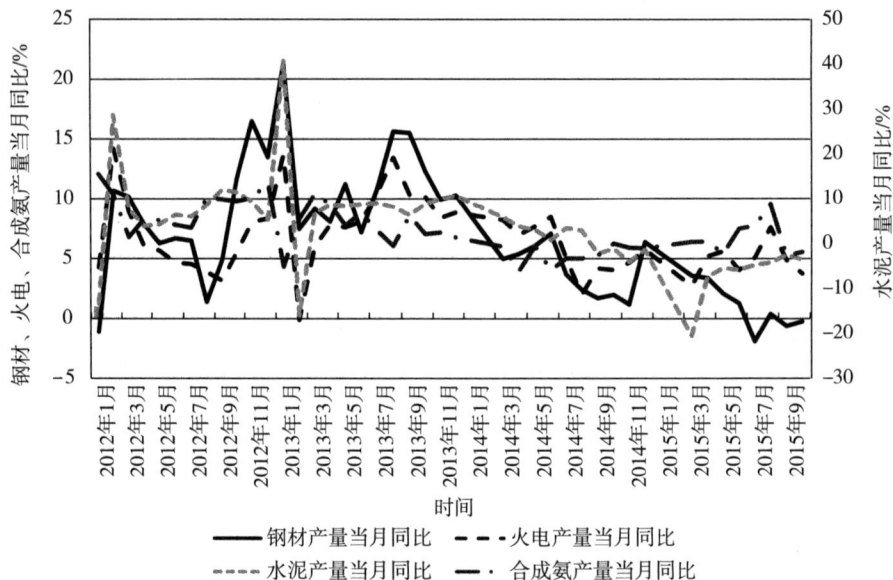

图 17 下游行业产品产量当月同比
资料来源：国家统计局

5. 煤炭全行业面临亏损，利润总额持续大幅下滑

2015 年，煤炭行业整体盈利状况继续低迷，行业结构性过剩的态势仍未改变，行业利润总额大幅度下滑。1～9 月，煤炭开采和洗选业主营业务收入累计为 18 504.21 亿元，同比下降 14.4%；利润总额累计为 287.20 亿元，同比下降 64.43%（图 18）。煤炭价格的持续回落和原煤产量的小幅下降导致企业利润大幅萎缩。未来将面临煤炭产能过剩、低价进口煤的持续冲击，煤炭企业盈利能力的恢复仍存在较多不确定性。

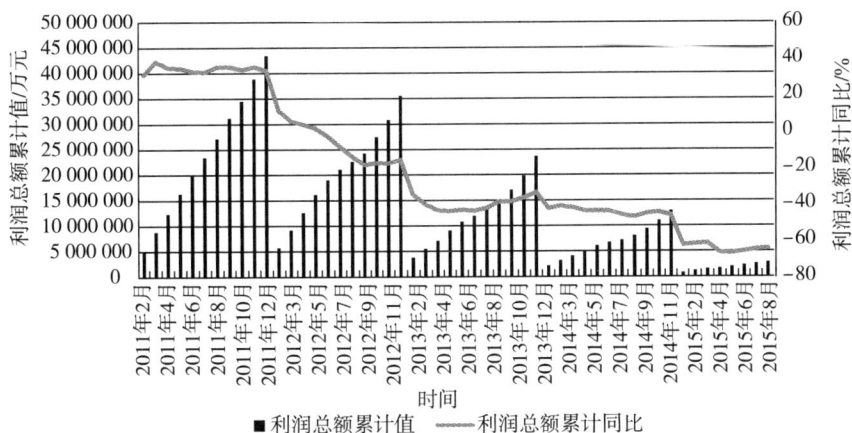

图 18　煤炭开采与洗选业利润总额
资料来源：国家统计局

二、　工业行业景气分析与预测

（一）　汽车行业景气分析与预测

2015 年，受国际经济形势缓慢复苏、国内经济发展进入新常态及新能源等政策刺激多重因素的共同影响，汽车行业经济整体低位运行。根据综合反映汽车行业景气状况的一致合成指数走势（图 19 实线），2015 年以来，汽车行业一致合成指数在第 1 季度持续下降，在第 2、第 3 季度趋于平稳运行，9 月运行至 92.21 点，与 8 月基本持平，行业整体运行处于低位。1～9 月的一致扩散指数（图 20 实线）均在 50％线下方运行，表明汽车行业整体运行处于下降态势。

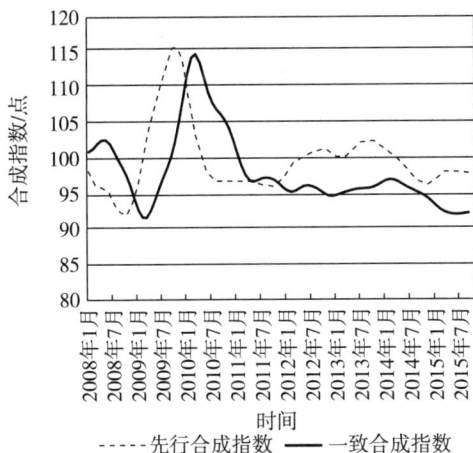

图 19　汽车行业景气先行合成指数和一致合成指数

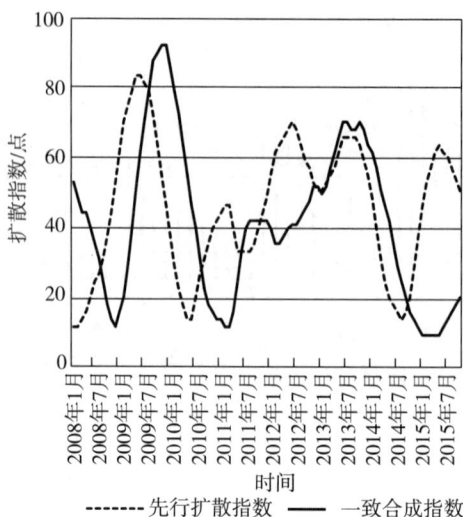

图 20 汽车行业景气先行扩散指数和一致扩散指数

从汽车行业先行合成指数（图 19 虚线）来看，2015 年年初先行合成指数小幅上升，自 4 月开始平稳运行。9 月为 97.91 点，与 8 月基本持平。先行扩散指数（图 20 虚线）位于 50％线上方，但自 4 月开始逐渐下降逼近 50％线。

汽车行业景气信号灯显示（图 21），2015 年汽车行业整体处于"过冷"状态。9 月，在构成行业预警指数的七个指标中，处于"趋冷"状态的有汽车和汽车底盘进口数量、汽车制造业利润总额，处于"过冷"状态的有汽车产量、汽车和汽车底盘出口数量、汽车制造业主营业务收入、汽车制造业税金总额及国内汽车整体销量。

指标名称	2014 年			2015 年								
	10 月	11 月	12 月	1 月	2 月	3 月	4 月	5 月	6 月	7 月	8 月	9 月
汽车产量	⊗	⊗	⊗	⊗	⊗	⊗	⊗	⊗	⊗	⊗	⊗	⊗
汽车和汽车底盘进口数量	○	○	○	○	○	◎	◎	◎	◎	◎	◎	◎
汽车和汽车底盘出口数量	⊗	⊗	⊗	⊗	⊗	⊗	⊗	⊗	⊗	⊗	⊗	⊗
汽车制造业主营业务收入	◎	◎	⊗	⊗	⊗	⊗	⊗	⊗	⊗	⊗	⊗	⊗
汽车制造业利润总额	○	○	○	◎	◎	◎	◎	◎	◎	◎	◎	◎
汽车制造业税金总额	○	○	○	⊗	⊗	⊗	⊗	⊗	⊗	⊗	⊗	⊗
国内汽车整体销量	⊗	⊗	⊗	⊗	⊗	⊗	⊗	⊗	⊗	⊗	⊗	⊗
综合警情指数	◎	◎	○	○	○	◎	◎	◎	◎	◎	◎	◎
	22	21	18	18	14	11	7	7	7	7	7	7

●过热　◉趋热　○正常　◎趋冷　⊗过冷

图 21 汽车行业景气信号灯

展望 2016 年，中国汽车行业面临诸多挑战，行业发展存在较多不确定性。从经济形势来看，受金融危机、债务危机等拖累，全球经济复苏态势微弱，国内经济面临增速放缓、结构调整等压力，未来宏观经济形势的不确定性将对汽车生产和消费产生较大影响。同时，由于国务院发布《大气污染防治行动计划》，越来越多的城市加入汽车限购行列，汽车燃料消耗量限值标准提升汽车购置成本，汽车限行、限购政策等，都会在一定程度上抑制消费者购车意愿。库存量较高仍是 2016 年汽车市场面临的主要压力。从汽车行业相关政策来看，车购税减半政策对车市有较大的拉动作用，如果 2016 年再度出台新一轮汽车下乡政策，消费者的购车意愿或将会有增加，自主品牌主导的低端市场库存压力将大幅度减小。

综合上述影响因素分析，结合先行指数走势，预计 2016 年汽车行业景气将有所回升，但产销量仍将维持低速增长。计量经济模型预测显示，2015 年中国汽车产量和销量分别约为 2 403.1 万辆、2 431.4 万辆，同比增长分别约为 1.3% 和 3.5%。2016 年中国汽车产量为 2 487.2 万辆，同比增长约 3.5%；汽车销量为 2 567.6 万辆，同比增长5.6%。未来，汽车保有量较低的中西部地区依然是市场增量的主要来源，新能源和自主品牌汽车有望成为汽车行业新的驱动力。此外，汽车电商、汽车金融等汽车后市场将继续成为市场追逐的热点。

（二） 钢铁行业景气分析与预测

从综合反映钢铁行业景气运行状况的一致合成指数走势（图 22 实线）可以看出，2015 年 1~9 月，一致合成指数处于不断下行的通道，并且显著低于上年同期水平。一致合成指数从 1 月的年内高点 79.32 点不断下滑至 9 月的年内低点 77.44 点，且 9 月合成指数较上年同期下降 3.10 点。一致扩散指数（图 23 实线）在 2013 年年末向下穿越50 线后，一直在 50 线下方低位运行，印证了钢铁行业整体处于下行态势。

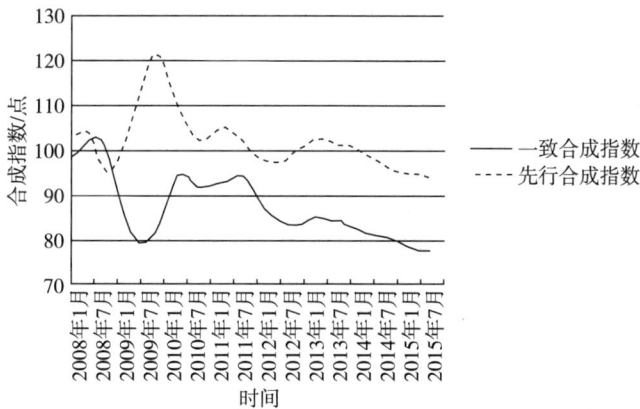

图 22 钢铁行业一致合成指数和先行合成指数计算结果

反映钢铁行业未来走势的先行合成指数（图 22 虚线）从 2013 年年末起呈现不断下降的态势，进入 2015 年后下降速度趋缓。2015 年 9 月先行合成指数为 94.11 点，是历史最低点，较年初 1 月下降 0.67 点，较上年同期下降 2.67 点。先行扩散指数（图 23

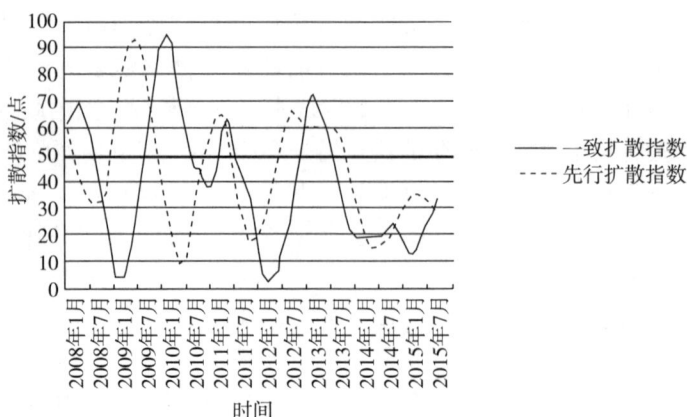

图 23　钢铁行业一致扩散指数和先行扩散指数计算结果

虚线）自 2013 年年末一直维持在 50 线下方。根据钢铁行业先行合成指数的近期走势及平均 3～4 个月的先行期，预计钢铁行业景气在 2015 年第 4 季度和 2016 年年初将维持缓慢下行的走势。

钢铁行业景气信号灯（图 24）显示，2015 年钢铁行业综合警情指数在 1～4 月处于"趋冷"状态，而 5～9 月一直处于"过冷"状态。2015 年 8 月和 9 月，构成预警指数的七个景气指标全部处于"过冷"状态，反映出钢铁行业的整体形势不容乐观。

指标名称	2014 年			2015 年								
	10 月	11 月	12 月	1 月	2 月	3 月	4 月	5 月	6 月	7 月	8 月	9 月
钢材产量	⊗	⊗	⊗	⊗	◎	◎	⊗	⊗	⊗	⊗	⊗	⊗
钢铁表观消费量	⊗	⊗	⊗	◎	◎	◎	◎	◎	◎	⊗	⊗	⊗
工业品出厂价格指数	◎	◎	◎	◎	⊗	⊗	⊗	⊗	⊗	⊗	⊗	⊗
流动资产平均余额	⊗	⊗	⊗	⊗	⊗	⊗	⊗	⊗	⊗	⊗	⊗	⊗
税金总额	◎	◎	◎	◎	◎	◎	◎	◎	⊗	⊗	⊗	⊗
主营业务收入	◎	⊗	⊗	◎	◎	◎	◎	⊗	⊗	⊗	⊗	⊗
固定资产投资完成额	◎	◎	◎	◎	◎	◎	◎	◎	◎	⊗	⊗	⊗
综合警情指数	◎	◎	⊗	◎	◎	◎	◎	⊗	⊗	⊗	⊗	⊗

●过热　◉趋热　○正常　◎趋冷　⊗过冷

图 24　钢铁行业景气信号灯

展望 2016 年，中国钢铁行业将继续在底部徘徊。在中国宏观经济增速和第二产业比重同步下滑的大背景，以及国家产能调控和环境保护政策的持续制约下，钢铁行业市场需求增长潜力有限、亏损严重和融资难的局面在短期内难以改善。同时，钢铁出口在 2015 年的大幅增长加剧了贸易摩擦的隐忧。这些不利形势倒逼钢铁厂商继续降低产量、削减产能，以逐步缓解需求不足和库存高企的困境。计量经济模型预测显示，2015 年全年粗钢产量为 8.11 亿吨左右，同比下降约 2.30％；钢材产量为 11.28 亿吨左右，同比增长约 0.90％。2016 年全年粗钢产量为 7.86 亿吨左右，同比下降约 3.10％；钢材产量为 11.11 亿吨左右，同比下降约 1.50%。钢铁行业亟须借助"互联网＋"、智能制造和金融衍生工具等创新商业模式，实现产业转型升级。

（三） 煤炭行业景气分析与预测

从综合反映煤炭行业景气运行状况的一致合成指数走势（图 25 实线）可以看出，2015 年 1～9 月，一致合成指数处于下降态势。1～3 月，该指数迅速下滑至 90.25 点，之后下滑速度出现放缓，9 月该指数为 88.04 点。一致扩散指数（图 26 实线）在 1～9 月一直在 50% 线下方运行，与合成指数走势一致。

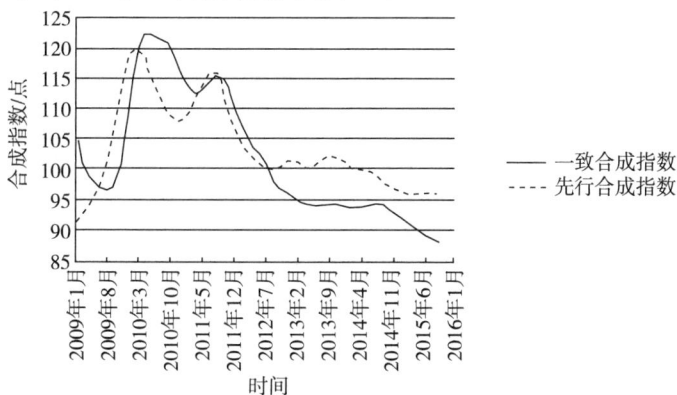

图 25 煤炭行业一致合成指数、先行合成指数计算结果

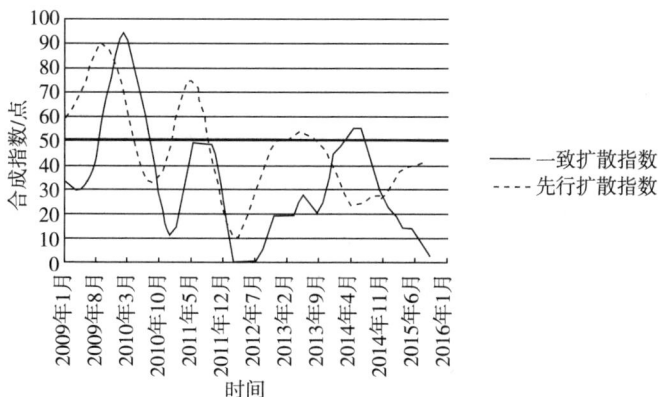

图 26 煤炭行业一致扩散指数、合成指数先行扩散指数计算结果

反映煤炭开采和洗选业未来走势的先行合成指数（图 25 虚线）自 2013 年 10 月开始进入小幅下行状态，至 2015 年 3 月，该指数下滑至 95.97 点。经过 4～6 月小幅回升至 96.26 点后，该指数继续下降。截止到 2015 年 9 月，先行合成指数降至 95.81 点，是自 2009 年 6 月以来的最低值。此外，先行扩散指数（图 26 虚线）自 2013 年 8 月进入 50% 线下方运行后，至今仍未穿越 50% 线。2015 年 1～8 月该指数虽然小幅回升至

41.36 点，但 9 月再度下浮下降至 40.74 点。

煤炭行业景气信号灯（图 27）显示，2014 年 10 月至 2015 年 9 月，行业综合警情指数一直处于"过冷"状态。其中，工业生产原煤一直处于"过冷"状态；煤炭进口数量和煤炭及炼焦工业生产价格指数在 2014 年 12 月开始由"趋冷"转为"过冷"；煤炭开采和洗选业利润总额、固定资产投资实际完成额、煤炭开采和洗选业主营业务收入、煤炭开采和洗选工业品出厂价格指数均处于"过冷"状态。

指标名称	2014 年			2015 年								
	10 月	11 月	12 月	1 月	2 月	3 月	4 月	5 月	6 月	7 月	8 月	9 月
工业生产：原煤	⊗	⊗	⊗	⊗	⊗	⊗	⊗	⊗	⊗	⊗	⊗	⊗
煤炭开采和洗选业利润总额	⊗	⊗	⊗	⊗	⊗	⊗	⊗	⊗	⊗	⊗	⊗	⊗
固定资产投资实际完成额	⊗	⊗	⊗	⊗	⊗	⊗	⊗	⊗	⊗	⊗	⊗	⊗
煤炭开采和洗选业工业品出厂价格指数	⊗	⊗	⊗	⊗	⊗	⊗	⊗	⊗	⊗	⊗	⊗	⊗
煤炭开采和洗选业主营业务收入	⊗	⊗	⊗	⊗	⊗	⊗	⊗	⊗	⊗	⊗	⊗	⊗
煤炭进口数量	◎	◎	⊗	⊗	⊗	⊗	⊗	⊗	⊗	⊗	⊗	⊗
煤炭及炼焦工业生产价格指数	◎	◎	⊗	⊗	⊗	⊗	⊗	⊗	⊗	⊗	⊗	⊗
综合警情指数	⊗	⊗	⊗	⊗	⊗	⊗	⊗	⊗	⊗	⊗	⊗	⊗

●过热　⊙趋热　○正常　◎趋冷　⊗过冷

图 27　煤炭行业景气信号灯

展望 2016 年，伴随宏观经济增速继续放缓，经济结构调整持续推进，能源消费总量实施控制，环境保护要求不断提高，国际煤炭竞争不断加剧，中国煤炭行业面临的形势将依然严峻，煤炭企业的经营仍将面临较大风险，行业利润的修复具有较大压力，煤炭行业景气仍将延续下行态势。计量经济模型预测显示：2015 年中国原煤产量将同比下降约 3.0%，为 37.58 亿吨；2016 年原煤产量为 36 亿吨，同比下降约 4.2%。

三、工业行业政策建议

（一）汽车行业

2016 年，汽车行业将迎来一系列的挑战和发展机遇。新能源汽车、尾气排放标准、车联网是未来一段时间行业关注的重点。

在新能源汽车发展方面，预计"十三五"期间，新能源汽车的高速增长将成为常态。当前，中国新能源汽车充电基础设施建设相对集中于大城市。预计"十三五"期间，中国新能源汽车充电基础设施建设将偏向中小城市。对此，政府应对公共充电站的建设给予政策优惠，积极引入民间资本参与充电桩的建设。对于处于偏远地区、无法实现盈利的公共充电站项目，政府应给予资金上的支持并协助其开发新的商业模式。

在尾气排放标准的制定方面，中国不能因为自主品牌汽车难以达到高标准而降低尾气排放标准，而应该逐步提高尾气排放标准并严格执行。执行更加严格的尾气排放标准，一方面可以有效减少环境污染，另一方面可以为自主品牌汽车"走出去"奠定基础。对于提高排放标准所带来成本压力，政府可出台相关政策，对达到排放标准的自主品牌汽车企业进行适当的减税和补贴。

此外，汽车的电子化程度不断提升，未来有望成为汽车领域科技进步的重点方向与汽车行业增长的主要驱动力。互联网企业，如阿里巴巴、苹果和谷歌等相继进入汽车行业。作为未来的移动终端，智能化和车联网化必将成为汽车行业的发展趋势。中国汽车制造总量位居世界前列，但在高端车市场，中国的自主品牌汽车却很难占有一席之地。在如今的汽车智能化与车联网化的大趋势下，中国自主品牌高端汽车有望实现跨越式发展。对此，中国政府和汽车企业应加紧制定并推广互联网汽车的标准，在互联网汽车制造领域取得更多的发言权。

（二） 钢铁行业

2016 年，钢铁行业将迎来一系列的挑战和发展机遇。预计"十三五"期间，钢铁行业将进入新一轮的调整期，兼并重组、产业转型和国际化将成为常态。随着各地的地区生产总值增长模式的转变，钢铁业行业集中度低、中小落后产能过剩、区域分布不合理的局面将会得到改善，城市型、内陆型和落后产能的钢厂将逐步减少。短期内，这些转变可能给钢铁行业带来阵痛，给地方政府财政带来一定损失。但长远来看，随着创新型、环保型、智能化和具有国际竞争力的钢铁企业逐步增加，中国钢铁行业的整体水平也将显著提升。未来一年内，中国钢铁行业将主要围绕"化解过剩产能、进行结构重组、遏制无序竞争、加大产品创新、促进绿色发展，走出国门"的目标而不断迈进。

在节能减排和污染治理方面，钢铁企业、行业协会、各级政府部门及第三方机构可以从以下主要领域进行新的探索：首先，进一步完善第三方治理的政策法规，并制定相应的行业标准，鼓励推行环境绩效合同服务，形成第三方治污的有效市场。其次，钢铁企业应当强化自身节能减排的能力，大型国有钢铁企业、中小钢铁企业联盟可以分享已有先进经验和技术，协同开发新技术、新管理方法，逐步提升行业整体水平，并严格执行国家和国际标准，控制能耗和排放量，逐步向绿色可持续发展的目标迈进。

在智能制造和产业转型方面，钢铁企业、行业协会和各级政府部门及第三方机构可以从以下主要领域进行新的探索：首先，钢铁企业要积极融入智能化的浪潮，一方面，要在企业能源和原材料的采购与供给、产品的生产及检验等环节实现管理现代化和智能化；另一方面，要使产品销售和售后服务实现智能化和个性化，让"互联网＋"在钢铁行业落到实处，实现平台化的商业模式创新。同时，国家政府部门、科研机构和行业协会等应当积极参与钢铁行业的产业升级，探索新时期的产学研结合，为钢铁企业转型出谋划策，提供实质性的物质和智力支持，让"互联网＋"和大数据等在钢铁行业中发挥最大作用。

在钢铁企业走出去战略方面，钢铁企业、行业协会和各级政府部门及第三方机构可以从以下主要领域进行新的探索：首先，在"一带一路"和亚洲基础设施投资银行等方面，国家政府部门可以继续施加更多影响，吸纳更多国家、国际组织和大型跨国机构参与到中国和亚洲的建设中来，帮助国内企业走出去的同时引进更多先进技术和理念，促进钢铁企业国内有序竞争，并增强国际竞争实力。其次，钢铁企业自身要增强国际化水平，按照国际先进钢铁企业的标准进行再造，逐步淘汰落后产能，在打好内功的同时更好地"走出去"并参与国际合作。同时，要防止落后产能向国外破坏式的倾销，遏制国际间不必要的贸易摩擦，促进周边国家经济增长的同时为国内钢铁企业创造新原料、新产品、新技术和新资金的输入与输出途径，从根本上解决钢铁企业原料短缺、融资难、投资难和销售难的问题。

（三） 煤炭行业

2016 年，煤炭行业仍将面临较大的市场压力。"十三五"期间，中国面临的能源转型任务艰巨，控制能源消费总量将成为重要任务。其中煤炭作为中国能源的主体，是控制总量的重点，煤炭消费比重有望从 2015 年的 66％降到 60％以下。此外，能源布局的优化、煤炭清洁高效利用、大力发展清洁能源等也是重点关注的方面。

在控制煤炭产能政策方面，由于目前煤矿正常退出机制还不完善，依靠市场机制自发调节供需平衡面临一系列制约。因此，在未来一段时间内仍需在政策方面加强控制煤炭总量，应持续推进以"四个严格治理"为主要内容的综合脱困措施，严格治理违法违规煤矿建设和生产，严格治理超能力生产，严格治理不安全生产，严格治理劣质煤生产、进口和使用，规范煤炭企业建设行为，完善煤炭企业推出机制，优化煤炭产能结构，提高产业集中度，推进煤炭产业转型升级。

在资源税改革方面，为了使资源税征收更合理，更好地调节企业结构、产业结构及国家经济结构，使企业的税负更加透明，中国从 2014 年年底开始实行煤炭资源税从价计征改革。煤炭资源税改革实现了改革的预期目标，但也遇到一些亟待细化或明确的实际问题。其中一个难题在于税费关系紊乱，费重税轻、税费结构不合理、重复征收等问题的存在，压缩了资源税改革的空间。未来应该进一步加大清费立税工作力度，理清资源税费关系，促进资源合理开采利用，加快经济发展方式转变。

在煤炭清洁利用方面，中国能源消费格局在中长期仍将以煤为主，因此，为实现低碳经济，应进一步积极实施"洁净煤"战略，推进煤炭生产和消费的高效化、清洁化，使清洁煤炭能源成为中国的能源支柱。煤炭清洁绿色发展或将成为今后发展的主要方向，释放巨大需求。清洁煤发电技术也将是未来一段时间内减少碳排放的重要渠道。同时，清洁煤炭战略应在兼顾环境效益与经济效益的前提下稳妥有序地推进，应以环境质量改善为目标，避免环境效益差、经济代价大等问题。

2016 年房地产市场预测与调控政策建议[①]

董纪昌　李秀婷　戴　伟　宋子健　董　志

报告摘要： 2015 年 1～10 月，受量化宽松货币政策、财政和行政政策利好等因素影响，全国房地产市场呈现回暖趋势。在此背景下，中央保持稳增长、促消费、保投资的导向，在调整汇率后继续降准降息，降低首套房商贷首付及二套房公积金首付比例，取消限外令，降低房屋转让手续费，营造宽松的市场环境，缓解企业投融资压力，增强房地产行业持续回暖动力。

总体来看，2015 年以来中国不同发展水平城市的房地产市场差异分化已经表现得非常明显。首先，在商品房销售价格方面，一线城市商品房销售价格有较为明显的回升，二、三线城市商品房销售价格有所回暖，但是同比增速还是负增长。其次，在开发投资方面，由于库存过大，各线房地产开发投资增速显著下滑。最后，在销售情况方面，由于房地产市场相关调控政策放松，交易量有所提升。具体来说，一线城市和部分二线城市，由于人口净流入较大且人口规模突出，购买力较强，市场有效需求呈上升趋势。此外，三、四线城市受有效需求不足、供给过剩等因素的影响，房地产市场交易量呈下降趋势，市场去库存压力较大。

不过，截止到 2015 年 10 月，房地产市场调控政策的目标在随着经济形势的变化而发生转变。具体来看，除了一线城市以外，实施住房限购政策的城市都已放弃或放松限购政策，并通过降低购房资格要求、落户优惠、放松公积金贷款、给予契税补贴等方式刺激有效需求入市，加快去库存化的速度。

2016 年中国房地产市场走势主要受以下方面影响：宏观经济运行处于下行周期，固定资产投资存在不确定性，房地产市场仍处于下行周期；货币政策将持续宽松，有利于房地产市场投资的提升，有利于刺激刺激房地产需求，促进市场去库存化进程；房地产企业资金压力将有所减缓，土地市场交易将有所回升，有利于稳定房地产市场供给；房地产企业库存仍处于较高水平，去库存化仍是市场主要目标，三、四线城市去库存化进程缓慢。

2016 年将会有诸多利好政策影响房地产市场，房地产市场整体状况较 2015 年有所提升，但房地产市场仍处于下行周期。预计 2016 年房地产开发投资完成额约为 106 556 亿元，同比增长约为 7.5%；预计 2016 年全国商品房销售面积约为 128 781 万平方米，同比增长约为 1.7%，商品房销售额约为 87 959 亿元，同比增长 3%；预计 2016 年房地

① 本报告由国家自然科学基金"我国房地产市场的区域差异及调控政策的差别化研究"（71173213）资助。

产市场价格将会同比小幅上升，2016 年全年商品房平均销售价格约为 7 010 元/平方米，较 2015 年同比增长 3.9%。

未来中国房地产调控政策应着重于以下几点：坚持差别化的信贷调控政策，防范区域市场金融风险；加快住房公积金改革，提高公积金使用效率；完善土地供给政策，优化土地供应规模与结构，增加市场供给。

一、 2015 年房地产市场回顾

2015 年 1～10 月，受量化宽松的货币政策、财税政策及公积金调整政策等利好因素的影响，特别是，中国人民银行多次降准降息，引导市场利率下行，中国房地产市场呈现出"前低后高"的走势，尤其是 2015 年下半年，房地产市场环境相对宽松，企业资金回笼速度加快，房地产市场回升助力增强，商品房平均销售价格呈上升趋势。同时不同区域间的差异化程度、市场分化程度也日益加深，一线城市房地产市场销售价格呈稳定上涨趋势，而二、三线城市的房地产市场销售价格出现小幅回落，一、二线城市房地产市场供需较为均衡，三、四线城市供需矛盾突出，去库存化仍是房地产市场的主要目标。

（一） 房地产开发投资

1. 房地产开发投资总额

2015 年房地产开发投资持续放缓，累计同比增速逐月下降。1～10 月全国房地产开发累计投资额为 78 801 亿元，同比增长 2.05%，增速较 2014 年同期回落 10.37 百分点，其中住宅开发累计投资额为 53 150 亿元，同比增长 1.31%，增速较 2014 年同期回落 9.79 百分点。

如图 1 所示，2015 年 1～10 月，房地产开发投资额和住宅开发投资额呈现持续增长，累计同比增速呈下降趋势。主要原因在于房地产市场需求放缓，市场交易量下降，住宅市场库存高企，房地产开发企业资金回笼速度放缓。2015 年下半年，随着货币政策定向宽松、限贷政策松绑、开发商去库存周期加快，房地产市场开发投资有所好转。

如表 1 所示，2015 年 1～10 月，东部地区房地产开发投资约为 44 192.56 亿元，同比增速为 2.31%，较 2014 年同期减少 10.05 百分点；中部地区房地产开发投资约为 16 851.50 亿元，同比增速为 1.99%，较 2014 年同期减少 8.97 百分点；西部地区房地产开发投资约为 17 756.68 亿元，同比增速为 1.45%，较 2014 年同期减少 12.50 百分点。

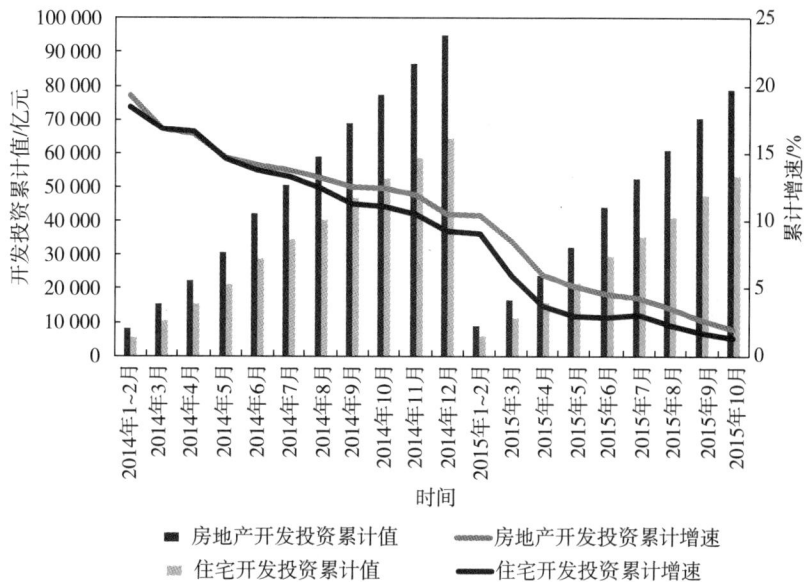

图 1　2014～2015 年房地产开发投资及住宅投资示意图

资料来源：中国经济信息网统计数据库

表 1　2010～2015 年平均各地区房地产开发投资情况

年份	房地产投资完成额/亿元			房地产投资完成额占比/%		
	东部	中部	西部	东部	中部	西部
2010	28 009.07	10 516.65	9 741.35	58.03	21.79	20.18
2011	35 606.66	13 197.33	12 935.79	57.67	21.38	20.95
2012	40 541.36	15 762.82	15 499.61	56.46	21.95	21.59
2013	47 971.53	19 044.80	18 997.05	55.77	22.14	22.09
2014	52 940.55	20 662.29	21 432.78	55.71	21.74	22.55
2015	44 192.56	16 851.50	17 756.68	56.08	21.38	22.53

注：表中 2015 年数据为 2015 年 1～10 月数据。西部地区包括四川、重庆、贵州、云南、西藏、陕西、甘肃、青海、宁夏、新疆、广西、内蒙古 12 个省（自治区、直辖市）；中部地区包括山西、吉林、黑龙江、安徽、江西、河南、湖北、湖南 8 个省；东部地区包括北京、天津、河北、辽宁、上海、江苏、浙江、福建、山东、广东和海南 11 个省（直辖市）

资料来源：中国经济信息网统计数据库

　　2015 年 1～10 月，房地产市场住宅投资累计同比增速逐月下滑，办公楼和商业营业用房投资增速也呈现逐月回落的趋势，如表 2 所示。住宅开发投资下滑源于房地产市场正处于下行周期，住宅市场交易量的减少，导致房地产开发商资金回笼周期放缓，开发商倾向于投资资金回笼有所保障的办公楼和商业营业用房。

表 2   2015 年 1～10 月各类型商品房开发投资情况

时间	开发投资总额/亿元			累计开发投资同比增速/%		
	住宅	办公楼	商业营业用房	住宅	办公楼	商业营业用房
2015 年 2 月	592 193.86	56 689.82	132 119.84	9.13	14.87	18.24
2015 年 3 月	523 428.04	52 103.02	121 038.40	5.94	20.57	17.20
2015 年 4 月	471 391.64	39 969.74	110 683.50	3.73	13.61	13.91
2015 年 5 月	577 441.88	51 174.20	131 656.37	2.86	12.79	11.92
2015 年 6 月	786 111.60	73 925.01	175 033.02	2.85	14.38	8.64
2015 年 7 月	587 450.96	52 546.97	131 536.16	2.95	13.49	7.61
2015 年 8 月	571 776.27	60 057.84	126 991.91	2.34	14.21	5.42
2015 年 9 月	640 722.27	58 843.96	146 189.27	1.67	11.11	3.97
2015 年 10 月	564 453.28	54 703.19	125 736.55	1.31	10.71	2.76

资料来源：中国经济信息网统计数据库

2. 房地产开发本年资金来源结构

2015 年 1～10 月，房地产开发企业资金来源合计 101 566.20 亿元。其中，国内贷款 17 096.98 亿元，占总资金的 16.83%，累计同比降低 3.60%；利用外资 241.52 亿元，占总资金的 0.24%，累计同比降低 50.60%；自筹资金 40 537.55 亿元，占总资金的 39.91%，累计同比降低 4.00%；包括单位自有资金、定金及预收款等在内的其他资金 43 690.15 亿元，占总资金的 43.02%，累计同比上升 9.80%。同 2014 年同期开发资金来源相比较，在占比方面，外资资金出现大幅下滑，如图 2 所示。

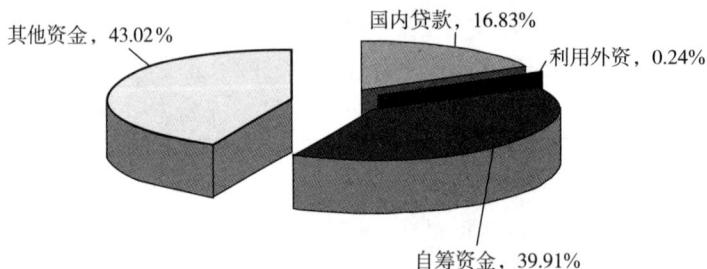

其他资金，43.02%   国内贷款，16.83%   利用外资，0.24%

自筹资金，39.91%

图 2   2015 年 1～10 月房地产开发资金来源示意图
资料来源：中国经济信息网统计数据库

如表 3 和表 4 所示，从房地产开发投资的各资金来源看，国内贷款和利用外资的低迷导致了总投资增速大幅放缓。在国内贷款方面，由于 2015 年货币政策相对偏紧，房地产贷款不足导致开发商信贷来源不足，另外资金回笼及周转的压力使开发商急于处理库存，拿地投资的意愿不强；在利用外资方面，中国房地产市场交易的低迷导致外国投资者认为中国的房地产市场投资风险较大，因此持续减少对中国房地产市场的投资比例。

表3　2015 年各月房地产开发资金主要来源情况（单位：亿元）

时间	总投资	国内贷款	利用外资	自筹资金	其他资金
2015 年 1～2 月	21 613.00	4 942.00	86.00	9 023.00	7 563.30
2015 年 3 月	6 279.00	903.00	7.00	2 191.00	3 176.12
2015 年 4 月	8 386.81	1 495.57	15.28	3 172.41	3 704.13
2015 年 5 月	9 687.60	1 399.54	41.65	4 002.27	4 244.14
2015 年 6 月	12 981.57	2 090.56	28.57	5 454.94	5 407.50
2015 年 7 月	10 353.33	1 684.39	6.20	3 917.55	4 745.19
2015 年 8 月	10 441.08	1 441.04	19.54	4 035.81	4 944.69
2015 年 9 月	10 910.14	1 744.98	24.60	4 488.29	4 652.26
2015 年 10 月	10 913.67	1 395.90	12.67	4 252.28	5 252.81

资料来源：中国经济信息网统计数据库

表4　2015 年各月房地产开发资金主要来源累计同比增速（单位：%）

时间	总投资	国内贷款	利用外资	自筹资金	其他资金
2015 年 1～2 月	1.60	0.60	72.60	9.30	7.90
2015 年 3 月	−2.90	−6.10	11.30	1.10	7.50
2015 年 4 月	−2.50	−4.80	−6.80	0.10	4.70
2015 年 5 月	−1.60	−6.80	0.00	0.90	2.00
2015 年 6 月	0.10	−4.10	−3.90	0.10	−1.50
2015 年 7 月	0.50	−4.50	−24.50	−1.10	−3.70
2015 年 8 月	0.90	−4.80	−40.10	−2.50	−5.20
2015 年 9 月	0.90	−3.60	−46.80	−3.30	−6.00
2015 年 10 月	1.30	−3.60	−50.60	−4.00	9.80

资料来源：中国经济信息网统计数据库

3. 房地产企业经营状况分析

2015 年，中国主要城市房地产市场表现较为平淡，大多数房地产上市公司业绩涨跌较大。但基于 2014 年的良好销售表现，房地产上市公司的业绩锁定性较高，结算利润率也将在 2015 年有一定程度改善。同时，市场化改革的深入和一系列区域规划政策的出台，为部分上市公司带来较好的增长预期，投资价值彰显。未来，行业分化发展的格局仍将持续，部分房地产上市公司在保持快速增长的同时，要进一步强化内部管控，提升运营效率和财务安全保障，以实现有质量的发展，为股东、员工和社会持续创造价值，引领行业健康发展。

1）房地产企业盈利状况分析

本小节选取净利润指标来考察 2015 年截至第 3 季度上市房地产企业的盈利状况。根据已公布三季报的 139 家境内上市房地产企业净利润披露数据，得到 2015 年前三季度净利润分布，如图 3 所示。此外，2015 年前三季度净利润为正的企业有 98 家，2014 年前三季度有 117 家；净利润为负的企业则有 41 家，2014 年前三季度有 22 家。净利润为正的上市房地产企业占比达 70.50％，较 2014 同期的 84.17％有所下降。在全部上市房地产企业平均净利润方面，2015 年前三季度为 4.19 亿元，较 2014 年同期的 3.47 亿元同比上升 20.75％。这在一定程度上反映出房地产企业出现了显著分化，一方面，一些龙头企业的销售增加，开始增加土地储备，而另一方面，许多中小房地产企业资金链依然面临压力，出现了不同程度的亏损。

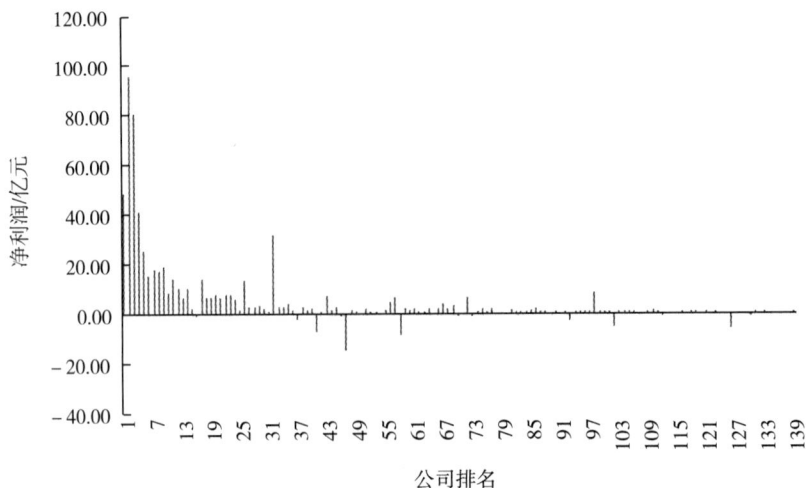

图 3　境内上市房地产企业 2015 年前三季度净利润分布

企业按每股收益由高到低排序

资料来源：Wind 数据库

图 4 为 2015 年前三季度净利润位于前 10 位的境内上市房地产企业净利润及同比变动值，可以看出其盈利状况呈现不同程度的变动，其中绿地控股尤为突出。

2）房地产企业盈利能力分析

如图 5 所示，2015 年前三季度摊薄净资产收益率变动情况数据的 139 家房地产上市公司中，摊薄净资产收益率同比上升与下降的公司家数之比为 54：85。房地产行业整体摊薄净资产收益率较 2014 年有所上升。2015 年第 3 季度，房地产上市公司平均摊薄净资产收益率为 3.31％，比 2014 年第 3 季度上升了 0.73％。

投资者通常根据每股收益（earning per share，EPS）衡量普通股的获利水平及投资风险，而"每股收益"用来评价"潜在普通股"对每股收益的影响，以避免该指标虚增可能带来的信息误导。稀释每股收益，即在基本每股收益的基础上，将潜在普通股（如公司发行的可转债）转换为普通股，使普通股总数增加，重新计算得到的每股收益。图 6 为 2015 年前三季度 139 家房地产上市企业的每股收益及同期变动情况。2015 年前三季度房地产上市企业每股收益分布区间为－3.39 元至 1.44 元，分布区间较 2014 年前三季度的－0.6 元至 2.13 元有所上升，房地产企业的分化状况日益显著。2015 年前三季度房地产行业平均每股收益为 0.14 元，较 2014 年同期下降 0.05 元，行业股权收益水平小幅下降。2014～2015 年前三季度每股收益同期变动比较中，实现上升或者不

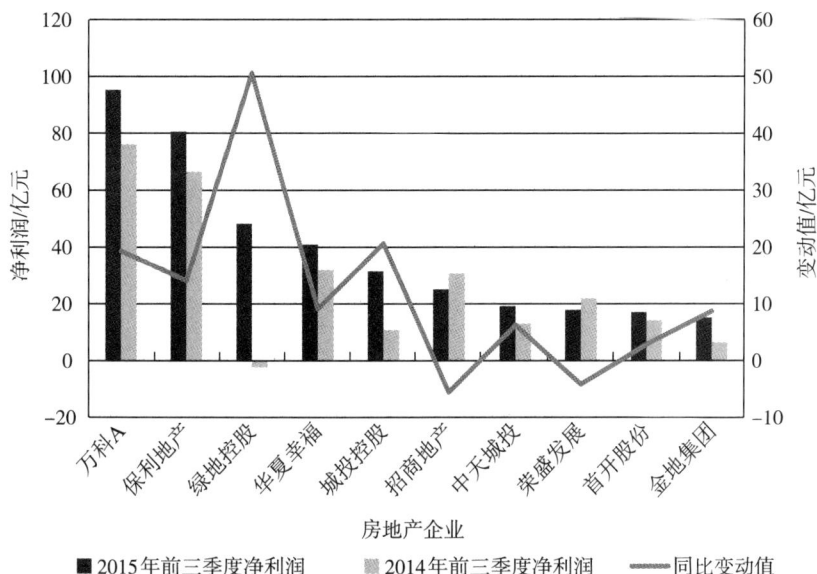

图 4 2015 年前三季度净利润排名前 10 位的境内上市房地产企业净利润及同比变动值

资料来源：Wind 数据库

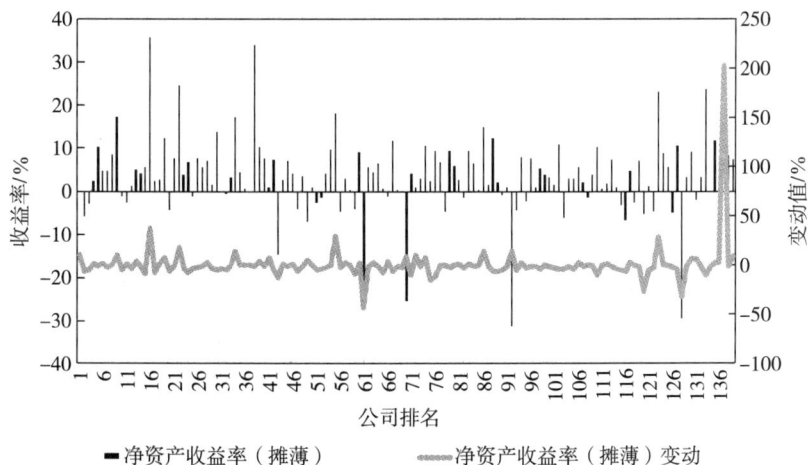

图 5 2015 年前三季度摊薄净资产收益率变动情况数据

图中企业按每股收益由高到低排序

资料来源：Wind 数据库

变的企业有 67 家，下降的企业则有 72 家，上升企业占比为 48.20%。

表 5、表 6 分别为 2014 年、2015 年前三季度每股收益排名前 10 的房地产公司。相对于 2014 年同期，2015 年各上市房地产公司收益基本持平，房地产企业股权收益差距继续缩小，说明大型房地产企业表现出平均权益持稳及趋同的态势。

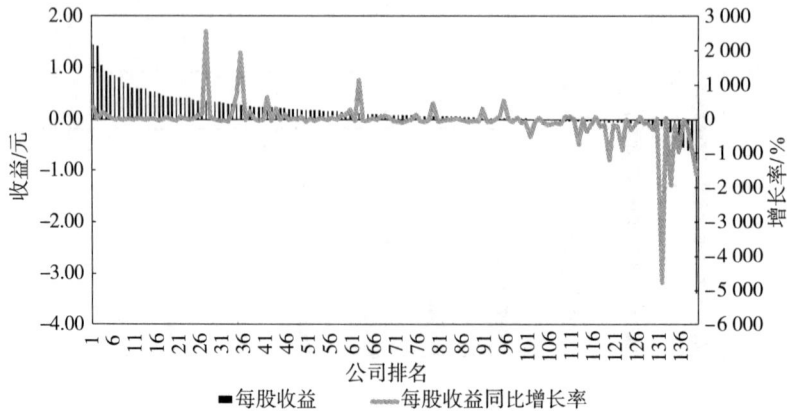

图 6 2015 年前三季度 139 家房地产上市企业的每股收益及同期变动情况

图中企业按每股收益由高到低排序

资料来源：Wind 数据库

表 5　2014 年前三季度每股收益排名前 10 的房地产企业（单位：元）

上市公司	每股收益
华夏幸福	2.13
荣盛发展	1.09
中天城投	1.01
招商地产	0.87
福星股份	0.81
电子城	0.73
海宁皮城	0.71
上实发展	0.67
世茂股份	0.66
深圳华强	0.64

资料来源：Wind 数据库

表 6　2015 年前三季度每股收益排名前 10 的房地产企业（单位：元）

上市公司	稀释每股收益
格力地产	1.44
华夏幸福	1.42
城投控股	1.05
南京高科	0.93
中洲控股	0.86
招商地产	0.86
泰禾集团	0.81

上市公司	稀释每股收益
福星股份	0.72
首开股份	0.69
万科 A	0.62

资料来源：Wind 数据库

3）房地产企业资金链状况分析

房地产开发企业的资金状况变化会对房地产开发及关联行业贷款风险、房地产信托兑付风险等产生显著影响。2015 年前三季度，由于货币政策定向宽松及房地产市场交易量回升，房地产企业投融资环境有所改善。目前房地产行业企业平均负债率呈逐月升高的趋势，经营性现金流为负，房地产企业集团内部相互担保现象普遍。在已披露的139 家房地产上市公司中，108 家负债水平高于 50％，63 家资产负债率高于 70％的警戒线。2015 年前三季度房地产企业平均资产负债率为 77.79％，较 2014 年的 63.33％有较大提升。

速动比率反映了企业的短期偿债能力，一般而言，速动比率应保持在 100％以上。2014～2015 年公布的 139 家房地产上市企业平均速动比率见图 7。由图 7 可知，房地产上市企业平均速动比率整体呈上升态势，说明其短期资金偿付债务能力有所提高。

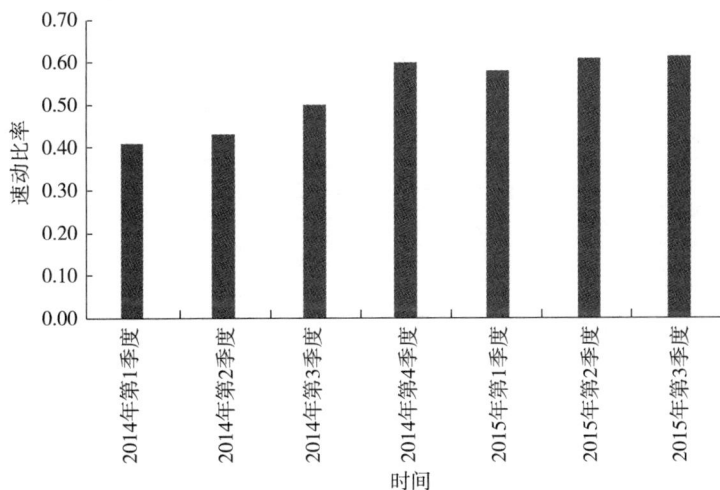

图 7　境内房地产上市企业平均速动比率

资料来源：Wind 数据库

流动比率用来反映长期偿债能力。2014～2015 年公布的 139 家房地产上市企业平均流动比率见图 8。由图 8 可知，部分房地产上市公司通过缩短期限、减少规模、提高频次来加速资金周转，提高资金周转率。但受房地产市场交易低迷的影响，其资金流动性并没有呈现显著回升。

每股经营现金流反映企业在实际经营中运用资本创造现金的能力。2015 年境内房

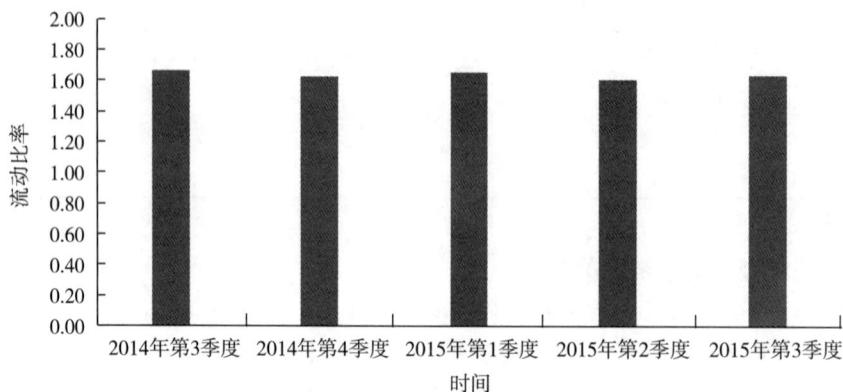

图 8　境内房地产上市企业平均流动比率

数据来源：Wind 数据库

地产上市企业平均每股净现金流量见图 9。在已披露 2015 年第 3 季度数据的 139 家房地产上市企业中，有 61 家企业的每股经营现金流量为正值，较 2014 年同期有所提高，其余 78 家公司每股经营现金流量均为负值或 0。这表明目前的房地产市场的资金周转能力较 2014 年有好转迹象。

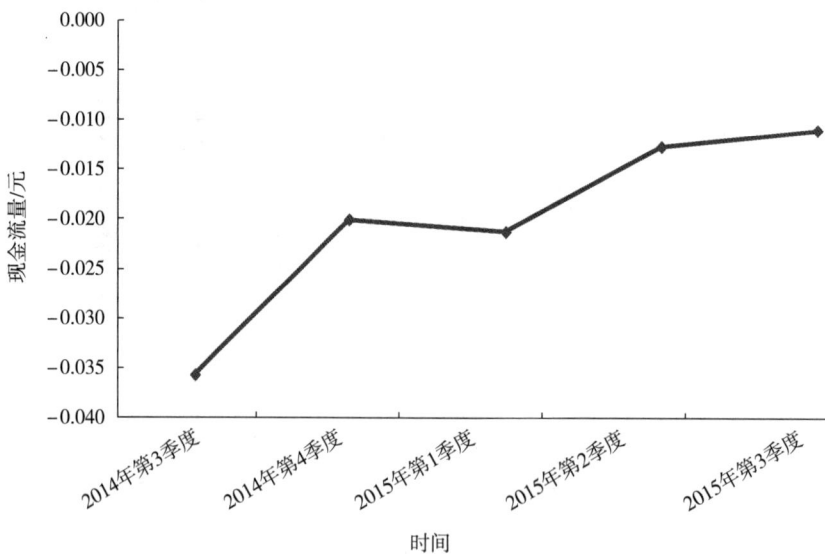

图 9　境内房地产上市企业平均每股净现金流量

资料来源：Wind 数据库

（二） 房地产供需情况

1. 房地产开发土地市场供需状况

2015 年 1～10 月，全国房地产开发企业完成土地购置面积 17 847.41 万平方米，与 2014 年同期相比下降 33.83%，增速下降 35.01 百分点。由图 10 可知，2015 年以来土地购置面积累计同比持续负增长，且平均增速为－32.61%。土地购置面积累计同比下降源于 2015 年年初开发投资低迷、市场交易低迷、开发商库存量较高、资金回笼速度慢等，因此开发商拿地意愿不强。

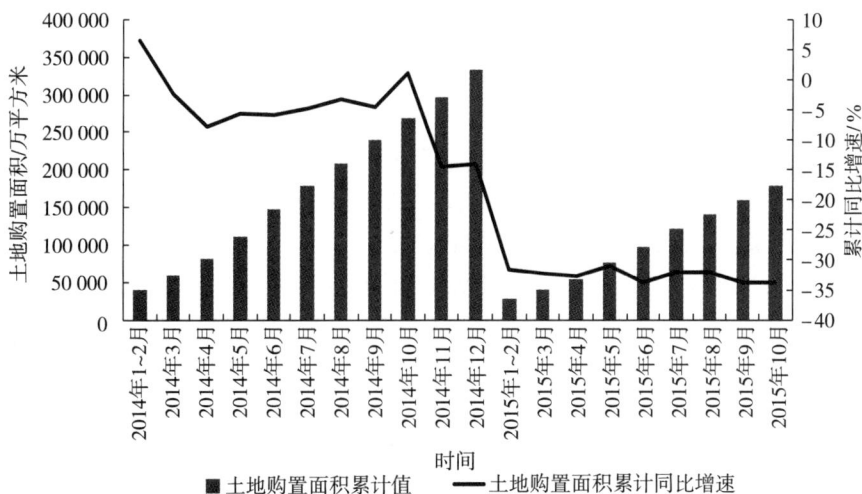

图 10　2014～2015 年土地购置面积及同比增速
资料来源：中国经济信息网统计数据库

表 7 为 2015 年 1～10 月中国东部、中部、西部地区房地产土地购置情况。从东部、中部、西部地区土地购置面积累计同比增速看，整体呈现持续下降趋势，东部地区下降速度最快，其次是中部。2014～2015 年房地产市场整体呈现下滑态势，不同地区市场差异化程度加深。

表 7　2015 年 1～10 月中国东部、中部、西部地区房地产土地购置情况

时间	土地购置面积/万平方米			累计土地购置面积同比增速/%		
	东部	中部	西部	东部	中部	西部
2015 年 1～2 月	1 157.17	690.89	924.71	－42.79	－37.22	－1.50
2015 年 3 月	621.01	383.36	274.29	－39.99	－29.63	－20.06
2015 年 4 月	699.70	367.57	350.78	－37.80	－29.85	－25.90
2015 年 5 月	838.05	628.66	714.29	－38.94	－25.73	－21.16

续表

时间	土地购置面积/万平方米			累计土地购置面积同比增速/%		
	东部	中部	西部	东部	中部	西部
2015 年 6 月	870.69	595.40	683.17	−40.95	−29.10	−25.52
2015 年 7 月	1 074.89	659.85	578.89	−36.15	−28.99	−28.03
2015 年 8 月	928.08	501.12	573.45	−35.36	−29.71	−28.93
2015 年 9 月	647.53	508.50	618.19	−37.65	−30.85	−30.41
2015 年 10 月	775.21	549.12	632.86	−37.39	−30.94	−30.88

注：西部地区不含西藏

资料来源：中国经济信息网统计数据库

2. 房地产市场开发建设状况

近几年房地产市场开发投资增速较快，房地产新开工面积持续稳定增长，2015 年 1～10 月，受商品房竣工面积、保障性住房建设等因素的影响，商品房供给量较为充足。2015 年受库存压力、房地产开发投资增速放缓及房地产企业资金压力等因素的影响，商品房竣工面积出现了持续性的负增长。

2015 年 1～10 月，商品房竣工面积累计 61 200.64 万平方米，较 2014 年同期下降 4.21%，增速减少了 11.78 百分点。由图 11 可知，2015 年，商品房竣工面积累计同比增速呈现持续性负增长，整体增速均值为−11.16%。

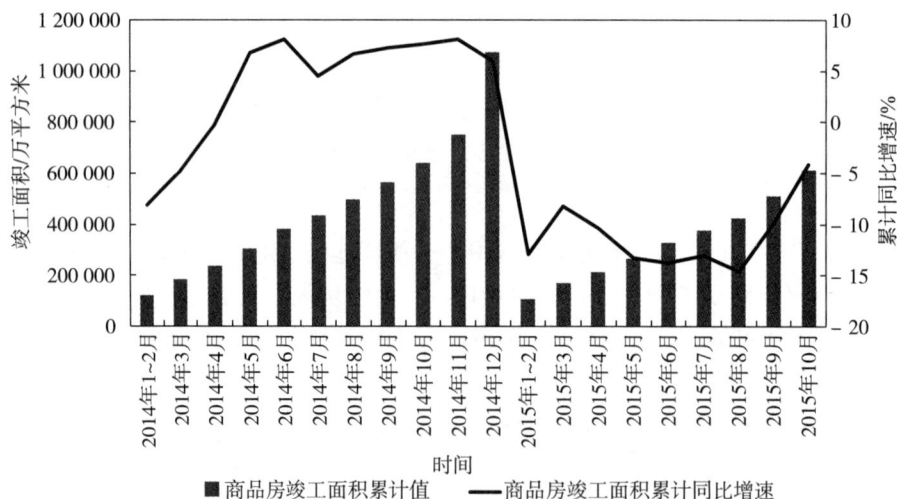

图 11　2014～2015 年商品房竣工面积及累计同比增速

资料来源：中国经济信息网统计数据库

2015 年 1～10 月，商品房待售面积累计 68 632 万平方米，较 2014 年同期增长 17.85%，其中住宅待售面积累计 43 654 万平方米，较 2014 年同期增长 14.02%。如图 12 所示，受房地产市场销售增速减缓及商品房竣工面积累计同比增速逐月增加的影响，2014 年商品房和住宅待售面积逐月增加，房地产市场库存始终位于较高水平。2015 年受信贷政策宽松、公积金政策调整等因素的影响，房地产市场交易情况有所好转，待售面积同比增速放缓，房地产市场去库存周期缩短。

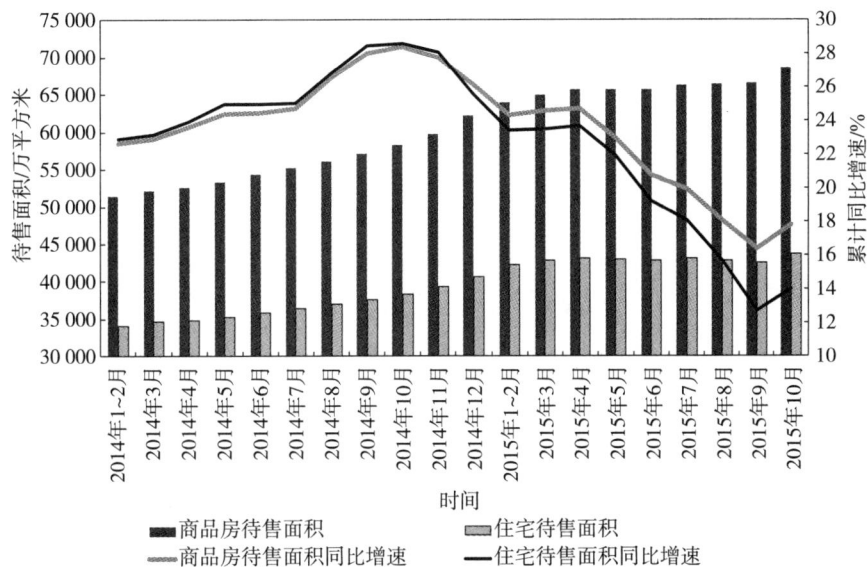

图 12　2014～2015 年商品房待售面积及累计同比增速

资料来源：中国经济信息网统计数据库

3. 商品房销售状况

2015 年 1～10 月，中国商品房销售面积累计 94 898.12 万平方米，较 2014 年同期增长 7.24%，增速提高 14.99 百分点。其中住宅销售面积累计 83 713.35 万平方米，较 2014 年同期增长 7.87%，增速提高 17.33 百分点。

如图 13 所示，2014 年商品房与住宅销售面积累计同比持续负增长。2015 年 2 月以来，商品房与住宅销售面积开始缓慢回升，增速由负转正，受信贷政策宽松、公积金政策调整等影响，房地产市场需求有所释放。从地区销售情况来看（表 8），东部、中部、西部三地区商品房销售面积累计同比增速均由负转正。截至 2015 年 10 月，东部地区商品房销售面积累计同比增速达到 9.32%，中部地区受自身人口、经济、库存量等因素影响，商品房销售面积累计同比增速低于东部地区，达到 6.98%，而西部地区受库存压力、有效需求不足等影响，商品房销售面积累计同比增速为 3.92%，低于东部与中部地区。

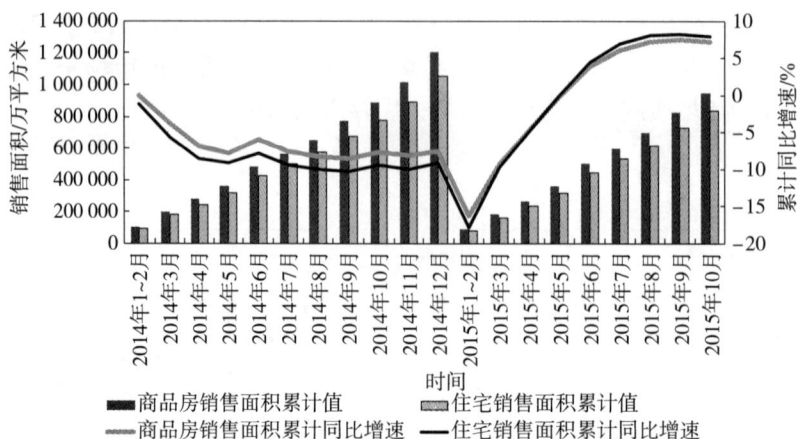

图 13　2014～2015 年商品房销售面积及累计同比增速

资料来源：中国经济信息网统计数据库

表 8　2015 年 1～10 月商品房销售面积情况表

时间	商品房销售面积/万平方米			累计商品房销售面积同比增速/%		
	东部	中部	西部	东部	中部	西部
2015 年 1～2 月	4 200	2 182	2 382	−17.47	−22.07	−7.57
2015 年 3 月	4 342	2 560	2 588	−11.92	−10.92	−2.34
2015 年 4 月	3 971	2 087	2 073	−6.20	−6.44	−0.40
2015 年 5 月	4 703	2 443	2 466	0.25	−2.71	1.52
2015 年 6 月	6 749	3 886	3 633	5.90	1.31	3.09
2015 年 7 月	4 745	2 541	2 364	8.60	3.30	4.44
2015 年 8 月	4 850	2 442	2 468	10.09	4.20	5.16
2015 年 9 月	5 902	3 855	3 476	9.90	6.30	4.48
2015 年 10 月	5 252	3 398	3 339	9.32	6.98	3.92

资料来源：中国经济信息网统计数据库

2015 年 1～10 月，中国商品房销售额累计 64 789.77 亿元，较 2014 年同期增长 14.91%，增速提高了 22.83 百分点。其中住宅销售额累计 54 702.71 亿元，较 2014 年同期增长 17.96%，增速提高了 27.88 百分点。

如图 14 所示，2015 年商品房和住宅销售额较 2014 年呈现显著增长。从地区销售情况来看（表 9），东部、中部、西部地区商品房销售额与销售面积的变化趋势保持一致。其中，东部地区商品房销售额相较于 2014 年出现显著反弹，累计同比增速显著上升；中部与西部地区的回升幅度则相对较小。

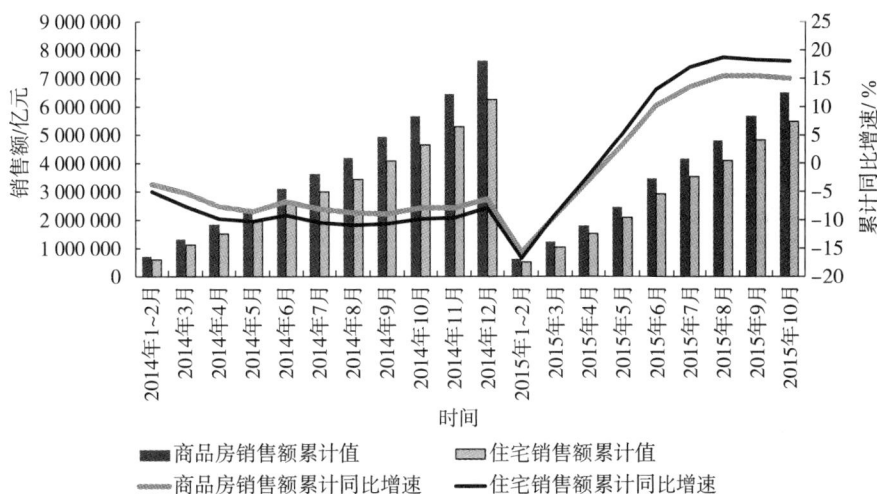

图 14　2014～2015 年商品房销售额及增速

资料来源：中国经济信息网统计数据库

表 9　2015 年 1～10 月商品房销售额情况表

时间	商品房销售额/亿元			累计商品房销售额同比增速/%		
	东部	中部	西部	东部	中部	西部
2015 年 1～2 月	3 642	1 103	1 228	−16.41	−21.49	−7.63
2015 年 3 月	3 479	1 274	1 298	−10.79	−10.41	−3.91
2015 年 4 月	3 537	1 093	1 085	−2.82	−5.08	−1.96
2015 年 5 月	4 123	1 262	1 285	5.17	−0.70	0.86
2015 年 6 月	6 029	1 983	1 839	15.28	3.13	2.50
2015 年 7 月	4 337	1 342	1 233	19.62	5.80	3.78
2015 年 8 月	4 341	1 296	1 233	22.21	7.39	4.28
2015 年 9 月	5 099	1 880	1 724	21.70	8.67	4.33
2015 年 10 月	4 618	1 713	1 714	20.67	9.55	4.64

资料来源：中国经济信息网统计数据库

（三）　房地产价格波动

2015 年 1～10 月全国土地购置均价为 3 246.47 元/平方米，较 2014 年同比增长 13.03%，增幅减少了 5.98 百分点。分月度看，2015 年各月累计值均高于 2014 年同期水平，说明土地购置价格仍延续持续上升的趋势，如图 15 所示。

2015 年 1～10 月全国商品房销售均价为 6 827.30 元/平方米，较 2014 年同期增长 7.15%，增速提高了 7.34 百分点。2015 年商品房销售均价呈现持续增长的趋势，8 月

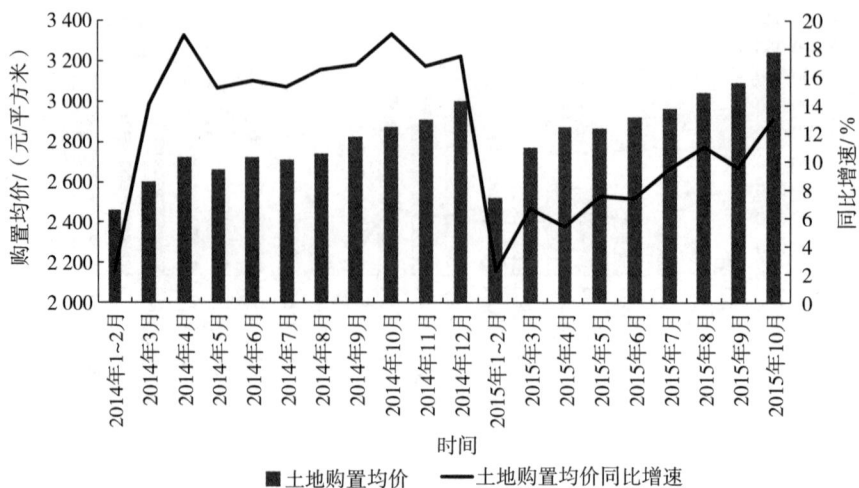

图 15　2014～2015 年全国土地购置均价及增速

资料来源：中国经济信息网统计数据库

以后增速有所放缓，出现小幅回落，如图 16 所示。

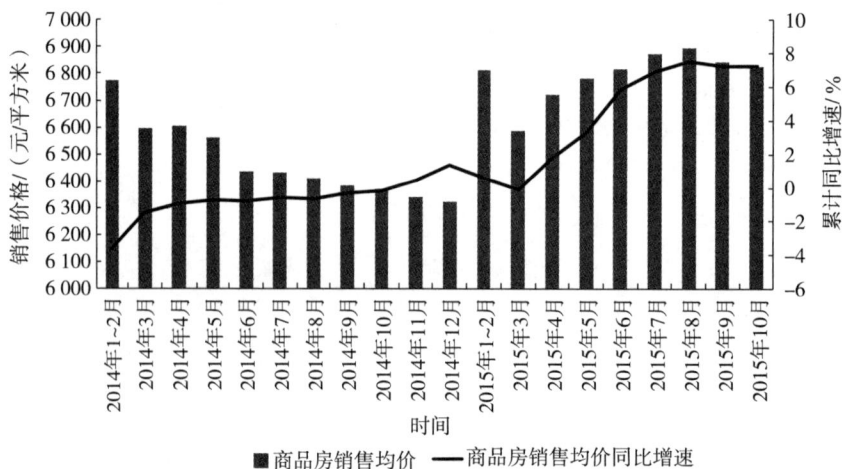

图 16　2014～2015 年全国商品房销售均价及累计同比增速

资料来源：中国经济信息网统计数据库

　　分区域看，2015 年 6 月以来一线城市房地产市场销售价格呈现稳定增长的趋势，2015 年 10 月商品房销售均价为 31 854 元/平方米，同比增幅是 13.75%。而二线和三线城市的同比增速均为负增长，分别为 -1.28% 和 -2.66%，说明目前投资者对于二、三线城市未来的上升预期较低、投资意愿较弱，这也导致了一线城市与二、三线城市之间的分化越来越严重（表 10）。

表 10　2015 年 1～10 月一、二和三线城市商品房平均价格情况表

时间	商品房价格/（元/平方米）			商品房价格同比增速/%		
	一线	二线	三线	一线	二线	三线
2015 年 1 月	28 283	9 924	6 824	0.21	−4.30	−5.96
2015 年 2 月	28 259	9 890	6 796	−1.07	−4.84	−6.24
2015 年 3 月	28 267	9 855	6 791	−1.73	−5.58	−6.27
2015 年 4 月	28 380	9 843	6 773	−1.66	−5.68	−6.45
2015 年 5 月	28 800	9 867	6 750	−0.05	−5.11	−6.29
2015 年 6 月	29 516	9 894	6 749	3.06	−4.11	−5.68
2015 年 7 月	30 564	9 902	6 739	7.79	−3.27	−5.15
2015 年 8 月	31 084	9 924	6 742	9.94	−2.16	−4.58
2015 年 9 月	31 396	9 907	6 762	12.04	−1.59	−3.45
2015 年 10 月	31 854	9 885	6 765	13.75	−1.28	−2.66

资料来源：Wind 数据库

（四）　2015 年房地产市场特征分析

1）供需关系存在区域差异化，市场分化程度显著

2015 年以来，中国房地产市场分化情况日益显著，在商品房销售价格、开发投资、销售情况等方面，一线城市商品房销售价格和交易量均有所回升，而房地产开发投资增速显著下滑，二、三线城市商品房销售价格和交易量也有不同程度的回升，但低于一线城市的水平。

一线城市和部分二线城市，由于人口净流入较大且人口规模突出，购买力较强，市场有效需求逐年上升。同时受利率降低、信贷政策宽松、公积金政策调整等因素的影响，其上升趋势较为显著，市场有效需求得到进一步释放。三、四线城市受有效需求不足、供给过剩等因素的影响，房地产市场交易量呈下降趋势，市场去库存压力较大。

2）利好政策频现，需求得到释放

截止到 10 月，除了一线城市以外，实施住房限购的城市都已放弃或放松限购政策，通过降低购房资格要求、落户优惠、放松公积金贷款、给予契税补贴等方式刺激有效需求入市。

2015 年前两季度房地产行业的整体库存量呈持续增加趋势，受利好政策影响，第 3 季度开始库存量有明显下降趋势，使房地产企业的资金周转压力得以缓解。国家各项利好政策的出台，以及市场交易量的增加，有利于缓解房地产企业资金流动性问题，同时，各项利好财税政策能够刺激部分需求得到释放，加速去库存化。

二、 2016 年房地产市场展望

2015 年在经济运行存在下行压力的情况下，房地产市场发展成为政府促消费、保投资所关注的重点，通过信贷政策与住房公积金政策的调整，房地产市场呈现逐步回暖的趋势。2016 年宏观经济运行仍存在诸多不确定性，房地产市场仍处于下行周期，诸多因素相互作用影响中国房地产市场的发展趋势。

（一） 影响 2016 年房地产市场走势的主要因素

1. 房地产市场长期影响因素分析

1）人口因素

人口是影响房地产市场需求的重要因素，人口总量、人口增速、人口结构及人口迁移等因素对房地产市场现阶段状况及未来发展趋势或潜在风险具有重要影响。近年来，随着房地产刚性需求的逐步释放、适龄购房人口的下降及人口抚养比上升引起的人口红利逐年减弱，未来房地产市场发展将逐步向改善型需求调整，预计未来 10～20 年居民二次置业需求将超过首次置业需求。

现阶段中国人口流动的特征是人口向区域中心城市（如直辖市及省会城市）集聚，尤其是东部沿海城市（如长三角、珠三角、京津冀等地区），其为人口净流入水平较高的城市，人口流动增加了相应的住房需求。同时随着中国户籍制度改革的推进，城市将进一步吸引人口流入，尤其是具有资源优势的城市，其对人口的吸引力具有更高优势，将进一步推动购房需求，也会进一步加深城市房地产发展水平的差异。未来城市的常住人口、流动人口数量、居民收入分配、全社会人口抚养比等均将对城市住房需求产生深远影响，尤其是人口结构因素的影响程度将在时间与空间上得到显著提升。当期，在房价持续上升的预期背景下，两代甚至三代人的储蓄同时释于房地产市场，对当前的房地产市场供给形成一定压力。未来一段时间内中国的人口年龄结构将呈现出老年人口比例的持续升高、中青年人口的比例持续下降的局面，预计未来 10～25 年中国城市人口住房需求将呈现"倒 U"形的发展趋势。

2）新型城镇化

中国的城镇化建设为固定资产投资、宏观经济运行、房地产市场发展及人民生活水平的提高做出了重要贡献。城镇化发展对房地产市场的影响随着城镇化进程的加快逐渐显现，在过去的发展过程中，城镇化水平的提高对于房地产业的发展具有明显的带动作用，二者之间存在长期的正向稳定关系。城镇化发展水平的提高对于房地产市场投资额、商品房销售面积及商品房平均销售价格均存在正向的影响。同时，新型城镇化发展水平也扩大了房地产市场投资对于经济发展的贡献度。现阶段新型城镇化建设与房地产市场发展的进程中，房地产市场呈现出区域发展不均衡的特征，尤其是三、四线城市房地产市场整体开发投资过剩，高库存、低需求成为三、四线城市房地产市场发展面临的重要压力。要缓解现阶段供需矛盾，新型城镇化建设是三、四线城市房地产市场发展的重要动力，2014 年全国城镇化率约为 54.77％，预计 2020 年中国城镇化率为 60％左右。稳定的新型城镇化发展进程将带来稳定的住房刚性需求，将逐步改善三、四线城市房地产市场投资过剩的问题。

3）不动产登记与户籍制度改革

加快推进长效机制建设一直是政府房地产调控工作关注的重点，其中包括不动产登记与户籍制度改革。2015 年中国不动产登记进入实质性建设阶段，预计 2017 年基本建成覆盖全国的不动产登记信息系统。同时，政策规定要加强房屋交易与不动产统一登记，做好不动产统一登记与房屋交易管理的有序衔接。作为中国房地产发展的长效管理机制，不动产登记工作的稳步推进将逐步促进中国房地产市场的规范运行，不动产登记所建立的信息数据库可以成为政府房地产调控有效的决策辅助工具，便于出台更为灵活的、有针对性的调控政策，通过智能化的数据分析可以有效地监控房地产调控政策的实施情况，评估政策实施效果。

在推进新型城镇化建设与不动产登记制度的同时，户籍制度改革也在稳步推进。户籍制改革有利于让更多的农村人口流向城市，这些人口在城市定居能够给房地产市场带来更多的需求量，户籍制度改革将有利于解决中小城镇落户和配套福利措施，有利于促进中小城市的城镇化建设，尤其对于三、四线城市而言，放开小城市落户限制，有序放开中等城市落户限制，有利于实现三、四线城市的人口集聚能力，切实促进中小城镇住房需求，逐步解决三、四线城市房地产市场去库存的压力。同时，住房公积金制度改革与保障性住房分配制度的完善，将进一步促进城镇住房需求，促进房地产市场稳定发展。

4）"一带一路"战略与京津冀一体化

"一带一路"战略的提出有利于加快向西开放步伐，促进中国中部、西部地区和沿边地区对外开放，在实现"东—西"互动过程中促进中部地区的崛起，对缓解区域发展不均衡问题起到重要作用，同时进一步加快产业合理分布和上下游联动机制，能够有效促进区域经济发展。该战略涵盖范围包括 18 个省、自治区和直辖市，其中属于中部、西部地区的有 10 个，2013 年、2014 年涵盖地区的房地产开发投资额分别占全国总量的49.9％、49.1％，商品房销售面积分别占全国总量的 45.5％、43.7％。"一带一路"战略的实施在带动区域经济发展的同时，也将为中部、西部地区房地产市场的发展提供新的机遇，基础设施的互联互通为区域人口流动提供更高的可能性，将带来区域住宅刚性需求，为房地产市场的发展提供交通支持，而贸易畅通则有利于消除投资与贸易壁垒，促进产业结构调整与区域经济增长，为区域房地产市场的发展提供经济基础。

区域一体化发展将有效推动与辐射区域房地产市场的发展，"京津冀一体化"将为北京周边城市房地产市场带来新的发展机遇。基础设施投资，尤其是交通设施投资，将大幅降低通勤成本，提升北京周边地区的交通优势。同时，首都外迁资源带动周边城市产业结构优化，增加就业机会，提高经济增速，有助于人口集聚能力的实现，经济增速提高带动收入增长将进一步提高居民购买力，有力地推动市场住房需求的提升。此外，受北京高房价辐射作用的影响，北京周边城市房价未来仍具有上涨空间。京津冀一体化将对北京周边城市房地产市场量价提升营造新的上升空间，将迎来新一轮的结构性发展。特别河北作为非首都职能外迁的主要承接省份，将直接提升其人口吸附能力与经济发展水平，有利于促进河北城镇化发展，带动房地产市场有效需求的进一步扩大，房地产市场结构、规模均将有显著提升。

2. 房地产市场短期影响因素分析

影响中国房地产市场发展的短期因素主要有以下几个方面。

1）宏观经济运行

2015 年以来宏观经济运行的下行压力加大，第 3 季度 GDP 同比增速为 6.9%，较第 2 季度出现小幅回落，比 2014 年全年 GDP 增速下降 0.4 百分点（2014 年 GDP 增速为 7.3%），经济潜在增长速度趋势放缓。尽管 2014 年 11 月以来国家发改委采取了一系列稳增长措施，中国人民银行也实施了降息、降准的宽松货币政策，但未能从根本上扭转经济下行的趋势，而资本市场的大幅波动也削弱了金融市场对经济发展的支持作用。2015 年 10 月制造业 PMI 为 49.8%，较 9 月持平，但仍处于收缩区间，而财新制造业 PMI 10 月终值为 48.3%，虽然较 9 月有显著提升，中小企业的经营状况仍不容乐观，制造业发展动力仍存在不足。同时 2015 年 1~10 月，房地产开发投资增速继续回落，同比增长 2.0%，同比增速连续 20 个月回落，固定资产投资增速为 10.2%，明显低于 2014 年同期的 15.9%。房地产投资占固定资产投资比例出现显著下降，约占整体的 17%，对整体经济影响较为显著。其中，中部、西部地区房地产投资开发增速要低于整体水平，而西部地区住宅开发投资增速也出现近几年的首次下降。房地产市场发展与整体经济发展相互影响，经济发展增速趋缓，在一定程度上影响房地产市场需求。固定资产投资是当前经济运行较为不确定的因素，同时其投资增速的企稳回升也离不开房地产市场投资的支撑。受货币政策及企业去库存化进程的加快，预计的 2016 年房地产开发投资增速较 2015 年有显著提高，其将促进固定资产投资增速的提升，对经济发展起到一定的促进作用，但房地产市场仍处于下行周期。

2）货币政策

2015 年在稳增长、促消费、保投资的指导背景下，中国开启了新一轮的货币宽松周期，通过多次降息、降准等宽松货币政策的调整，房地产贷款成本达到了历史新低。通过降低首套房首付比例及二套房公积金首付比例、取消限外令、降低房屋转让手续费用等措施，政府为房地产市场发展营造更为宽松的市场环境，以刺激房地产需求入市，促进市场去库存化进程，房地产市场运行有所回暖，交易量有所提升，房地产开发商资金压力也得到了一定的缓解，开发商累计到位资金从 6 月开始稳步提升，市场供应有所增加，短期出清周期出现平稳下降。信贷政策的调整对于短期房地产市场的回升具有显著的促进作用。未来货币政策将在外汇占款变动、资本外流状况、通货膨胀走势等多重因素影响下灵活调整，以保持市场资金合理充裕，这有利于促进房地产需求持续释放，降低市场风险，改善金融机构的贷款意愿和房地产企业的投资意愿。预计未来仍会有宽松信贷政策，以推动企业投资融，促进房地产市场去库存化，一线城市和部分二线城市的房地产市场价格仍将延续温和上涨的趋势，而三、四城市去库存压力仍未显著改善，房价存在下行压力。

3）土地供给

土地供给对于房地产市场的调节作用体现为通过增加住房供给来抑制房价上涨，其政策的效果表现为价跌量涨，即家庭的住房持有量上升。同时土地供给调节政策能够促进经济增长，土地供给调节政策对总产出具有正向影响，对私人消费也有促进作用，是调控房地产市场的有效政策工具。据统计，2015 年 1～9 月中国主要城市住宅土地供给面积同比减少 31％，住宅用地成交面积同比减少 35％，住宅类用地楼面均价则同比上升 22％，其中第 3 季度受政策宽松与市场回暖的影响，供求量有所回升，不同城市供求分化程度加剧。一线城市土地市场受政策与供地面积的影响，土地市场仍然供不应求，成交均价同比增速小幅上升；二线城市住宅用地楼面均价及溢价率均出现显著上升，市场表现以分化为主；三、四线城市成交面积、楼面均价及溢价率等指标均呈下降趋势。2015 年 1～9 月住宅用地供给与成交面积均为 2010 年以来最低水平。2013 年以来住宅用地供给与成交面积呈现下降趋势，未来一段时间内土地市场供应处于下行周期，尤其是一线城市与部分二线城市土地供求矛盾突出，楼面均价将进一步提升，促进房价上涨。2015 年受房地产市场需求下降的影响，房地产市场新开工面积放缓，第 3 季度以来房地产市场交易提升，房地产企业待开发土地面积相对充足，预计 2016 年房地产市场新开工面积将有所回升。

4）库存化水平

在经济运行存在下行压力的情况下，政府更加注重房地产在促消费、保投资方面的重要作用，多轮信贷政策刺激的目标在于降低购房成本，刺激市场需求释放，加快房地产市场去库存化。2015 年 5 月末，商品住宅待售面积自 2014 年来首次出现下降，6 月末延续下降态势，比 5 月末减少 191 万平方米。2015 年 10 月末，商品房待售面积为68 632 万平方米，比 9 月末增加 2 122 万平方米，其中，住宅待售面积增加 1 180 万平方米，商业营业用房待售面积有所增加。未来一段时间内，去库存仍是房地产市场的主要目标。当前房地产市场去库存化压力主要集中于三、四城市，受土地成交规模的影响，房地产市场存在投资过剩、有效需求不足等问题，同时三、四城市对人口的聚纳能力落后于一、二线城市，部分三、四线城市的人口净流出现象严重，潜在需求增速放缓，造成房地产市场供应过剩。

3. 房地产市场影响因素总结

2016 年房地产价格影响因素一览表如表 11 所示。

表 11　2016 年房地产价格影响因素一览表

影响因素	指标	说明	影响周期	对房地产市场价格影响
政策环境	人口因素：二胎政策	未来人口呈现增长趋势，增加房地产市场需求	长期	利好
	新型城镇化	对房地产市场各项指标均存在正向影响	长期	利好
	不动产登记与户籍制度改革	便于出台更为灵活的、有针对性的调控政策	长期	中性偏利空
	"一带一路"战略与京津冀一体化	有利于落后地区的房地产市场发展	长期	利好
	国家级新区规划与建设	提高该区域的人民收入，并带动房地产市场发展	长期	利好
	货币政策	将继续量化宽松的货币政策	短期	利好
	财税政策	降息、降准、降首付，货币信贷政策持续发力	短期	利好
	行政政策	一线城市松绑但未放开限购，其他城市放开	短期	利好
	宏观经济运行	下行压力加大	短期	利空
房地产行业运行状况	房地产新开工和竣工面积	由于 2014 年土地购置面积较多，而 2015 年开工和竣工面积较少，因此 2016 年的新开工和竣工面积将会小幅提升	短期	利空
	土地开发及购置	土地开发及购置将会有所提升	短期	利空
	库存化水平	虽然库存有减少的趋势，但是库存量仍然较大，急需去库存	短期	利空
	保障房及棚户区改造	将继续增加该方面的投资，能够释放更多需求，但不利于商品房市场	短期	利空
	需求预测	同比增长，但增幅下降	短期	利空
	供给预测	同比增长，且增幅增长	短期	利空
	房地产企业财务状况	企业的资产负债比率过高，财务风险较大，急需回笼资金周转	短期	利空

（二）　2016 年房地产市场预测

1. 房地产开发投资预测

预计 2016 年房地产开发投资完成额约为 106 556 亿元，同比增长约为 7.5%，增幅较 2015 年提高约 3.2 百分点，其中 2015 年第 1 季度房地产开发投资完成额约为 17 671 亿元，第 2 季度约为 28 620 亿元，第 3 季度约为 29 580 亿元，第 4 季度约为 30 685 亿元（图 17）。其中住宅开发投资完成额约为 71 200 亿元，同比增长 6.4%，增速较 2015 年提高约 2.4 百分点。

预计 2016 年房地产企业购置土地投资额约为 16 965 亿元，同比增长约 6.6%，其

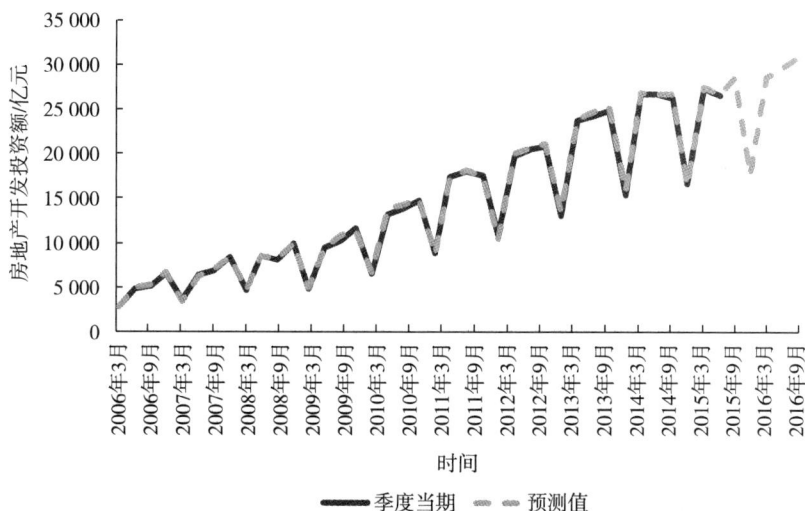

图 17 2016 年房地产开发投资额预测
资料来源：Wind 数据库

中 2015 年第 1 季度房地产企业购置土地投资额约为 3 080 亿元，第 2 季度约为 4 192 亿元，第 3 季度约为 6 049 亿元，第 4 季度约为 3 644 亿元（图 18）。

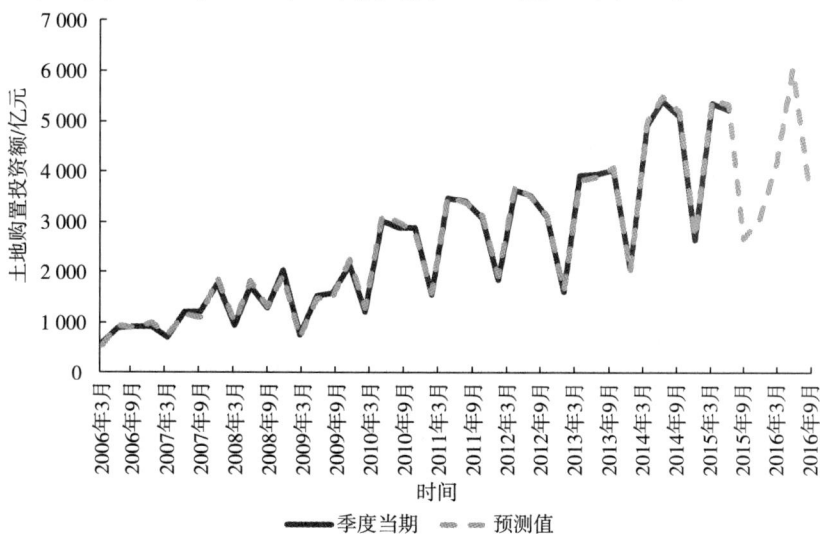

图 18 2016 年土地购置投资额预测
资料来源：Wind 数据库

2. 房地产需求预测

预计 2016 年全国商品房销售面积约为 128 781 万平方米，同比增长约为 1.7%，增幅较 2015 年下降 3.3 百分点，其中，2015 年第 1 季度全国商品房销售面积约为 19 749

万平方米，第 2 季度约为 32 034 万平方米，第 3 季度约为 32 384 万平方米，第 4 季度约为 44 614 万平方米（图 19）。全国住宅销售面积约为 112 582 万平方米，同比增长约 1.6％，增幅较 2015 年下降 3.8 百分点。

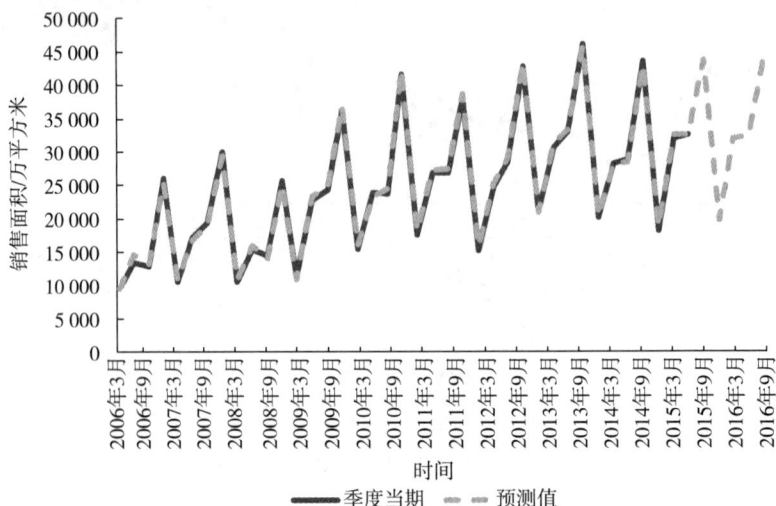

图 19　2016 年商品房销售面积预测

资料来源：Wind 数据库

预计 2016 年全国商品房销售额约为 90 275 亿元，同比增长 5.7％，增幅较 2015 年下降 6.3 百分点，其中，2015 年第 1 季度全国商品房销售额约为 13 279 亿元，第 2 季度约为 23 023 亿元，第 3 季度约为 23 381 亿元，第 4 季度约为 30 592 亿元（图 20）。全国住宅销售额约为 74 506 亿元，同比增长 7.6％，增幅较 2015 年下降 3.4 百分点。

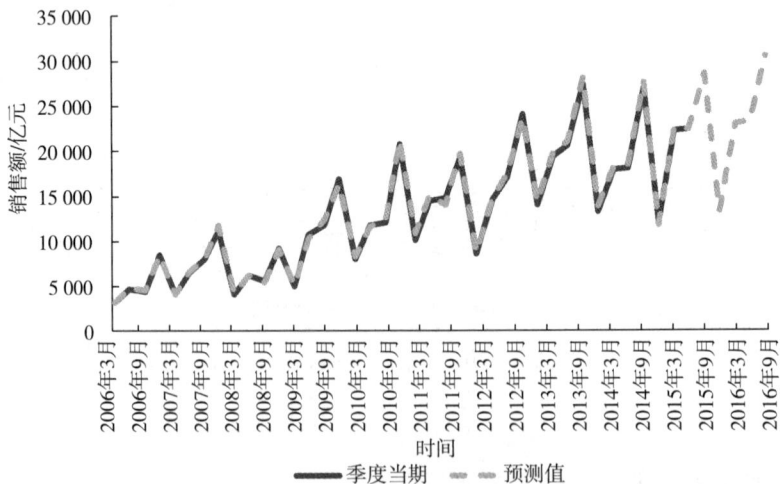

图 20　2016 年商品房销售额预测

资料来源：Wind 数据库

3. 房地产供给预测

预计 2016 年房地产新开工面积约为 168 788 万平方米，较 2015 年同比增长 3.6%，增幅较 2015 年提高约 13 百分点（图 21）。房地产施工面积约为 802 739 万平方米，同比增长 8.4%，增幅较 2015 年提高约 6.4 百分点。房地产竣工面积约为 108 721 万平方米，较 2015 年同比增加约 6.8%，增幅较 2015 年提高约 11 百分点。

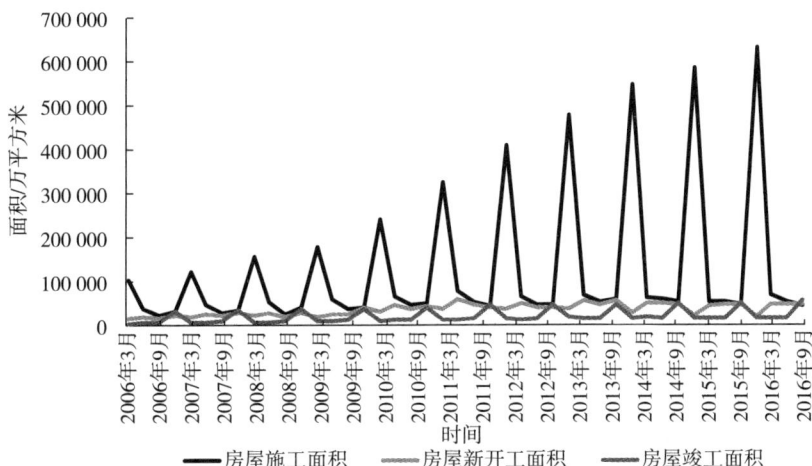

图 21 2016 年房地产市场供给预测

资料来源：Wind 数据库

4. 房地产价格预测

基于经济计量预测模型及表 11 的因素分析，全国房地产市场价格预测结果如图 22 所示。根据图 22 可知，预计 2016 年全年商品房平均销售价格约为 7010 元/平方米，在服从正态分布、置信水平 0.95 上的置信区间为 [6 646，7 372]，均值较 2015 年同比增长 3.9%，增幅较 2015 年降低约 1 百分点，其中住宅平均销售价格约为 6 618 元/平方米，较 2015 年同比增长 3.1%，增幅较 2015 年下降约 3.2 百分点。2016 年第 1 季度商品房销售均价同比上涨约为 4.4%；2016 年第 1、第 2 季度商品房销售均价同比上涨 5%；2016 年第 1～第 3 季度商品房销售均价同比上涨 4.7%；2016 年第 1～第 4 季度商品房销售均价同比上升约 3.9%。

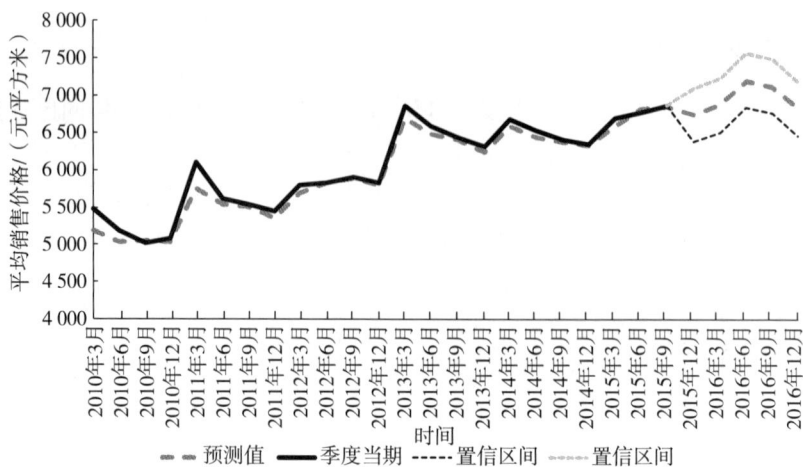

图 22　2016 年全国商品房平均销售价格预测（累计值）

资料来源：Wind 数据库

三、　2016 年房地产调控政策建议

2015 年为促进房地产市场投资与消费，中央与地方出台了一系列的信贷政策促进房地产市场交易，同时进一步深化住房公积金改革。各地区结合本地的实际情况，相继出台政策稳定房地产市场，一方面从需求端缓解去库存压力，各地分别采取财务财政补贴、放宽套型比例、税费减免等方式，加大去库存力度，在多重利好政策叠加的情况下，刺激刚性市场需求；另一方面从供应端调节供应，适应房地产市场需求。

（一）　2015 年房地产调控政策回顾

2015 年以来与房地产市场发展相关的重要事件及主要相关内容见表 12，按照时间顺序对其进行了梳理与总结。

表 12　2015 年房地产政策重要事件

时间	重要事件	主要内容
1 月 14 日	住房城乡建设部关于加快培育和发展住房租赁市场的指导意见	鼓励房地产投资信托基金（real estate investment trust，REITs）试点，增加住房租赁市场资金多元化供给，放宽提取住房公积金支付房租条件
2 月 4 日	中国人民银行存款准备金率调整	下调金融机构人民币存款准备金率 0.5 百分点
3 月 1 日	中国人民银行贷款和存款基准利率调整	贷款和存款基准利率下调 0.25 百分点，金融机构存款利率浮动区间的上限由存款基准利率的 1.2 倍调整为 1.3 倍

时间	重要事件	主要内容
3 月 1 日	《不动产登记暂行条例》正式实施	规范登记行为、明确登记程序、界定查询权限，整合土地、房屋、林地、草原、海域等登记职责，实现不动产登记机构、登记簿册、登记依据和信息平台"四统一"
3 月 15 日	政府工作报告	稳定房地产市场消费 坚持分类指导，因地施策，支持居民自住型和改善型消费，促进房地产市场平稳健康发展
3 月 27 日	国土资源部 住房城乡建设部关于优化 2015 年住房及用地供应结构促进房地产市场平稳健康发展的通知	允许房地产开发企业有条件地适当调整套型结构，对不适应市场需求的住房户型做出调整，满足合理的自住和改善性住房需求 住房供应明显偏多的市、县，或在建住宅用地规模过大的市、县，应明显减少住宅用地供应量直至暂停计划供应；住房供求矛盾比较突出的热点城市，应根据市场实际情况有效增加住宅用地供应规模
3 月 30 日	三部门关于个人住房贷款政策有关问题的通知	对拥有一套住房且相应购房贷款未结清的居民家庭，为改善居住条件再次申请商业性个人住房贷款购买普通自住房，最低首付款比例调整为不低于 40%
3 月 31 日	关于调整个人住房转让营业税政策的通知	个人将购买两年以上（含两年）的非普通住房对外销售的，按照其销售收入减去购买房屋的价款后的差额征收营业税；个人将购买两年以上（含两年）的普通住房对外销售的，免征营业税
4 月 20 日	中国人民银行关于各类存款类金融机构人民币存款准备金率调整	下调各类存款类金融机构人民币存款准备金率 1 百分点
4 月 30 日	中央政治局会议	要完善市场环境，盘活存量资产，建立房地产健康发展的长效机制
5 月 11 日	中国人民银行贷款、存款基准利率调整	再度下调贷款、存款基准利率 0.25 百分点，上调存款率浮动区间上限由存款基准利率的 1.3 倍调整为 1.5 倍
5 月 22 日	关于运用政府和社会资本合作模式推进公共租赁住房投资建设和运营管理的通知	鼓励地方政府运用 PPP 模式推进公共租赁住房投资建设和运营管理
6 月 28 日	中国人民银行关于金融机构贷款、存款基准利率调整	金融机构贷款、存款基准利率下调 0.25 百分点；其他各档次贷款及存款基准利率、个人住房公积金存贷款利率相应调整
8 月 19 日	住房城乡建设部等部门关于调整房地产市场外资准入和管理有关政策的通知	取消对境外个人在国内购买住房的限制条件
8 月 26 日	中国人民银行关于金融机构贷款、存款基准利率调整	继续下调金融机构贷款、存款基准利率 0.25 百分点

续表

时间	重要事件	主要内容
8 月 30 日	住房城乡建设部 财政部 中国人民银行 关于调整住房公积金个人住房贷款购房最低首付款比例的通知	对拥有一套住房并已结清相应购房贷款的居民家庭，为改善居住条件再次申请住房公积金委托贷款购买住房的，最低首付款比例由 30% 降低至 20% 北京、上海、广州、深圳可在国家统一政策基础上，结合本地实际，自主决定申请住房公积金委托贷款购买第二套住房的最低首付款比例
9 月 6 日	中国人民银行关于金融机构人民币存款准备金率调整	下调金融机构人民币存款准备金率 0.5 百分点
9 月 21 日	住房城乡建设部关于住房公积金异地个人住房贷款有关操作问题的通知	对住房公积金异地个人住房贷款的办理流程进行了明确规定，为异地需求者购房提供了便利，同时利于三、四线城市房地产市场的去库存化
9 月 30 日	人民银行 银监会关于进一步完善差别化住房信贷政策有关问题的通知	在不实施"限购"措施的城市，对居民家庭首次购买普通住房的商业性个人住房贷款，最低首付款比例调整为不低于 25% 在国家统一信贷政策的基础上，各省级市场利率定价自律机制结合当地实际情况自主确定辖内商业性个人住房贷款的最低首付款比例
9 月 30 日	住房城乡建设部 财政部 中国人民银行 关于切实提高住房公积金使用效率的通知	2015 年 8 月末住房公积金资金运用率低于 85% 的设区城市，要综合考虑当地房价水平、贷款需求和借款人还款能力，提高住房公积金个人住房贷款实际额度 有条件的城市要积极推行住房公积金个人住房贷款资产证券化业务，盘活住房公积金贷款资产

资料来源：住房和城乡建设部、中国人民银行、国土资源局、新华网

根据住房和城乡建设部出台的《住房城乡建设部 财政部 中国人民银行关于发展住房公积金个人住房贷款业务的通知》，2015 年上半年以来，各地区通过降低贷款首付比例、提高贷款额度上限、放松公积金贷款申请条件等方式积极调整住房公积金信贷政策，刺激房地产市场需求，相关的城市如表 13 所示。

表 13　2015 年各地区公积金政策调整

时间	地区或城市
1 月	北京
2 月	山东、新疆、上海
3 月	福建、北京、济南
4 月	辽宁、河北、河南、安徽、浙江、四川、贵州、云南、哈尔滨、沈阳、大连、沧州、郑州、南京、无锡、上海、福州、厦门、深圳、成都、乌鲁木齐
5 月	湖北、湖南、甘肃、广西、海南、西藏、北京、天津、石家庄、济南、太原、苏州、连云港、镇江、长沙、重庆、昆明、银川、自贡、宜宾

时间	地区或城市
6 月	辽宁、吉林、河南、陕西、甘肃、湖北、浙江、江苏、江西、广西、青海、北京、长春、济南、呼和浩特、兰州、西安、郑州、武汉、上海、宁波、广州、昆明
7 月	济南、青岛、金华、广州、深圳
8 月	山东、浙江、上海、重庆、哈尔滨、太原、贵阳
9 月	北京、湖南、长春、泉州、汕头、西宁

（二） 2016 年房地产调控政策展望

2015 年以来中央推出一系列房地产市场信贷宽松政策、住房公积金调整政策及房地产企业税收政策，刺激房地产市场投资与交易。同时地方政府也出台了一系列宽松政策，并且根据各自实际情况进行了分类调整，通过现阶段房地产市场的运行状况来看，这些政策对于房地产市场的复苏起到了一定的作用，促进了房地产市场发展。展望2016 年，在经济下行压力的宏观经济环境下，房地产市场仍处于下行周期，相关的信贷政策、行政政策与财税政策的制定与实施对于房地产市场的发展具有重要的影响，预计未来政策的推出主要集中在以下方面。

1. 信贷政策

2015 年中国人民银行多次出台降息、降准等货币宽松政策，使首套房贷首付比例达到了五年来的最低点，同时对二套房公积金贷款首付比例也进行了下调，进一步完善了公积金贷款政策。在中央政府出台相关政策之后，各地方政府也及时做出反应，结合自身地区的市场发展特征，制定了相对应的具体调控细则，从供给、需求两个方面放宽房地产市场调控政策，积极促进市场去库存进程，以及保障市场投资正常化。2016 年宏观经济运行仍存在下行压力，稳增长、保投资的发展目标仍将持续，货币政策仍是促进经济增长的重要调控手段，预计未来将实行稳健宽松的货币政策，降息、降准等一系列货币政策调控手段仍将实行，针对房地产市场的信贷宽松政策更多可能集中于通过降息等方式降低住房商业贷款成本，以及进一步推行住房公积金改革，更多地鼓励首次置业需求入市，同时对于二手房市场则通过降低交易成本等方式促进其交易。

2. 公积金政策

2015 年中央多次出台住房公积金调整措施，其中包括调整住房公积金个人住房贷款购房最低首付款比例、住房公积金异地个人住房贷款有关操作问题及切实提高住房公积金使用效率等，进一步加大了住房公积金政策的宽松力度，也推进了住房公积金改革进程。作为稳定房地产市场消费的重要手段，住房公积金信贷政策调整将对住房市场消费产生重要影响，2015 年前三季度中国住房公积金余额超过 7 000 亿元，需进一步提高住房公积金的使用效率，预计未来仍会实行新的住房公积金调整政策，尤其是对住房公积金异地使用与结算等相关操作流程进行进一步的优化调整，为异地购房者提供更高效的便利条件。同时，住房公积金信贷资产证券化的进程也将进一步加快，当前通过信贷资产证券化的方式进行棚户区改造已经被提上日程，通过改进住房公积金贷款使用流程、提高贷款使用额度及信贷资产证券化等方式提高住房公积金的使用效率和流动性问题，成为未来住房公积金改革的工作重点。

3. 土地供应政策

2015 年中央政府提出，优化住房及用地供应结构促进房地产市场平稳健康发展，对住房用地规模的供应提出了指导性意见，并提出，对于住房供应明显偏多的市、县减少住宅用地供应，控制、优化住房用地规模及结构，加快库存去化，同时各地区也出台了类似政策以优化住房供应结构。2012 年以来土地供给呈现下降趋势，2014 年、2015 年地方政府土地推出面积与实际成交面积均出现较大幅度下滑，作为房地产市场供给端的重要因素，土地供给的调整将对房地产市场供给，尤其是一、二线城市房地产市场产生重要影响。受 2015 年成交量下降的影响，预计 2016 年土地市场供应与交易情况会有所好转，但仍处于较低水平。土地政策调整的重点更多集中于优化住宅用地规模与结构，在三、四线城市主要限制住宅用地供应，以加快去库存化，而一、二线城市土地政策的调控目标仍为盘活土地存量、增加土地有效供给，以增加房地产市场供给。

（三） 2016 年房地产调控政策建议

2015 年以来中国宏观经济运行呈现出新的特征，经济发展开始步入新常态，宏观经济运行正面临着下行压力，房地产市场发展与经济运行具有密切关系，房地产市场的稳定发展对于宏观经济稳定具有重要意义。当前中国房地产市场区域差别化特征日益明显，市场分化程度加深，供需失衡矛盾突出，正处于深度调整期，面对新的经济发展环境和市场运行特征，房地产市场调控政策与调控方式也应不断调整，以适应市场发展特征。房地产市场调控应更注重建立长效管理机制，保持供给与需求平衡的双向调控措施，运用综合性的市场调节手段，提高"增量"与盘活"存量"并重，坚持实施差别化的调控政策，进一步完善二手房市场与住房租赁市场，逐步推进房地产金融创新。

1）坚持差别化的信贷调控政策，防范区域市场金融风险

中国房地产价格的发展特征符合货币政策的中间目标变量选择的相关性准则，在既定的货币政策目标下，通过房地产价格与货币政策的双向调控，可以达到货币政策对房地产市场的调控作用，而价格型货币政策与数量型货币政策的协调运用将更有利于房地产市场调控与货币政策目标实现。同时，考虑到中国房地产市场分化程度日益加深，各地区房地产市场发展呈现不同的特征，供需结构差异显著，因此应进一步采取差别化的信贷调控政策，鼓励首次需求入市，加快去库存化水平，也应重点监测三、四线城市房地产市场运行状况，防范因市场状况下滑导致的房地产金融风险，提高商业银行金融风

险防范能力。

2）加快住房公积金改革，提高公积金使用效率

中国住房公积金余额数目庞大，使用效率低，尚未完全发挥其促进房地产市场消费的作用。住房公积金制度改革，实现住房公积金管理机构职能转型，积极推进住房公积金贷款证券化等是构建中国住房金融体系的重要方面。强化住房公积金管理中心的类金融机构职能，充分发挥金融性职能。推进住房公积金资产证券化进程，将住房公积金逐步纳入政策性金融体系中，并建立相应的政策性金融担保与证券化机构，通过低贷款利率、低首付、贴息贷款等方式提高中低收入家庭购买保障性住房的支付能力，同时为地方政府保障性住房建设提供金融支持。通过保障性住房供给与需求的对接，真正发挥对公积金缴存者的住房保障功能。同时，建立配贷机制允许并鼓励缴存人自愿缴存，以扩大公积金的资金来源，并实现跨地区调剂，进入银行间市场融资。

3）完善土地供给政策，优化土地供应规模与结构，增加市场供给

土地供给调控政策对宏观经济总产出产生正向影响，同时可以抑制房价过快上涨，对普通商业投资的挤出效应较弱，而对于私人消费也具有一定的促进作用，相比于抑制住房需求的调控政策，通过增加土地供给调节房地产市场更为有效。同时，土地供给政策还应与信贷政策相互配合，通过运用金融杠杆优化土地需求结构，尤其是对于三、四线城市，严格控制土地供给，防止土地供给过剩，造成投资过剩与资源闲置；对于一线城市及部分二线城市应盘活土地存量，增加土地有效供给并提高土地利用效率，提高已出让土地的消化周期，增加市场供给。

4）坚持市场供需调控差别化，加快市场去库存化进程

现阶段中国房地产市场呈现区域分化特征，一线城市与部分二线城市房地产市场供需相对均衡，市场去库存周期相对较短，个别城市存在供不应求现象，房地产市场价格持续上涨；三、四线城市受有效需求不足、投资过剩等因素影响，房地产市场供大于求，市场去库存周期相对较长，存在较为显著的去库存压力，房地产市场价格存在下行风险。政府在制定市场调控政策时，应继续坚持差别化调控的方针，针对不同区域房地产市场及不同类型的房地产企业采用差别化的调控措施。针对一线城市，应着重调控供给端因素，防止房价过快上涨；三、四城市房地产调控政策的重点应是调节需求端因素，缓解去库存压力。根据区域经济发展与房地产市场发展的具体特征，将房地产调控政策与新型城镇化建设、户籍制度改革及财税改革等进行有效的结合。

2015年中国物流业发展回顾与2016年展望[①]

刘伟华　冯耕中　白恩泽　汪寿阳[②]

报告摘要： 2015年，中国经济增速转入中速增长的新常态运行区间。在国民经济结构调整持续推进的背景下，中国物流业发展呈现"增速趋缓、质量提升"的基本特征。2015年，物流业整体上保持平稳运行态势，物流转型升级继续推进。一方面，社会物流需求增速有所回落、物流服务价格持续低迷、企业经营压力较大；另一方面，物流市场结构更趋优化，大数据和"互联网＋"等新兴模式在物流业中得到广泛应用。2015年前10个月全国物流业景气指数（logistics prosperity index，LPI）持续维持在50.0%的临界点以上。全年LPI平均值为54.5%，反映出中国物流业总体仍处于平稳发展期，相较于2014年的LPI平均值54.8%略有下降。预计2015年全年物流业总收入将达到7.28万亿元，同比增长5.4%。物流业总收入增速继续保持快于GDP和第二、三产业增加值增速，表明物流业对国民经济发展的贡献进一步增强。预计2015年全年社会物流总额将达到218.5万亿元，比2014年增长6.0%，表明在经济总体保持发展的背景下，物流需求继续保持较快增长的基本态势；全年社会物流总费用与GDP的比率为15.0%，较2014年下降1.6百分点，为历年来下降最快的一年，显示出物流业运行效率增速明显。物流业固定资产投资增速呈现回落特点，2015年前10个月全行业固定资产投资绝对量为38 247亿元，同比增长15.8%，分行业差异明显。其中，道路运输业投资增长17.7%，增速回落0.4百分点；铁路运输业投资增长1.4%，增速回落0.4百分点。投资最快的是仓储业，共投资5 326亿元，同比增长28.1%。国务院发布的《物流业发展中长期规划（2014—2020年）》得到加快落实，国务院和各部委陆续出台了支持物流业发展的重大政策，"互联网＋"与大数据在物流产业中的应用成为年度热点。

2016年，是中国"十三五"规划的开启之年，中国经济仍会处于增速趋缓的发展阶段。投资和出口对经济的拉动作用还将会有所减弱，消费对经济增长的贡献将进一步增强，物流市场环境不确定性将略有降低。伴随内需的增长，物流业呈现稳定发展的态势，预计2016年全年LPI平均值会保持在53.8%左右，比2015年低0.7百分点；物流业总收入将达到7.44万亿元，同比增长2.19%，效益增长势头减弱；社会物流需求

---

① 本报告获得国家自然科学基金项目（71390331、71390333和71372156）支持。

② 刘伟华博士，天津大学管理与经济学部副教授；冯耕中博士，西安交通大学管理学院教授；白恩泽，天津大学管理与经济学部硕士生；汪寿阳博士，中国科学院预测科学研究中心研究员。

旺盛，物流市场规模持续扩大，社会物流总额增长态势进一步显现，预计 2016 年中国社会物流总额约为 227.6 万亿元，同比增长 4.15％；社会物流运行效率逐步提升，社会物流总费用将达到 10.2 万亿元，同比增长约 2.1％；社会物流总费用占 GDP 的比重为 14％，比 2015 年下降 1 百分点。此外，中国将加快实施《物流业发展中长期规划（2014—2020 年）》的落实工作，产业结构调整和发展方式的转变步伐将进一步加快，社会物流运行效率逐步提升，作为基础行业之一的物流业将迎来更加有利的发展机遇。领头企业将带动物流市场结构进一步转型，电商物流增长势头依然强劲。物流园区进入"互联网＋"时代，资源整合与协同发展趋势加快，先进物流技术装备应用步伐加快，企业竞争力进一步凸显。

针对上述趋势，本报告为 2016 年中国物流业的发展提出以下的政策建议：深化落实中长期物流发展规划，确保物流政策踏实落地；加强大数据在物流业中的运用，整合优化物流资源；顺应全球供应链发展趋势，加快中国海外物流基础设施建设与全球网络布局；推进物流流通业转型升级，加快电商物流关键领域投资建设步伐。

一、 2015 年中国物流业发展回顾

（一） 物流业总体形势分析

物流业是融合运输、仓储、货代、信息等产业的复合型服务业，是支撑国民经济发展的基础性、战略性产业。加快物流业发展，建立和完善现代物流服务体系，对于促进产业结构调整、转变经济发展方式、提高国民经济竞争力和建设资源节约型、环境友好型社会具有重要的战略意义。2015 年，物流业整体上保持平稳运行态势，物流转型升级继续推进。"增速减缓、调整加快、分化明显"仍是物流运行的主基调。一方面，社会物流需求增速有所回落、物流服务价格持续低迷、企业经营压力较大；另一方面，物流市场结构更趋优化，大数据和"互联网＋"等新兴模式在物流业中得到广泛应用。

本报告将在对 2015 年中国的物流业发展现状进行简要回顾的基础上，对 2016 年的运行形势进行分析和预测，并提出相关政策建议。

1. 经济中速发展进入新常态，物流规模稳中求升

当前，世界经济复苏缓慢，不确定性、不稳定性增加。中国经济进入新常态，正处在调结构、转方式的关键阶段。受新旧动力转换等因素影响，国内经济下行压力较大。2015 年以来，党中央、国务院推出了一系列稳增长、促改革、调结构、惠民生的重大举措，实现了经济总体平稳发展。主要经济指标趋稳向好，2015 年前三季度 GDP 同比增长 6.63％，达到全年目标线水平。考虑到随着第三产业比重的不断提升，服务业对经济的贡献度会有增强，加上中央着力打造大众创业、万众创新和增加公共产品、公共服务的"双引擎"，消费对经济的拉动作用持续趋稳，经济增速下滑的速度也将渐趋平

缓。缓中趋稳是新常态下经济运行的基本趋势，经济增长速度仍有可能稳定在 7%
左右。

物流业作为重要的生产性服务业近年来受到国家和有关部门的高度重视，物流业在
国民经济中的产业地位稳步提升。中国 LPI 是一项综合性指数，通常用来反映中国物
流业发展运行的总体情况，与货运量、快递业务量、港口货物吞吐量等物流相关指标，
以及工业生产、进出口贸易、固定资产投资、货币投放等相关经济指标具有较高的关联
性。LPI 体系主要由业务总量、新订单量、从业人员数、库存周转次数、设备利用率、
平均库存量、资金周转率、主营业务成本、主营业务利润、物流服务价格、固定资产投
资完成额、业务活动预期 12 个分项指数和 1 个综合性指数构成。该指标由中国物流与
采购联合会于 2013 年 3 月 5 日开始正式面向社会定期发布。

如图 1 所示，回顾 2015 年前三个季度的 LPI 指数，相比 2014 年同期有明显的下
降，但是依旧在 50% 以上。1~4 月，LPI 一度攀升，4 月，LPI 上升至 58.6%。5 月物
流业景气水平延续高位，维持在 58%[①]；物流业景气水平在 6 月有所跌落，但依旧维持
在 50% 以上；7~8 月 LPI 呈现回温，9 月 LPI 回暖至 52.2%，比 8 月再升 0.2 百分点。
最新数据显示，9 月物流业景气水平各分项指数中，除平均库存量指数、资金周转率指
数和主营业务利润指数较上月回落，其他分项指数较上月有不同程度回升，显示出在
"金九银十"的传统生产建设旺季，物流活动季节性转旺。

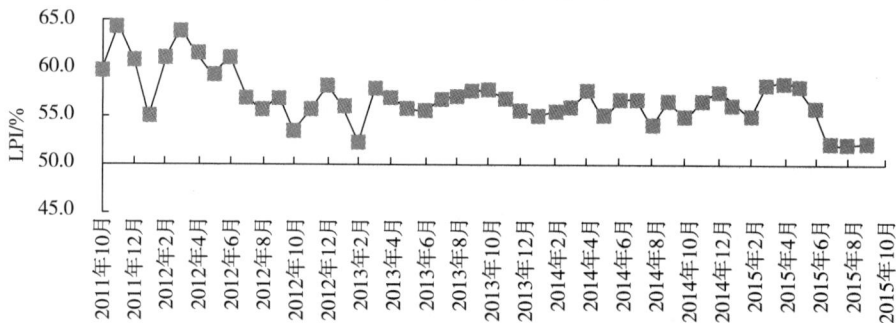

图 1　2011 年 10 月至 2015 年 10 月的 LPI 走势图
资料来源：中国物流与采购联合会官网，http://www.chinawuliu.
com.cn/lhhkx/201510/08/305709.shtml

从中国 LPI 的季度比较来看，如表 1 所示，2015 年第 1 季度，LPI 值一直呈现出
波动上升趋势，从 2015 年第 2 季度开始，LPI 呈现出下滑态势。综合来看，2015 年
LPI 总体比 2014 年偏低，而且从季度相比来看，差距有扩大趋势，显示出 LPI 呈现趋
缓趋势。2015 年的全年 LPI 平均值为 54.5%，相较于 2014 年的 LPI 平均值 54.8% 略
有下降。

---

① 　资料来源：中国物流与采购联合会官网，http://www.chinawuliu.com.cn/lhhkx/class_30.shtml。

表 1 中国 LPI 的季度比较（单位：％）

季度	LPI 值	相差	季度	LPI 值	相差
2014 年第 1 季度	52.13	−0.39	2015 年第 1 季度	52.20	0.07
2014 年第 2 季度	56.53	2.84	2015 年第 2 季度	56.40	−0.13
2014 年第 3 季度	55.77	2.88	2015 年第 3 季度	55.60	−0.17
2014 年第 4 季度	54.93	1.93	2015 年第 4 季度（预测）	54.17	−0.76

资料来源：2015 年第 4 季度为本报告预测数据，其他资料来源于中国物流与采购联合会官网，http://www.chinawuliu.com.cn/lhhkx/class_30.shtml

2. 物流市场规模稳中有升，物流业总收入增速放缓

在一系列高增长阶段之后，中国物流产业正在进入 10％左右的中高速增长新阶段，迫切需要寻求新的增长动力。国家统计局公布了 2015 年 10 月规模以上工业增加值、全社会固定资产投资、社会消费品零售总额等数据。数据显示，当前，工业生产呈现增长分化、结构优化特征；全国固定资产投资增速小幅回落，但回落幅度收窄，结构继续改善；消费品市场继续保持稳中有升态势。据统计①，1～9 月中国物流运行总体呈现稳中趋升的态势，物流需求规模增速虽有所波动，但总体平稳。物流市场规模增速小幅回落，物流业总收入 5.4 万亿元，同比增长 5.1％，增速比上半年回落 0.3 百分点，比第 1 季度回落 0.6 百分点。根据 2014 年至 2015 年的季度数据，运用 SPSS 软件进行基于平滑指数法的时间序列季节性预测，2015 年物流业总收入变化情况及预测结果如表 2 所示。预计 2015 年全年物流业总收入将达到 7.28 万亿元，同比增长 5.4％。

表 2 2015 年物流业总收入变化情况及预测结果

指标名称	1～5 月	1～6 月	1～7 月	1～8 月	1～9 月	全年（预测）
物流业总收入/万亿元	2.9	3.6	4.2	4.8	5.4	7.28
物流业总收入同比增速/％	5.1	5.4	5.3	5.6	5.1	5.4

资料来源：2015 年全年数据为本报告预测数据，其他资料来源于中国物流与采购联合会官网，http://www.chinawuliu.com.cn/lhhkx/class_30.shtml

（二） 物流市场运行特征分析

1. 社会物流总额增速趋缓，物流需求增长动力转换明显

2015 年社会物流总额总体增速放缓。如图 2 所示，1～9 月，全国社会物流总额为

---

① 中国工业与投资增速回落 消费品市场稳中有升．中国新闻网，http://www.chinanews.com/cj/2015/11-12/7620058.shtml，2015-11-12.

162.8 万亿元，按可比价格计算，同比增长 5.8％，增速比上年同期回落 2.6 百分点。从各季度情况看，增速比第 1 季度回升 0.2 百分点，比上半年回升 0.1 百分点，物流运行总体呈现稳中趋缓的态势。

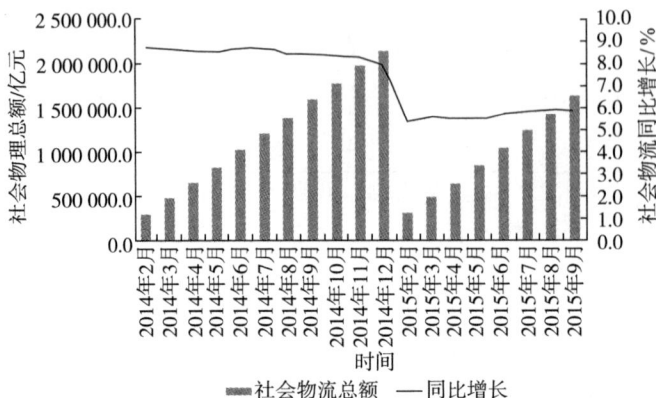

图 2 2014～2015 年社会物流总额及增长变化情况

资料来源：中国物流与采购联合会，http://www.chinawuliu.com.cn/lhhkx/201510/30/306451.shtml

　　总体来看，中国物流需求结构进入持续调整阶段，传统产业去库存去产能步伐加快，产能过剩的大宗商品物流需求依然较为低迷，新业态、新产品、新经济、新动力快速增长，高新技术产业、消费升级类物流需求加快增长，物流市场需求结构有所优化。其主要表现在以下两个方面：一是当前物流运行规模总量放缓，即使是增长较快的电商快递物流、冷链物流、汽车物流，增速也在放缓；二是物流需求结构分化明显，物流增长动力正在转换，物流新业态、新产品、新经济、新动力快速增长。大宗商品物流需求增速明显低于 GDP 增长，高新技术、消费等物流需求则高于 GDP 增长。消费物流则延续较快发展。数据显示，2015 年前三季度与民生相关的单位与居民物品物流总额保持快速增长，同比增长 32.8％，增速比上半年提高 2.4 百分点，比第 1 季度提高 5.5 百分点（表 3）；社会消费品零售总额为 216 080 亿元，同比增长 10.5％，增速比上半年加快 0.1 百分点；实物商品网上零售额为 21 510 亿元，增长 34.7％，占社会消费品零售总额的比重为 10.0％，比 2014 年同期提高 0.4 百分点。工业品物流需求缓中趋稳，高新技术行业加快发展。1～9 月，高技术产业物流需求保持较快增长，增速达到 10.4％，比工业物流需求增长速度高出 4.2 百分点，而钢铁、水泥、建材等传统产能过剩行业物流需求增速有所下滑。根据预测，2015 年社会物流总额将达到 218.5 万亿元，比 2014 年增长 6.0％。

表 3 2015 年社会物流总额变化情况

指标名称	第 1 季度	前两季度	前三季度	全年（预测）
社会物流总额/万亿元	49.4	104.7	162.8	229.8
社会物流总额增速/%	3.35	5.7	5.8	7.63

续表

指标名称		第 1 季度	前两季度	前三季度	全年（预测）
同比增速指标/％	农产品物流总额	3.2	3.5	3.3	4.0
	工业品物流总额	6.4	6.3	6.2	7.14
	进口物流总额	−8.0	−4.7	−1.4	−1.6
	再生资源物流总额	22.9	15.5	17.3	15.5
	单位与居民物品物流总额	27.3	30.4	32.8	33.4

资料来源：2015 年全年数据为本报告预测数据，其他数据来源于中国物流与采购联合会官网，http://www.chinawuliu.com.cn/lhhkx/class_30.shtml

2. 物流费用规模增速进一步减缓，提质增效成果有所显现

近年来国民结构调整稳步推进，产业结构进一步优化，经济结构由工业主导向服务业主导转变的趋势更加明确。从 2003 年到 2014 年，中国服务业增加值占 GDP 的比重由 41.2％增加到 48.1％（图 3），2015 年 1～9 月达到 51.4％，比 2014 年提高了 3.3 百分点。作为服务业中的重要支柱产业，根据 2015 年前三季度数据显示，中国社会物流总费用规模增速减缓，物流效率有所提升。1～9 月，社会物流总费用规模为 7.4 万亿元，同比增长 4.1％，增速比上半年回落 0.4 百分点，比第 1 季度回落 0.8 百分点[①]。

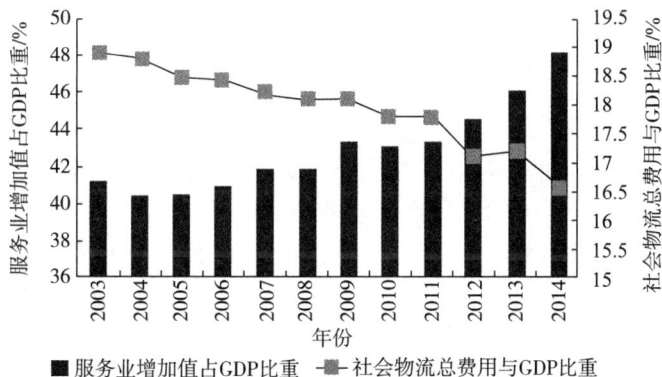

图 3　服务业增加值占 GDP 比重和社会物流总费用占 GDP 比重

资料来源：中国物流与采购联合会官网，http://www.chinawuliu.com.cn/lhhkx/201510/30/306451.shtml

在服务业比重的提高和现代物流发展的转型升级的背景下，各行业加快推进转型升级、提质增效，各行业物流费用增速均有所减缓。根据测算，服务业增加值占 GDP 的比重每上升 1％，社会物流总费用与 GDP 的比率下降约 0.4％。2015 年 1～9 月社会物流总费用与 GDP 的比率 15.2％，比 2014 年同期下降 0.4 百分点，反映出物流运行的效率有所提升。从结构看，运输费用为 3.8 万亿元，同比增长 3.7％，占社会物流总费

---

①　资料来源：中国物流与采购联合会，http://www.chinawuliu.com.cn/lhhkx/201510/30/306451.shtml。

用的比重为 51.0%；保管费用为 2.6 万亿元，同比增长 4.2%，占社会物流总费用的比重为 35.5%；管理费用为 1.0 万亿元，同比增长 5.5%，占社会物流总费用的比重为 13.5%。

物流费用占 GDP 比重减少的原因不仅在于中国的产业结构转型力度加大，直接带动了物流费用降低，而且在于中央近年来在降低物流税费、减少融资成本等方面不遗余力，也进一步推动了物流费用占 GDP 的比例降低。2015 年 1~9 月，规模以上工业企业成本同比增长 1.3%，增速比上年同期回落 6.9 百分点；特别是 9 月以来，与物流相关的利息财务费用回落明显，财务费用同比增长 1.9%，增速比 8 月回落 22 百分点；与此同时，物流管理体制改革不断加快，为行业营造宽松的发展环境，如财政部、国家发改委采取取消水运行政事业性收费项目以减轻企业负担等举措，也降低了物流费用。在此背景下，1~9 月社会物流总费用同比增长 4.1%，增速比上半年回落 0.4 百分点，比第 1 季度回落 0.8 百分点，规模增速进一步减缓，与 GDP 的比率随之有所下降。预测 2015 全年的社会物流总费用与 GDP 的比率为 15.0%，较 2014 年下降 1.6 百分点，为历年来下降最快的一年，显示出物流业运行效率的提升趋势明显加快。

（三） 物流基础设施建设与企业竞争力分析

1. 物流业投资增速趋缓，物流设施规模趋于饱和

投资是拉动 GDP 增长的"三驾马车"之一，在国民经济发展中发挥着关键作用。受中国宏观调控整体政策的影响，2015 年投资增速呈现出明显回落的特点，如图 4 所示。2015 年 1~10 月，全国固定资产投资（不含农户）447 425 亿元，同比名义增长 10.2%，增速比 1~9 月回落 0.1 百分点。从环比增速看，10 月固定资产投资（不含农户）增长 0.72%。分产业看，1~10 月，第一产业投资 12 592 亿元，同比增长 28.1%，增速比 1~9 月提高 0.7 百分点；第二产业投资 18 3841 亿元，增长 8%，增速与 1~9 月持平；第三产业投资 250 992 亿元，增长 11%，增速回落 0.2 百分点。从交通运输、仓储和邮政行业的投资来看，如表 4 所示，交通运输中固定资产投资规模仍处高位，但增速继续放缓。全行业固定资产投资绝对量为 38 247 亿元，同比增长 15.8%，分行业差异明显。其中，道路运输业投资增长 17.7%，增速回落 0.4 百分点；铁路运输业投资增长 1.4%，增速回落 0.4 百分点。投资最快的是仓储业，共投资 5 326 亿元，同比增长 28.1%。

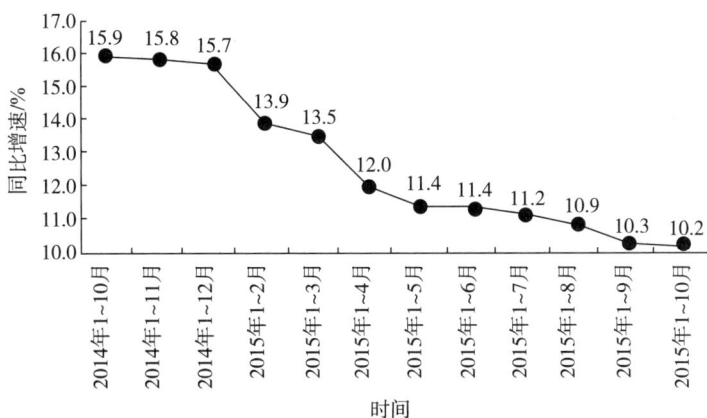

图 4   2014～2015 年的固定资产投资增速情况

资料来源：国家统计局．2015 年 1—10 月中国全国固定资产投资（不含农户）447425 亿元，同比名义增长 10.2%．http://www.qqjjsj.com/zgjjdt/87044.html，2015-11-11

表 4   2015 年 1～10 月固定资产投资（不含农户）主要数据

项目	绝对量/亿元	同比增长/%
交通运输、仓储和邮政业	38 247	15.8
其中：铁路运输业	5 547	1.4
道路运输业	22 664	17.7
仓储业	5 326	28.1

资料来源：国家统计局．2015 年 1—10 月中国全国固定资产投资（不含农户）447425 亿元，同比名义增长 10.2%．http://www.qqjjsj.com/zgjjdt/87044.html，2015-11-11

在物流园区投资建设方面，根据中国物流与采购联合会和中国物流学会于 2015 年组织的第四次全国物流园区（基地）调查结果，全国包括规划、在建和运营的各类物流园区共计 1 210 家，比 2006 年的 207 家增长 584%；与 2008 年的 475 家相比，增长 155%；与 2012 年的 754 家相比，增长 60%。与前两次全国物流园区调查数据相比，此次处于运营状态的物流园区数量大幅上升，由 2012 年的 348 家上升至 2015 年的 857 家。处于在建状态的物流园区的数量与 2012 年基本持平，如图 5 所示。

许多大中城市的物流仓储设施利用率稳中有升，部分城市开始呈现饱和状态。商务部流通业发展司与中国仓储协会于 2015 年 9 月发布的《中国仓储行业发展报告（2015）》显示，2014 年全国仓库租金平均增长率保持稳定，个别城市增幅较大；全国仓库平均空置率保持下降态势，个别城市仓库空置率很低，个别城市空置率较高，具体如表 5 所示。但随着中国经济发展方式的转变及经济中速增长的影响，钢铁、煤炭、化工等生产资料领域的增速进一步放缓，而第三产业产值增速逐步增加，加之电子商务快速发展，物流需求出现了"黑冷白热""网涨店缩"的现象。2015 年上半年以来，中国

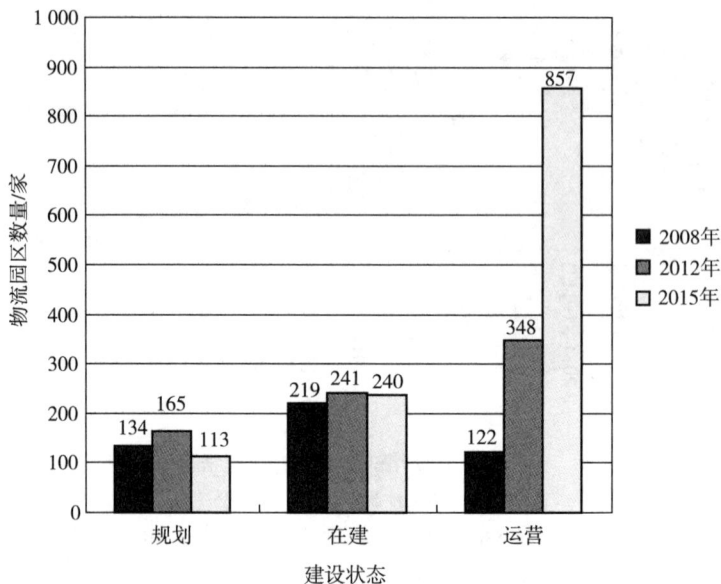

图 5　各类建设状态物流园区数量

资料来源：中国物流与采购联合会，中国物流学会．第四次全国物流园区（基地）调查报告．中国物流与采购联合
会官网，http://www.chinawuliu.com.cn/wlyq/201508/10/304052.shtml，2015-08-10

普通物流节点仓储设施呈现饱和状态（一、二、三线城市仍有差别）[1]，市场竞争加剧
明显，部分物流园区经营亏损面加大，园区可持续发展难以为继。下一步要真正改变的
是功能不齐全、设备不配套、作业效率不高的问题，要从仓储设施数量的竞争向质量竞
争转变。

表 5　2014 年全国 29 个物流节点城市的仓库空置率（单位：%）

城市	立体库		楼房库		平房库		平均空置率	
	2013 年	2014 年	2013 年	2014 年	2013 年	2014 年	2013 年	2014 年
北京	1.2	1.5	3	4	5.4	5	2.9	3.5
天津	1.2	1.4	6	6	9	9.4	5.4	5.6
上海	8	12.5	4	1.8	5	5.2	5.7	6.5
广州	0	0	3	3.2	5.5	6.3	2.8	3.2
深圳	0	0	2	2.4	0.5	0.7	0.8	1
成都	0	0	5	5.4	9	14.8	4.7	6.7
重庆	0	3	10	10	3	6	4.3	6.3

---

[1]　姜超峰．仓储业有新机遇，业界老总请三思．中国物流产品网，http://www.56products.com/News/
2015-3-12/36EC51DC4F9I7BC3259.html，2015-03-12.

续表

城市	立体库		楼房库		平房库		平均空置率	
	2013 年	2014 年	2013 年	2014 年	2013 年	2014 年	2013 年	2014 年
宁波	8	11	7	9	5	7	6.7	9
青岛	10	13	12	12	10	10	10.7	11.7
大连	10	10	8	8	5	8	7.7	8.7
沈阳	8	8	10	10	5	2.6	7.7	6.9
哈尔滨	10	8	4	3.2	8	6.7	7.3	6
杭州	0	4	3	5	0	5	1	4.7
合肥	0	0	3	4	0	5	1	3
济南	8	9	10	10	5	8	7.7	9
长沙	5	8	6	6	3	8	4.7	7.3
郑州	6	7	8	8	5	5	6.3	6.7
南昌	5	6	8	8	6	7	6.3	7
南京	5	8	11	12	8	9	8	9.7
石家庄	4	5	5	5	3	4	4	4.7
唐山	8	8	11	11	10	10	9.6	9.6
苏州	9	13.7	3	3.4	8	11.7	6.7	9.6
武汉	3	4.5	5	6	4	7	4	5.8
西安	5	5.5	5	5	3	3	4.3	4.5
兰州	0	0	0	0	0	0	0	0
昆明	0	0	0	0	0	0	0	0
银川	30	30	—	—	30	30	30	30
兰州	—	—	0	0	0	0	0	0
乌鲁木齐	—	—	—	—	3	4	3	4

资料来源：全国仓储物流设施发展分析．中国物流产品网，http://www.56products.com/News/2015-10-30/7IG1FKIFI45F5DH3453.html，2015-10-30

2. 国家重大政策逐步出台，政策实施叠加效应明显

2015 年，为进一步推动经济平稳较快发展，国家有关部门和地方政府陆续出台了多项政策规划，并强调政策的执行和落地效果，一大批专项政策有力地推动了物流业的发展。

2014 年 9 月，国务院发布《物流业发展中长期规划（2014—2020 年）》，将物流业定位于支撑国民经济发展的基础性、战略性产业，将物流业的产业地位提到新的高度，极大地拓展了物流业发展空间。2014 年年底，为配合《物理业发展中长期规划

（2014—2020 年）》落实，国家发改委出台了《促进物流业发展三年行动计划（2014—2016 年）》，按照有目标、能落实、有抓手的原则，涉及四个方面共 62 项具体任务，都在积极推动落实。

一是在物流基础设施网络建设方面，国家发改委等三部门开展示范物流园区创建工作，委托中物联承担组织评选示范物流园区。商务部积极推动城市共同配送试点，重点支持城市物流配送体系建设。交通运输部继续推进甩挂运输试点、物流大通道建设、公路货运枢纽建设、多式联运示范工程和车型标准化等。铁路总公司加大铁路物流中心规划建设力度，推进货运改革，完善电子商务系统。2015 年 5 月 25 日，商务部等十部门联合印发《全国流通节点城市布局规划（2015—2020 年）》，目的是加快构建全国骨干流通网络，努力提升流通节点城市功能，更好发挥流通产业的基础性和先导性作用，进一步释放消费潜力。该规划确定了 2015～2020 年"3 纵 5 横"全国骨干流通大通道体系，明确划分国家级、区域级和地区级流通节点城市，并提出完善流通大通道基础设施、建设公益性流通设施、提升流通节点城市信息化水平、建设商贸物流园区、完善城市共同配送网络、发展国家电子商务示范基地、提升沿边节点城市口岸功能、促进城市商业适度集聚发展、强化流通领域标准实施和推广九项重点任务。国家发改委于 2015 年 8 月出台了《关于加快实施现代物流重大工程的通知》，旨在进一步完善物流业投资环境，引导社会资本加大投入力度，加快推进现代物流重大工程项目建设。

二是在降低物流成本方面，各有关部门清理物流领域各类行政审批和许可项目，运营车辆二级维护有望取消。交通运输部加快运政信息系统联网建设，货车司机异地年审有望实现。货运车辆加装尾板标准制定出台，规范车辆加装尾板行为。国家邮政局简化快递资质审批备案。海关总署推动区域通关一体化改革。财政部、国家税务总局正在研究解决物流企业"营改增"过程中发现的问题。

三是在提升企业规模化、集约化水平方面，国家发改委出台冷链运输物流企业发展支持政策，同时计划开展国际竞争力企业培育工程，支持骨干物流信息平台建设，并计划设立物流产业投资基金。商务部开展商贸物流标准化示范创建工作，重点开展标准化托盘试点。商务部、国家邮政局开展电子商务与快递协同发展试点。工业和信息化部（简称工信部）推动物流平台互联互通、中小企业平台建设。

四是在行业基础性工作方面，国家标准化管理委员会联合国家发改委、工信部、公安部、交通运输部、农业部、商务部、海关总署、国家质量监督检验检疫总局、国家粮食局、国家铁路局、国家邮政局、中国物流与采购联合会、中华全国供销合作总社、中国铁路总公司等单位编制了《物流标准化中长期发展规划（2015—2020 年）》，该规划已经于 2015 年 10 月下旬发布。公安部、交通运输部等有关部门研究制定物流安全监管制度与规范。国家邮政局推动快递条例出台。中国物流与采购联合会作为行业社团组织，在标准、统计、人才培训等行业基础性工作方面加紧落实完善，一批新的国家标准、行业标准陆续出台，公路物流运价指数等新的指数开始发布。

为更好地落实中长期规划和三年行动计划，从 2015 年开始，全国现代物流工作部际联席会议形成新的运行机制，由国家发改委、商务部、交通运输部、工信部及中国物流与采购联合会轮流主持，每两个月召开一次会议。着力解决制约物流业发展、亟待跨部门协调的重点问题。随着全国现代物流工作部际联席会议新机制的建立，支持物流业发展的部门间合力正在形成，行业政策环境将持续改善。

2015 年 3 月 28 日，国家发改委、外交部、商务部联合发布《推动共建丝绸之路经济带和 21 世纪海上丝绸之路的愿景与行动》，从八个方面阐述了"一带一路"的主张与内涵，提出了共建"一带一路"的方向和任务。"一带一路"战略的实施，铁路、公路、水路等基础设施的互联互通成为重要抓手，为物流国际通道规划和建设带来重要机遇。2015 年 5 月 29 日，海关总署制定出台了 16 条支持措施，加强跨部门、跨地区及国际海关合作，推动形成全方位、立体化、网络化的互联互通，全力服务"一带一路"建设。此次出台的措施主要聚焦于顺畅大通道、提升大经贸、深化大合作三个方面。2015 年 3 月，兰州市商务局出台了《兰州商贸物流规划》（2013—2020），明确提出，将商贸物流业打造成为兰州市的支柱产业，将兰州市建设成为"丝绸之路经济带"、西北地区重要的综合物流枢纽城市和商贸中心城市。2015 年 3 月 23 日，江西出台了《进一步推进赣欧（亚）国际铁路物流通道建设工作方案》，对接"一带一路"战略的决策，畅通赣欧（亚）国际铁路物流通道。2015 年 6 月 20 日，国务院办公厅印发《关于促进跨境电子商务健康快速发展的指导意见》（国办发〔2015〕46 号），旨在推进"一带一路"和跨境电商的快速发展。许多地方政府为了推进"一带一路"的深入实施，也积极开展行动。2015 年 8 月 19 日，辽宁出台了《关于融入国家"一带一路"发展战略构筑"辽满欧"综合交通运输大通道的实施意见》。2015 年 9 月 17 日，辽宁、吉林、黑龙江三省和内蒙古自治区交通运输厅在辽宁营口市签署物流合作发展战略协议，正式建立四省（自治区）物流发展合作机制，加快推进"辽满欧"、"辽蒙欧"和"辽海欧"三条综合交通运输大通道建设。四省（自治区）物流发展合作机制还将推进交通运输信息一体化，推动物流公共信息平台、公路路网监控及应急平台等平台之间的互联互通。

2015 年 5 月 8 日，国务院印发了《中国制造 2025》，部署实施全面推进制造强国战略。《中国制造 2025》是中国实施制造强国战略第一个十年的行动纲领，引起社会的高度关注和热烈反响，被誉为中国版的"工业 4.0"。这份"行动纲领"不只是对制造业进行鼓励和引导，它对物流业发展也同样具有深远的指导意义，将进一步推动物流规划与物流外包升级，对第三方物流企业的服务能力提出更高要求，要求物流全产业链、全流程实现透明，实现与互联网深度融合。

2015 年 9 月 5 日，国务院发布《国务院关于印发促进大数据发展行动纲要的通知》，明确指出坚持创新驱动发展、加快大数据部署、深化大数据应用的发展任务。物流企业正进入数据化发展的阶段，物流企业间的竞争逐渐演变成数据间的竞争。大数据能够让物流企业有的放矢，甚至可以做到为每一个客户量身定制符合他们自身需求的服务，从而颠覆整个物流业的运作模式。

3. 互联网重塑物流企业，"互联网＋高效物流"发展迅速

2015 年 3 月 5 日，第十二届全国人民代表大会第三次会议在人民大会堂举行开幕

会。李克强总理提出制订"互联网＋"行动计划。李克强在政府工作报告中提出，制订"互联网＋"行动计划，推动移动互联网、云计算、大数据、物联网等与现代制造业结合，促进电子商务、工业互联网和互联网金融健康发展，引导互联网企业拓展国际市场。2015 年 7 月，国务院发布《关于积极推进"互联网＋"行动的指导意见》，明确提出"互联网＋"高效物流的行动计划。提出要加快建设跨行业、跨区域的物流信息服务平台，提高物流供需信息对接和使用效率。鼓励大数据、云计算在物流领域的应用，建设智能仓储体系，优化物流运作流程，提升物流仓储的自动化、智能化水平和运转效率，降低物流成本。重点工程包括构建物流信息共享互通体系，建设深度感知智能仓储系统，完善智能物流配送调配体系。相关工作由国家发改委、商务部、交通运输部、中央网络安全和信息化领导小组办公室等负责落实。

受"互联网＋"的政策效应影响，许多企业纷纷推进"互联网＋"形势下的信息化建设，不再是单纯地建网站、搭平台、开发 APP，而更多是利用移动互联网优势，在管理监控、运营作业、金融支付等方面实现信息共享，用互联网思维、信息化技术来改造物流流程，在新的领域创造一种新的物流生态。许多风险基金将目光瞄准物流快递行业中的"互联网＋"企业。例如，云锋基金曾成功投资圆通、全峰；红杉资本更是投资了中通、德邦、安能、郑明、达达、一号货车、云鸟配送等多家物流类企业。原有物流流通产业缺乏资本青睐的局面已经大大改善（表 6）。

表 6　2015 年上半年国内物流线上到线下行业投融资情况

序号	时间	企业名称	融资金额	轮次
1	2015 年 1 月	货拉拉	1 000 万美元	A
2	2015 年 1 月	邻趣	不详	A
3	2015 年 1 月	全峰快递	2 亿元	C
4	2015 年 1 月	云鸟配送	1 000 万美元	A
5	2015 年 3 月	物流小秘	1 000 万美元	A
6	2015 年 3 月	笨鸟海淘	500 万美元	A
7	2015 年 5 月	罗计物流	1.26 亿美元	B
8	2015 年 5 月	运满满	数亿元	B
9	2015 年 5 月	货车帮	数亿元	A
10	2015 年 5 月	汇通天下	3 000 万美元	C
11	2015 年 5 月	运策物流	1 000 万美元	A
12	2015 年 6 月	丰巢	5 亿元	出资
13	2015 年 6 月	中通快递	数十亿元	不详

序号	时间	企业名称	融资金额	轮次
14	2015 年 6 月	oTMS	1 000 万美元	A+
15	2015 年 6 月	香港快狗	千万美元	B+
16	2015 年 6 月	发哪儿	500 万元	天使
17	2015 年 6 月	达达	1 亿美元	C
18	2015 年 6 月	省省回头车	不详	Pre-A
19	2015 年 6 月	1 号柜	3 000 万元	A
20	2015 年 6 月	奥林科技	2 000 万美元	A

资料来源：亿欧网根据中国线上到线下（online to offline，O2O）产业图谱整理，www.iyiou.com

在"互联网＋"高效物流的指引下，中国物流企业呈现出持续、平稳、健康的发展趋势。以代表中国物流企业发展水平的 A 级企业评估为例，2015 年 8 月 21 日召开的中国物流与采购联合会物流企业综合评估委员会第二十次会议，审定通过第 20 批 A 级物流企业 335 家。经过此次评估，中国物流与采购联合会已向社会陆续通告了 20 批共 3 438 家 A 级物流企业，其中，5A 级企业近 200 家。在《2014 年度中国物流企业 50 强排名》中，第 50 名物流企业业务收入为 22.4 亿元，入围门槛比 2013 年提高 2 亿元，这说明一批行业领先的物流企业不断涌现，越来越多代表中国物流业发展水平和发展方向的优质物流企业进入了 A 级物流企业行列。

二、 2016 年中国物流业发展趋势及展望

（一） 物流业总体形势预测分析

1. 经济中速增长趋势持续，物流业继续呈现景气发展态势

2015 年的前三季度，国民经济运行总体平稳、稳中有降、回暖明显。与邮政业密切相关的居民消费、网络购物、电子商务、服务业等产业发展步伐加快。这一趋势将在 2016 年得到继续。2016 年中国经济运行总体将保持中速增长的平稳势头。从支撑经济增长的三大动力来看，消费对经济支撑的基础性作用仍将持续。从制造业 PMI 来看，消费品行业增长势头较好，显示国内消费需求对经济增长的贡献持续上升。从中国物流信息中心统计调查来看，体现消费升级的一些行业，如文教体美娱用品制造业增长势头较为突出。从非制造业 PMI 来看，零售、餐饮和住宿业明显回升，反映居民消费趋于活跃。

在整体需求放缓的背景下，物流业积极主动应对，多措并举，通过优化业务结构，严控物流成本，加快转型升级，创新服务模式，提升服务效率和水平，因此，2016 年

中国的物流业将进入一个更加注重自我提升发展的新阶段。根据预测，2016 年中国的 LPI 的平均值约为 53.8％，显示物流业仍然处于景气区间，但该值略低于 2015 年的平均值 54.5％（图 6）。受总体宏观经济趋稳影响，物流业将保持稳定的发展趋势，根据预测，2016 年物流业总收入将达到 7.44 万亿元，同比增长 2.19％，效益增长势头减弱；物流市场规模持续扩大，社会物流总额增长态势进一步显现，预计 2016 年中国社会物流总额约为 227.6 万亿元，同比增长 4.15％。

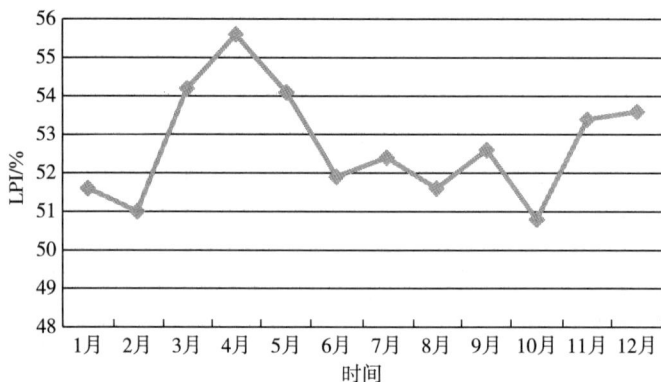

图 6　2016 年 LPI 走势预测

2. 伴随经济增长与结构转变，领头企业带动物流市场结构进一步转型

中国目前正处在增长阶段转换的过程中，据国务院发展研究中心预测，未来 5～10 年，中国的经济增长速度将从过去的两位数向 7％来转换。"十三五"规划提出年增速 6.5％的底线。当前，中国经济结构调整的步伐非常迅速，服务业占中国经济的比重正在快速地提升。如表 7 所示，根据本报告的预测，2016 年 GDP 各次产业的发展增速中，第三产业的增速最高，达 8.6％，明显高于第二产业 5.3％和第一产业 3.6％。

表 7　三次产业的 2016 年预测情况

指标名称	2015 年第 1 季度	2015 年前两季度	2015 年前三季度	2015 年全年（预测）	2016 年 GDP 增速（预测）/％	2016 年全年（预测）
第一产业增加值累计值/亿元	7 770.00	21 110.00	39 195.00	60 669.54	3.6	62 853.65
第二产业增加值累计值/亿元	58 930.60	127 997.70	197 799.20	287 526.80	5.3	302 765.80
第三产业增加值累计值/亿元	81 261.20	165 070.60	250 779.40	332 051.40	8.6	360 607.90

随着中国资源环境约束日益强化，要素的规模驱动力逐步减弱，传统的高投入、高消耗、粗放式发展方式难以为继，经济发展进入新常态，需要从要素驱动、投资驱动转向创新驱动。2015 年 3 月 11 日，国务院办公厅印发《国务院办公厅关于发展众创空间

推进大众创新创业的指导意见》（国办发〔2015〕9 号），要求加快实施创新驱动发展战略，营造良好的创新创业生态环境。2015 年 6 月 16 日，国务院发布《国务院关于大力推进大众创业万众创新若干政策措施的意见》（国发〔2015〕32 号），要求各级部门积极推进大众创业、万众创新，要通过结构性改革、体制机制创新，消除不利于创业创新发展的各种制度束缚和桎梏，支持各类市场主体不断开办新企业、开发新产品、开拓新市场，培育新兴产业，形成小企业"铺天盖地"、大企业"顶天立地"的发展格局，实现创新驱动发展，打造新引擎、形成新动力。在"大众创业万众创新"强力推动下，中国的经济结构转型升级力度明显加快，物流业也加速转型升级。国内一批领先的物流企业纷纷加快创新步伐，带动物流市场结构进一步转型。

2015 年，传化物流在 O2O 领域建立互联网金融生态做了有益的尝试。传化物流在公路港之上衍生了三个互联网产品，即易配货（车主与司机之间干线长途配货）、运宝网（货主之间交易撮合），易货嘀（同城短途配货）。通过线下与线上融合联动的运营方式，为货主企业、物流企业及个体货运司机等公路物流主体提供综合性物流及配套服务，形成"高效的货物调度平台"、"优质的货运生活服务圈"及"可靠的物流诚信运营体系"，发展公路物流 O2O 全新生态。2015 年，这三个平台上注册的司机会员达 79 万人，开店会员，即物流企业有 2 400 家，发货社区运宝网运单流量超过 300 亿单。广东林安物流集团以全新的"基地＋网络、物流＋商贸"运营模式，构建第四方服务平台和信息交易平台，打造中小物流企业集群和创新发展基地。林安物流平台聚集 180 万名个体会员、20 万家厂家、商家、物流企业会员。通过林安物流建设"网上＋网下"相结合的物流信息交易市场和网上信息化交易平台，解决物流行业信息平台不能落地的问题。2015 年通过林安物流平台年交易货运量达 6 000 万吨，年货运价值达 9 000 亿元。苏宁云商在自建物流体系方面不遗余力，为了更好、更快、更方便为顾客服务，免去第三方快递的麻烦，从而更快地送货到顾客手中，苏宁快递自 2014 年 2 月获得牌照以来，加大了在物流基础设施建设和服务方面的力度。苏宁物流仓储总面积已经接近 500 万平方米，正建成的苏宁物流云拥有 4 个航空枢纽、12 个自动化分拣中心、660 个城市配送中心及 10 000 个快递点的物流体系。另外，基于 1 600 多家门店的 O2O 物流仓也形成了更具优势的末端配送。

（二） 物流市场运行特征分析

1. 国民经济放缓，社会物流总量稳中求升

社会物流需求与社会经济发展紧密相关。据中国物流与采购联合会及国家统计局服务业调查中心发布的统计，2015 年 PMI 总体趋缓，稳中有升。截至 2015 年 10 月，PMI 指数为 49.8%，同上月持平[①]。主要分项指数有升有降，波动幅度较小。从 PMI

---

① 资料来源：中国物流信息中心，http://www.clic.org.cn/pmi/index.jhtml。

指数表现来看，市场需求整体平稳，但企业对订单不足感受仍然较强，尤其是小企业接单困难，生产经营形势一直未见明显好转。另外，由于产品价格上不去，企业经营效益改善也较为困难，稳增长政策措施仍需抓紧落实。根据预测，2016 年中国制造业 PMI 走势如图 7 所示，最高在 50.2％左右，全年平均值 49.84％，低于荣枯线（50％线），也低于 2015 年的平均值 49.97％，表示国民经济仍将处于收缩区间，需要加大力度确保经济平稳增长。

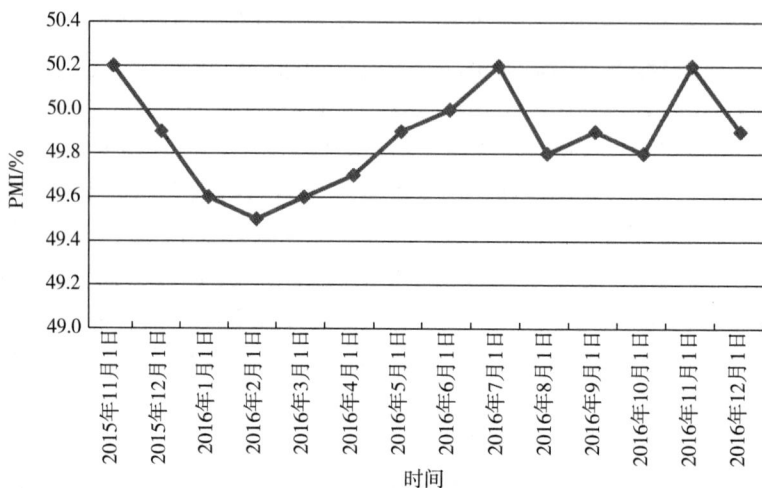

图 7　中国制造业 PMI 走势预测

从非制造业 PMI 指数来看，非制造业平稳较快增长势头未变，市场需求回升带动价格和就业的连续回升，企业预期趋于乐观。在投资与出口对经济增长贡献率持续降低的情况下，消费的稳定成为稳增长的主要抓手。通过消费升级，继续提升假日消费、旅游消费及信息和住房消费等对经济增长的贡献度已经成为推进经济稳健而有效增长的重要支点。宏观调控应该继续深入推进收入分配制度改革和社会福利制度改革，促进消费升级对稳增长的拉动作用。预计 2016 年中国非制造业 PMI 走势如图 8 所示。全年非 PMI 呈现波动态势，平均值为 53.775％，高于 2015 年平均值 53.675％，表明中国的商务活动指数呈现出稳步增长的势头。

伴随着物流业转型升级趋势加快，以及中国网络购物特别是移动购物继续保持高速增长，快递的基础性、不可或缺的支撑作用将更加显著。未来物流发展趋势将呈现总量增速放缓、增值服务比重上升的趋势，跨境电商物流、农村物流、冷链物流等物流细分行业仍将保持快速发展，物流服务将由规模扩张向质量提升转变，物流信息化水平提升。

2. 社会物流运行效率逐步提升，电商物流增长势头依然强劲

从微观层面来看，中国的社会物流效率将在 2016 年继续呈现效率提升的态势，主要因素体现在四个方面。首先，低迷态势短期内难以明显扭转，外部市场需求依然疲

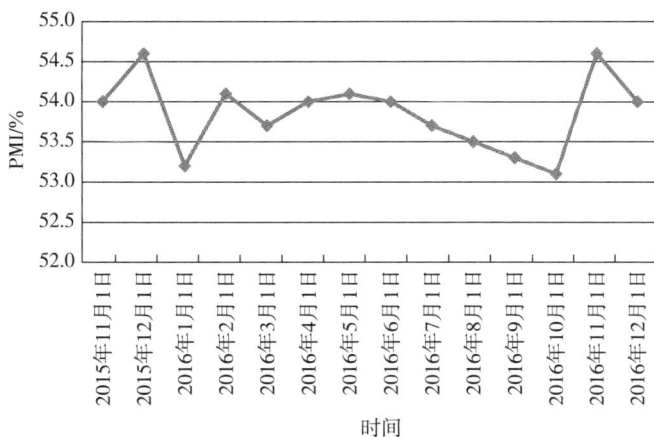

图 8　非制造业 PMI 预测

弱，而竞争越来越激烈，出口先导指数、PMI 新出口订单等先行指标继续回落。为此，国内制造企业、物流企业在成本控制的动力上呈现明显增强。2015 年 10～11 月，国家发改委经济运行调节局开展了新形势下制造业物流成本降低方法的课题研究，根据在天津、四川、重庆、内蒙古等省（自治区、直辖市）的制造企业物流成本调研数据，绝大多数制造企业表示，在公司面临控制生产成本的压力下，物流成本的控制显得非常重要。其次，在"互联网＋"的发展环境下，企业的供应链渠道得到大幅度的削减，原有的流通和分销渠道呈现扁平化的特征，这也直接降低了商品的多级库存成本。再次，一些新的技术手段得到应用，推动了社会物流成本的节约。例如，在大数据环境下，一些新兴的物流服务模式（实时服务、众物流、超级物流网络等）兴起，利用资源整合和技术集成，减少了物流服务的环节，也间接地降低了物流服务成本。最后，部分大宗能源要素价格，如石油价格持续回落。截至 2015 年 11 月 4 日，年内中国油价共经历 21 轮调价周期，其中 10 次下调、7 次上调，另有 4 次因幅度不足 50 元/吨而搁浅。整体来看，年内汽油累计下调 440 元/吨，柴油累计下调 495 元/吨。折合成零售价，汽油每升下调 0.32 元，柴油每升下调 0.44 元。照此计算，大型物流运输车辆千公里燃油费用将会减少约 38 元，一家中小型物流运输企业半月内油耗成本将会减少约 5 000 元。因此，石油价格的持续下跌也直接减少了中国物流运行成本。根据预测，2016 年中国社会物流运行效率逐步提升，社会物流总费用将达到 10.2 万亿元，同比增长约 2.1％，与 GDP 的比率为 14％，比 2015 年下降 1 百分点，显示物流运行效率得到继续提升。

与此同时，受多项政策的持续影响，电商物流增长势头依然强劲。2015 年 5 月 7 日，国务院发布《国务院关于大力发展电子商务加快培育经济新动力的意见》（国发〔2015〕24 号），明确到 2020 年，统一开放、竞争有序、诚信守法、安全可靠的电子商务大市场基本建成。电子商务与其他产业深度融合，成为促进创业、稳定就业、改善民生服务的重要平台。2015 年 6 月 20 日，国务院办公厅发布《关于促进跨境电子商务健康快速发展的指导意见》（国办发〔2015〕46 号），旨在支持国内企业利用电子商务开展对外贸易，建立综合服务体系，支持企业建立全球物流供应链和境外物流服务体系。

2015 年 11 月 9 日，国务院办公厅下发了《关于促进农村电子商务加快发展的指导意见》（国办发〔2015〕78 号），旨在到 2020 年，初步建成统一开放、竞争有序、诚信守法、安全可靠、绿色环保的农村电子商务市场体系，农村电子商务与农村一、二、三产业深度融合，在推动农民创业就业、开拓农村消费市场、带动农村扶贫开发等方面取得明显成效。

在这些电商发展利好政策的环境下，中国的快递物流业务量呈现迅猛增长态势。以刚刚过去的"双 11"为例，国家邮政局数据显示[1]，2015 年"双 11"的快递业与往年相比，区域与县域业务明显增多，目前，快递网点乡镇覆盖率已超过三分之二，淘宝（天猫）、京东、苏宁等网络零售平台均已将县域及农村地区作为促销和宣传重点，快递业务量势必迎来高峰。"双 11"期间，跨境电商企业产生的快递业务量超过 2 000 万件，比 2014 年同期增长两倍。预计 2016 年《全国电子商务物流发展规划》将公开发布，一批电子商务物流基础设施将得到建设，电子商务物流的空间布局也将得到优化，2016年中国的电商物流增长势头依旧保持迅猛增长态势。

（三） 物流基础设施建设与企业竞争力

1. 物流园区进入"互联网＋"时代，资源整合与协同发展趋势加快

国家近年来对物流产业的重视程度不断加深及电商等平台的崛起，促使物流园区的模式也在不断创新发展。对提高物流效率的要求的不断增加，使一些物流园区功能按照企业需求进行了行业细分。结合"互联网＋"战略在物流行业的"上天落地"，2015 年已经成为物流园区发生深刻变革的起始之年。云计算、大数据、物联网等技术和"互联网＋物流"的应用正在对物流园区的发展产生深刻影响。这一趋势也将在 2016 年的发展中得到延续[2]。

在中国物流园区的细分市场中，具有竞争优势的平台型企业"裂变式"发展，在物流地产、快递快运、干线运输、汽车物流、冷链物流等细分领域开始占据主导地位。物流园区的互联网 O2O 模式广泛应用，卡行、传化、天地汇、商桥、德邦等企业迅速崛起。2015 年 4 月，物流平台企业上海天地汇供应链管理有限公司在上海召开"天地汇2015 年战略发布会"[3]，通过"天网＋地网＋车网"三位一体及"云物流"和"云数据"两朵云服务体系的打造，基于供应链＋大数据驱动，天地汇将致力于打造线上线下联动的中国公路物流生态圈公路港平台网络的战略，并将在 2015 年实现 100 亿元、2017 年实现 500 亿元、2020 年实现超过 1 000 亿元运费的平台交易额。

近年来物流园区投资增势快速上升，各类生产流通企业、物流企业、地产企业、电

---

① 资料来源：中国国家邮政局，http://www.spb.gov.cn/dtxx＿15079/201511/t20151112＿677809.html。

② 资料来源：中国物流产业网，http://www.xd56b.com/zhuzhan/wlzx/20150423/27656.html。

③ 新闻来源：http://www.cyzone.cn/a/20150414/272289.html。

子商务企业、境外投资商等纷纷加入投资建设行列。物流园区的数量高速增长，市场竞争已经趋于白热化。激烈的市场竞争催生着物流园区运营模式不断创新，优势互补的各方跨界合作、不同地区功能相近的园区跨区域联合运营等迅速展开，物流园区的兼并、重组和整合将更为常见。物流园区实体平台与"互联网＋物流"的网络化平台的结合及其跨区域整合将进一步加强。例如，"公路港"模式、车货配载虚拟平台模式通过连锁复制迅速扩张，虚拟平台和实体平台逐渐实现融合发展。在 2016 年乃至更长的时间内，园区服务联网、功能联网、资源联网协同化步伐将加快，传统的区域性物流园区商业联盟开始被全国性物流园区资源联盟替代。

2. 先进物流技术装备应用步伐加快，企业竞争力进一步凸显

近年来，高涨的劳动力成本、土地成本和仓储租金，促使物流相关领域企业采用机械化和自动化设备取代人工的物流作业，也使提升土地利用率成为必然，为物流装备企业带来了广阔市场和机遇。国内也涌现出一批较具规模的物流装备生产商，有些龙头企业在国际市场上已取得一定声誉。货架、托盘、叉车等传统实用性物流设备以 20％～30％的速度增长，明显高于 GDP 的增速。2015 年，中国叉车保有量已经超过 150 万台，托盘保有量超过 9 亿片，工业货架年产量超过 60 万吨；以高架库、立体库、全自动化物流系统、物流配送中心、机械或自动化输送分拣系统为代表的物流系统机械化与自动化设备，连年保持近 30％的增长。中国的物流装备市场规模超过了日本、欧洲和美国等国家和地区，成为世界上最大的市场。

随着"中国制造 2025"战略逐步成型，中国制造也将加速向"中国智造"转型。在物流技术与装备领域，借助物联网技术，实现设备的自动化与智能化作业得到了快速发展，尤其是电商、第三方物流、冷链生鲜等新兴流通方式的崛起将带动中高端智能物流需求井喷式增长。伴随移动互联技术的深入发展，物流装备的智能化趋势日益明显，客户对自动化、智能化物流技术装备的需求进入快速增长期。

三、 物流发展政策建议

总体来看，中国经济运行尽管面临较大下行压力，困难与挑战因素增多，但中国经济在保持适度平稳增长的同时，提质增效进展明显。伴随着经济新常态下的发展，物流运行将延续平稳发展态势，物流市场分化趋势仍将延续，中国的物流业发展也将进入新的发展模式。2016 年也是中国"十三五"规划的开启之年，为了进一步推进《物流业发展中长期规划（2014—2020 年）》的深入实施，实现物流业平稳健康发展，特此提出以下政策建议。

（一） 深化落实中长期物流发展规划， 确保物流政策踏实落地

《物流业发展中长期规划（2014—2020 年）》的出台，标志着中国物流业发展进入

新一轮战略布局期。为了保证中长期规划能够得以顺利实施，政策落地尤为重要。此外，2015 年，国务院、中央各部委及地方政府为了推动物流业健康有序发展，也相继出台了许多专项规划和政策，这些规划与政策能否得到深入执行与实施，对物流业的未来发展显得非常重要。

建议建立健全促进物流业健康发展的组织协调工作推进机制，加强统筹协调力度，形成各地区、各部门推进合力，共同推进物流重点工程建设，研究解决重点难点问题。深入研究物流管理体制调整改革问题，成立专门机构，统筹协调物流行业管理工作，要对不同部门的相关政策进行统一梳理和分析，避免政策互相矛盾的局面。建议全国现代物流工作部际联席会议办公室尽快协调有关部门，出台中央各部门深化落实中长期发展规划分工方案和"十三五"规划执行方案，细化政策措施，明确落实部门和完成时限。

从具体的政策措施来看，提出以下建议：一是创造公平竞争的市场环境。着力消除地区封锁、打破行业垄断，落实跨地区经营企业总分支机构汇总纳税政策。二是减少行政审批，减轻企业税费负担。最大限度取消和下放涉及内贸流通领域审批、备案等行政事项，实行涉企收费目录清单管理。三是拓宽融资渠道，减少融资成本。支持符合条件的物流企业通过发行非金融企业债务融资工具和企业债券、上市等多种方式拓宽融资渠道，设立多种形式的现代物流产业发展基金。

（二） 加强大数据在物流业中的运用， 整合优化物流资源

大数据为制造业、零售业、交通运输带来美好的应用前景，在快递产业、公路货运、园区整合等物流产业形态中也有极大的发展空间，但是，大数据管理方式与传统的管理方式截然不同。它不仅需要巨额的投资，也涉及企业组织文化的转变、供应链上下游正确的激励制度、消费者个人隐私等问题。怎样让大数据时代下一般的物流企业都能应用这种新兴技术，并对管理模式和社会治理方式进行相应的变革，将是当前迫切需要面对的重点问题。

建议积极贯彻《国务院关于印发促进大数据发展行动纲要的通知》（国发〔2015〕50 号）文件精神，大力推进物流业大数据发展计划。首先，积极建立政府和社会互动的大数据采集形成机制，制定政府物流数据共享开放目录，推动产业供应链利用政府大数据平台。通过政务数据公开共享，引导企业、行业协会、科研机构、社会组织等主动采集并开放数据。其次，加快对物流大数据相关执法制度和体系建设，加强对社会治理相关领域数据的归集、发掘及关联分析，强化对妥善应对和处理重大突发公共事件的数据支持，提高公共安全保障能力。再次，加快建立统一社会信用代码制度，建立信用信息共享交换机制，推进物流企业之间的信息共享机制建设。支持领先的物流企业开展大数据中心建设。充分利用社会各方面信息资源，推动公共信用数据与互联网、移动互联网、电子商务等数据的汇聚整合。最后，树立大数据理念，推动"大物流"创新服务体系的形成，加大法规制度和技术标准建设，加强物流产业应用大数据的整体规划。

（三） 顺应全球供应链发展趋势， 加快中国海外物流基础设施建设与全球网络布局

随着国际分工不断深化和跨国公司在全球范围内配置资源，全球供应链体系不断扩展和创造价值，供应链水平的高低已经成为衡量一国综合实力的显著标志之一。美国、日本、德国等发达国家已经基本形成了由跨国公司主导的全球化物流与供应链体系，建立了社会化现代物流体系和供应链管理平台，在全球供应链竞争中占据绝对优势。欧美国家已经将全球供应链竞争从企业微观层面提升为国家宏观战略层面。2012 年，美国发布了《全球供应链安全国家战略》，确立了美国政府在强化全球供应链，以保障美国人民的福利和权益、实现国家经济繁荣方面的战略。2013 年，美国又对《全球供应链安全国家战略》进行了补充和完善。在"一带一路"战略推进全球化进程的过程中间，在进口贸易不断扩大的环境下，一定要有国家的供应链战略作为支撑。通过供应链战略，实现全球资源的整合布局和共建共享，使进出口贸易更加开放、更加便利、更加高效有序。

因此，顺应全球供应链发展趋势，提出以下建议：一是响应"一带一路"国家发展战略，支持发展一批本土型跨国公司，利用供应链管理提升其在全球资源利用、业务流程再造、产业链整合、资本市场运作上的运作能力。依托互联网开展网络协同设计、精准营销、增值服务创新、媒体品牌推广等，建立全球产业链体系，提高国际化经营能力和服务水平。二是加快中国海外物流基础设施建设。要积极参与亚欧大陆桥、泛亚铁路和公路等重点基础设施项目，同时专注亚洲区域内基础设施尤其是互联互通项目的投融资业务。重点支持跨境电商的海外仓、边境仓的建设，支持国内铁路发往欧洲的集装箱班列中转枢纽站建设；以中国为主导的全球物流分拨中心体系建设，尤其是快递物流分拨中心建设；海外物流商贸园区及相关产业园区建设；跨境交通基础设施建设及中泰高铁、中缅、中俄、中印高铁等基础设施建设。三是积极支持有实力的中国企业在海外建设分支机构，并开展物流流通企业的全球并购。支持本土大型快递企业将配送范围扩展至其他国家，通过兼并海外市场规模较小但有投资前景的快递企业，延伸服务范围。

（四） 推进物流流通业转型升级，加快电商物流关键领域投资建设步伐

当前，中国物流流通业正处于产业地位的提升期、现代物流服务体系的形成期和流通强国的建设期。随着物流流通产业布局的深度调整，中国物流流通业适应经济发展新常态，将进入以转型升级为主线的发展新阶段，物流流通业将逐步从追求规模速度的粗放式增长转变为质量效率集约式增长，更加关注物流流通服务的新市场，如向农村、社区延伸服务链条，与"一带一路"沿线国际市场和亚非拉国家不断深化合作市场。因此，推动物流流通业转型升级，加快关键投资领域建设步伐尤为重要。

为此，提出以下建议：一是加快物流流通企业重组，提高产业集中度。积极引导国内物流产业的发展，要积极扶持一批具有科学现代管理服务水平、具有国际竞争力的现

代物流流通企业，支持企业应用先进的装备设施提升物流流通运作效率。二是加快物流网络化建设，形成跨区域服务的物流企业。推动物流企业"向下"、"向西"和"向外"拓展。引导大型物流企业建立完善物流网络、业务网络和国际网络，立足国内市场，实现"走出去"发展。三是在物流通道建设、物流园区互联互通、跨境电商物流、农村电商物流等关键领域加大投资力度。以"一带一路"、京津冀协同发展和长江经济带等国家重点战略区域为主要依托，推进重点区域的综合交通运输体系建设，完善综合运输通道和交通枢纽节点布局，促进多种运输方式顺畅衔接和高效中转，提升物流体系综合能力。要加快物流信息技术与实体物流基地平台的互联互通，发挥互联网、物联网、云计算、移动互联、电子标签、大数据等对物流设施设备运营的支撑作用，构建"物流设施＋互联网＋金融"的高效物流运营平台。积极应用电子商务，推动电子商务在农村地区的普及推广，积极促进跨境电商健康发展。

2016 年全球大宗商品价格分析与预测[①]

陆凤彬　　汪寿阳

报告摘要： 受 2015 年全球增长放缓特别是中国等新兴市场增长放慢、美元大幅升值、商品供应充足等因素的影响，全球大宗商品价格普遍大幅下跌。反映全球主要大宗商品期货价格综合走势的路透/Jefferies 商品研究局商品期货价格指数（Reuters/Jefferies CRB index，简称 RJ/CRB 指数），2014 年均值为 288 点，2015 年 1 月 2 日至 11 月 18 日均值下跌至 212 点；预计 2015 年全年 RJ/CRB 指数平均约为 208 点，同比大幅下跌 27.8%。

代表性大宗商品方面，2015 年 1 月 2 日至 11 月 18 日，美国西德克萨斯轻质（West Texas intermediate，WTI）原油期货均价为 49.9 美元/桶，伦敦金属交易所（London Metal Exchange，LME）3 个月铜期货均价为 5 591 美元/吨，美国芝加哥期货交易所（Chicago Board of Trade，CBOT）大豆、玉米和小麦三大农产品均价为 951 美分/蒲式耳 [1 蒲式耳（美制）＝35.239 升]、377 美分/蒲式耳和 511 美分/蒲式耳。预计 2015 年 WTI 原油期货、LME 3 个月铜期货、CBOT 大豆、玉米和小麦平均价格约为 49.5 美元/桶、5 497 美元/吨、939 美分/蒲式耳、375 美分/蒲式耳和 508 美分/蒲式耳，同比分别下跌 46.6%、19.7%、22.6%、10.1% 和 13.8%。其中，原油、铜等工业品跌幅较大，玉米、小麦等农产品跌幅较小。

展望 2016 年，预计全球经济增速可能高于 2015 年，但经济复苏将持续疲弱；受美联储加息及其预期的影响，美元将继续升值。根据 IMF 2015 年 11 月报告，2015 年全球 GDP 增速为 3.1%，2016 年预计为 3.6%，但较其此前 7 月的预测有所下滑。并且，IMF 称 2016 年全球经济将面临三个最大的风险——即将到来的货币政策正常化、大宗商品价格暴跌和中国经济放缓。此外，新兴市场面临债务激增，以及与资本外流相关的新兴市场信贷紧缩担忧，其也将威胁全球经济增长。而美联储加息的可能性逐步增大，将推动美元升值。美国劳工部报告显示，2015 年 10 月非农就业人数增加 27.1 万人，大大超过市场预期，失业率降至 5%，创七年新低，种种利好迹象将使美联储官员在考虑 2015 年年底前加息时筹码大增。芝加哥商品交易所（Chicago Mercantile Exchange，CME）的调查数据显示，美联储在 2015 年 12 月加息的可能性已从 58% 提高至 70% 以上。美联储加息及其预期将刺激美元上涨，直接抑制美元计价的国际大宗商品价格。此外，受经济复苏疲弱和高库存的影响，2016 年全球大宗商品市场整体上将维持供给宽

---

① 本报告获得国家自然科学基金项目（71001096）和中国科学院国家数学与交叉科学中心支持。

裕局面。

计量经济模型综合集成预测显示，在全球经济复苏疲弱、美元小幅升值的基准情景下，2016 年全球大宗商品价格预计将维持低位震荡走势。2016 年 RJ/CRB 商品期货价格指数均值在 195 点左右，较 2015 年下跌约 6%。各类代表性大宗商品品种中，2016 年 WTI 原油均价约为 45 美元/桶，较 2015 年小幅下滑约 9%；2016 年 LME 3 个月铜期货价格约为 4 900 美元/吨，较 2015 年下跌约 11%。CBOT 大豆、玉米和小麦价格均价将分别为 940 美分/蒲式耳、390 美分/蒲式耳和 520 美分/蒲式耳，同比小幅增长 0.1%、4% 和 2.4%。其中，石油输出国组织（Organization of Petroleum Exporting Countries，OPEC）或将坚持不减产，加之对伊朗制裁有望在 2016 年年初解除，伊朗石油出口可能迅速增长，国际油价将依然面临下行压力；全球最大铜消费国中国 2016 年经济增速料将继续下滑，抑制铜消费增长和进口，打压国际铜价；而 2016 年极端天气可能将继续威胁农产品生产，有望刺激农产品价格小幅反弹。

一、引 言

2015 年，受全球经济增速放缓、美元大幅升值、大宗商品供给充裕等因素的影响，全球大宗商品价格大幅下跌。反映全球主要大宗商品期货价格综合走势的 RJ/CRB 指数，2015 年 1 月 2 日至 11 月 18 日平均值为 212 点；2014 年均值 288 点，预计 2015 年全年 RJ/CRB 指数平均约为 208 点，同比大幅下跌 27.8%。各月走势看，2015 年 1~7 月在 220 点附近窄幅波动；8 月开始大幅下跌，并跌破 200 点，11 月 1 日至 11 月 18 日平均值跌至 189 点（图 1）。

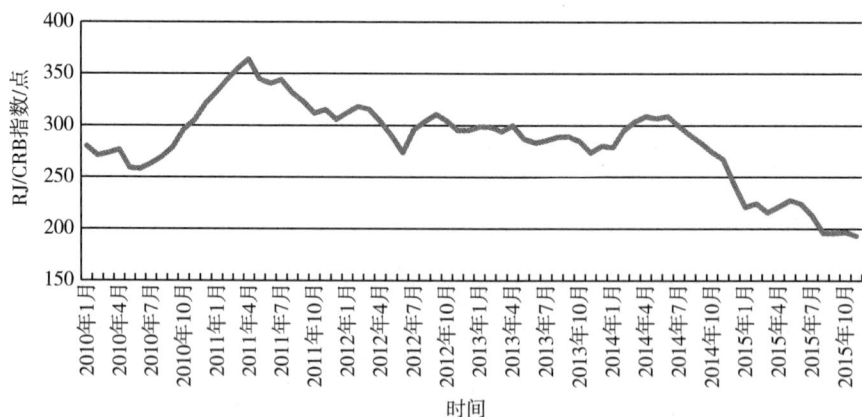

图 1　RJ/CRB 商品期货价格指数走势图
资料来源：Wind 数据库

全球经济增速放缓，特别是中国等新兴市场国家经济增速放缓超预期，以及美元大幅升值等因素，为 2015 年全球大宗商品价格暴跌的主因。首先，2015 年全球经济增速明显放缓，导致大宗商品需求疲弱。全球权威预测机构多次下调 2015 年和 2016 年全球经济增速预测。其中，IMF 在 7 月预测，2015 年全球经济增长率为 3.3%，而 2016 年为 3.8%；10 月再度下调经济预测增速，称全球难以实现回归强劲的扩张，世界经济面临更为明显的下行风险，下调 2015 年全球平均 GDP 增速为 3.1%，2016 年为 3.6%。2015 年增速水平也低于 2013 年的 3.3% 和 2014 年的 3.4% 的增长率。OECD 在 2015 年 11 月 9 日发布半年度经济展望报告称，对 2015 年全球 GDP 增幅预估从 3.0% 下调至 2.9%。2015 年 6 月 10 日，世界银行发布《全球经济展望》，2015 年全球经济预计增长 2.8%，低于该机构 1 月 3% 的预测值。

其次，2015 年美元大幅走强，这是全球大宗商品价格暴跌的又一重要因素。2014 年美元指数平均值为 83 点，预计 2015 年全年美元指数平均值约为 96.67 点，同比大幅上涨超 16%。其中，2015 年 1 月 2 日至 11 月 18 日，美元指数平均值上涨至 96.5 点，并于 3 月 13 日上涨突破 100 点。2015 年内美元指数基本呈现高位震荡上行走势，2015 年 1 月 1 日美元指数为 90.3 点，11 月 18 日涨至 99.57 点，上涨了 10%。2015 年美元大幅上涨，直接打压美元计价的全球大宗商品价格（图 2）。

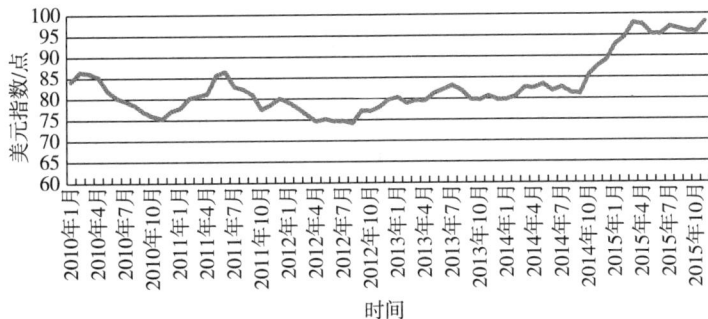

图 2　美元指数走势图

资料来源：Wind 数据库

2015 年代表性大宗商品价格同比均大幅下跌。其中，原油、铜等工业品价格跌幅靠前，玉米、小麦等农产品价格跌幅相对较小。除了美元大幅升值、全球经济疲弱的共同影响，各类大宗商品的具体影响因素还包括全球经济复苏疲弱，而 OPEC 执行以高产出抢占市场份额的石油政策，导致全球原油市场供给过剩。全球最大铜产品消费国中国的经济增速放缓明显，铜消费需求不足，进口增速前所未有地放缓；2015 年前 10 个月，中国累计进口铜和铜材 382 万吨，同比下滑 4.2%。农产品供给充裕，主要农产品的库存维持历史高位或创下历史新高。国际谷物理事会（International Grains Council，IGC）预计 2015/2016 年度全球谷物期末库存为 4.54 亿吨，比上年高出 700 万吨，创下 29 年来的最高水平；美国农业部预计，2015/2016 年度全球小麦期末库存量为 2.273 亿吨，仍居创纪录水平。

原油方面，2015 年 1 月 2 日至 11 月 18 日，WTI 原油期货均价为 49.9 美元/桶。预计 2015 年 WTI 原油期货平均价格约为 49.5 美元/桶，较 2014 年平均的 92.9 美元/桶，暴跌 46.7%，跌幅接近一半。年内呈现反弹后暴跌走势。2015 年 1 月均价为 47.3 美元/桶，6 月均价反弹至 59.8 美元/桶，此后大幅下跌，并于 8 月下旬跌破 40 美元/桶（图 3）。

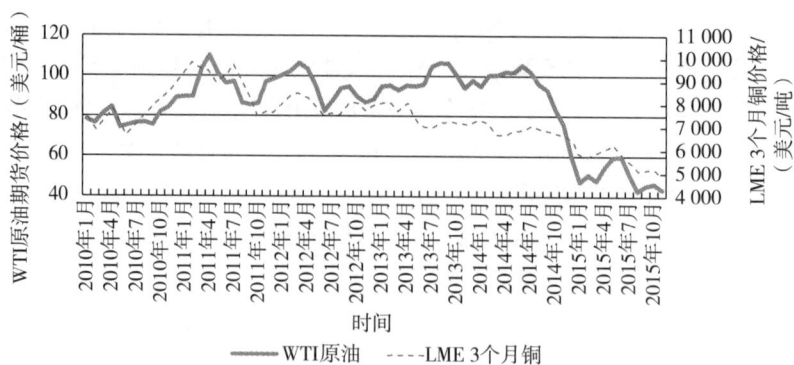

图 3　WTI 原油期货价格和 LME 3 个月铜价格
资料来源：Wind 数据库

有色金属方面，2015 年 1 月 2 日至 11 月 18 日，LME 3 个月铜期货价格平均为 5 591 美元/吨。预计 2015 年 LME 3 个月铜期货均价约为 5 497 美元/吨，较 2014 年均价 6 842 美元/吨下跌了 19.7%。其年内走势也呈现反弹后大幅下跌走势。2015 年 1 月均价为 5 780 美元/吨，5 月反弹至 6 292 美元/吨，此后大幅下跌，于 11 月 18 日跌至 4 605 美元/吨。

农产品方面，2015 年 1 月 2 日至 11 月 18 日，CBOT 大豆、玉米和小麦三大农产品均价分别为 951 美分/蒲式耳、377 美分/蒲式耳和 511 美分/蒲式耳。预计 2015 年均价分别为 939 美分/蒲式耳、375 美分/蒲式耳和 508 美分/蒲式耳，同比分别下跌 22.6%、10.1%和 13.8%。年内三大农产品价格走势也呈反弹后下跌走势，不过小麦和玉米价格有一定企稳迹象（图 4）。

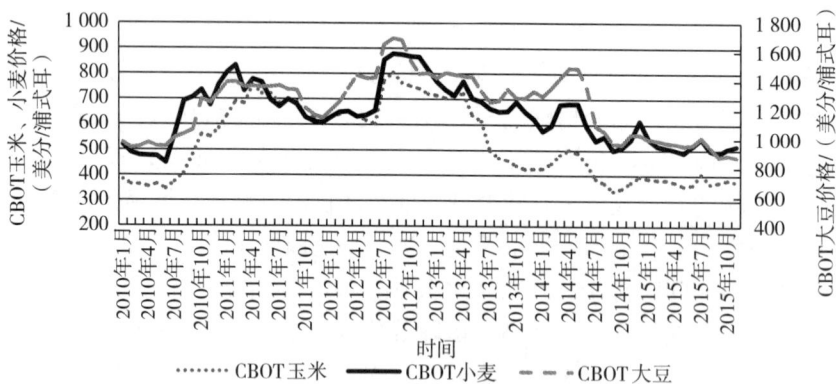

图 4　CBOT 小麦、玉米和大豆期货价格走势
资料来源：Wind 数据库

二、 2016 年全球大宗商品市场影响因素分析和展望

展望 2016 年，预计全球经济增长将持续疲软，可能持续面临下行风险，特别是新兴市场风险加大，全球大宗商品消费需求增长不足。美联储预计将加息，美元有望继续走强，抑制美元计价的全球大宗商品价格。受大宗商品整体上高库存的影响，大宗商品市场供应整体充裕。

（一） 2016 年全球经济复苏将较为疲弱，新兴市场仍将面临下行风险

IMF、OECD 等主要权威机构均下调 2016 年全球经济增速，不过略高于 2015 年水平。但是，受美联储加息措施、大宗商品价格暴跌等因素影响，2016 年新兴市场仍将面临下行风险。

IMF 预计 2016 年全球经济增速将快于 2015 年，发达经济体、新兴市场和发展中经济体的增长均将继续回升，不过中国的经济增速将继续下滑。IMF 在 2015 年 10 月发布《世界经济展望》更新报告，指出世界经济走出战后范围最广、程度最深的衰退已经六年，但仍然难以实现回归强劲的全球扩张。尽管各国经济前景有相当大的差异，但根据新的预测，几乎所有国家的近期经济增长率都已下调。不确定性和复杂的因素正在对全球经济增长产生不利影响，世界经济面临比几个月前更为明显的下行风险。IMF 预测，2015 年全球经济增长为 3.1%，比 2015 年 7 月的预测值下调了 0.2 百分点，比 2014 年低 0.3 百分点。2015 年发达经济体的增长将有所回升，新兴市场和发展中经济体的增长继续放缓。预计一些发达经济体特别是美国、加拿大 2016 年的经济增长将有所增强，2016 年全球经济增长将提高至 3.6%。其中，发达经济体的经济增长在 2015 年、2016 年将分别为 2.0%、2.2%。美国和英国的复苏进展最快，货币政策看起来很快会收紧，而欧元区和日本的复苏更为不确定。IMF 预测美国 2015 年经济增长为 2.6%，2016 年将升至 2.8%。欧元区经济温和复苏，2015 年、2016 年将分别增长 1.5% 和 1.7%。新兴市场和发展中经济体经济增长 2015 年、2016 年将分别为 4.0%、4.5%。预计 2015 年、2016 年中国经济增长分别为 6.8%、6.3%，经济增速将继续放缓。

不过，IMF 在 2015 年 11 月 12 日警告，其属下的经济学家正在进一步下调全球经济增长的预测。全球经济三个最大的风险是即将到来的货币政策正常化、大宗商品价格暴跌和中国经济放缓。IMF 预计，随着商品价格下降，新兴市场的资本流动减速和金融市场波动升高，全球经济，特别是新兴经济体面临的下行风险仍然升高。其中，2010 年以来中国经济稳步放缓，并且有继续放缓的趋势，其 2015 年和 2016 年的经济增长预测分别是 6.8% 和 6.3%。IMF 指出，市场担忧如果预计最早 2015 年 12 月出台的美国加息措施和中国经济减速导致金融市场混乱，可能会进一步加速原油和金属等初级产品价格下跌。IMF 要求提高警惕，认为美国加息后，此前一直支撑新兴市场国家经济发

展的热钱或将迅速回流至美国。而且受初级产品降价影响，资源出口较多的新兴市场国家的经济预计会进一步低迷。

OECD 下调了 2015 年和 2016 年经济增速，不过预计 2016 年全球经济增速将快于2015 年，但是新兴经济体的经济增长放缓和全球贸易量减少影响世界经济增长。2015年 11 月 9 日，OECD 在半年度经济展望报告中称，将对 2015 年全球 GDP 增幅预估从3.0％下调至 2.9％，2016 年的从 3.6％下调至 3.3％，2017 年全球 GDP 增速将加快至3.6％。其中，美国 2015 年 GDP 增速为 2.4％，将对美国 2016 年 GDP 增速从 2.6％下调至 2.5％。下调对欧元区的 GDP 增速预估，将对欧元区 2015 年 GDP 增速预估从1.8％下调至 1.5％，2016 年的从 1.9％下调至 1.8％。2015 年中国 GDP 增速从 6.7％上调至 6.8％，2016 年中国 GDP 增速预计维持在 6.5％，与此前预测一致。中国致力于转变增长模式，从基于投资支出的增长模式转向以消费为重点，在一定程度上导致了大宗商品价格大幅下滑，可能减少中国在世界贸易中的作用。

此外，花旗银行 2015 年 10 月 21 日发布最新报告，将 2016 年全球经济增速预期从2.9％下调至 2.8％，这是该行连续第 5 个月下调全球经济增长预期。花旗银行预计2015 年全球经济增长 2.6％，并指出下行风险仍然存在。报告显示，不包括中国在内的新兴经济体第 2 季度增长 1.8％，相比之下发达经济体的经济增速为 2％。这是自 2001年以来，不包括中国在内的新兴经济体增速首次落后于发达国家。在过去 15 年内，新兴经济体的增长速度平均比发达经济体高出 2.6 百分点。

但是，受美联储加息带来美元升值、债务累积和大宗商品价格暴跌等因素的影响，2016 年新兴市场预计将依然面临一定下行风险，并有一定可能演化并发生信贷危机。路透消息，在美联储准备 2015 年 12 月升息、美元再次上涨之际，从中国到马来西亚、从俄罗斯到土耳其、墨西哥和巴西等新兴市场经济体的公司和家庭负债增长速度惊人，过去五年来因此引发的担忧与日俱增。高盛认为这可能是第三波信贷危机：第一波是2007～2008 年次贷危机和银行倒闭潮；第二波是 2011～2012 年的欧元区主权债务危机；现在，一旦发达经济体逆转宽松货币政策，新兴市场借款将受到冲击。发达经济体采取宽松政策是为了应对前两次危机。根据巴克莱银行的研究，2016 年在新兴市场，投资级别以下的公司债违约率几乎会翻倍，上升至 7％，且远高于 4％左右的 20 年平均水平。五年前几乎为零。新兴市场高收益债券的违约率已经高于美国"垃圾"企业债，而且两者差距正在扩大。不过后者违约率 2016 年也可能翻番，升至 5％以上。巴克莱银行指出，在未发生主权债危机，特别是现在发展中国家未发生主权债危机的情况下，这种现象相当罕见。2015 年 10 月 28 日，美联储前主席伯南克（Ben Bernanke）表示，新兴市场的债务积聚对全球金融体系构成了"最重大的风险"。IMF 已经警告称，美联储升息可能引发一波新兴市场企业违约潮，并引发新一轮信贷危机。

（二） 美联储将加息， 推动美元继续升值

随着美国经济的逐步复苏，2016 年美联储将逐步收紧货币政策并有望多次加息，

将逐步推动 2016 年美元继续升值。

美联储高级官员表态，暗示 2015 年 12 月加息可能性提升。美联储主席耶伦 2015 年 11 月 4 日在美国众议院金融服务委员会听证会上表示，12 月 15 日至 12 月 16 日，美国联邦公开市场委员会（The Federal Open Market Committee，FOMC）将召开 2015 年度 FOMC 最后一次议息会议，届时可能启动加息。耶伦表示，美联储未来的加息路径将是"渐进有序"的，以支撑美国经济持续复苏。

此外，克里夫兰联储主席 Mester 2015 年 11 月 13 日表示，如果未来经济情况与预期相同，那么美联储加息的前提条件就很可能满足了。美联储应采取谨慎的措施，将危机时期的近零利率上调。Mester 呼吁首次加息后，以缓慢速度再加息。近几日，美联储主席耶伦、副主席 Fischer、纽约联储主席 Dudley、旧金山联储主席 Williams、圣路易斯联储主席 Bullard、里士满联储主席 Lacker、芝加哥联储主席 Evans 均发表了讲话。除了耶伦未就货币政策和经济置评，以及 Evans 呼吁暂缓加息以外，其余高级官员均暗示 12 月加息是可能的选项。

美国劳工部 2015 年 11 月 6 日报告称，10 月非农就业人数增加 27.1 万人，大大超过市场预期，失业率降至 5%，创七年新低，平均时薪创 2009 年以来最大增幅，种种利好迹象将使美联储官员在考虑年底前加息时筹码大增。此前一天 CME 的数据显示，美联储 12 月加息的可能性已从 58% 提高至 70% 以上。另外，Markit 表示，美国 10 月制造业 PMI 终值为 54.1 点，初值为 54 点，9 月为 53.1 点。美国 10 月制造业 PMI 强劲，料将让美联储更支持加息。

OECD、花旗银行等机构也支持或预测美联储加息。OECD 2015 年 11 月报告称，随着美国和欧洲经济复苏加快，美联储应该继续推进金融危机以来的首次升息计划。花旗银行 11 月预计，欧洲、日本和澳大利亚中央银行及中国人民银行将进一步实施宽松货币政策，美联储和英格兰银行将"非常缓慢且推迟"收紧货币政策，预计美联储会在 2016 年春首次加息。

此外，据彭博策略师 T. J. Marta 分析，强调 2015 年 12 月加息可能性的会议纪要发布后，市场对 12 月加息的判断依然是可能，并预计 2016 年年底前累计加息 3 次，基本符合民间经济学家的预期。外媒调查的民间经济学家 78 人中有 63 人（81%）预计 12 月加息，至 2016 年年底 3 次加息。9 月美联储官员预测：17 人中有 13 人（76%）预计 12 月加息；至 2016 年年底 4～5 次加息。

（三） 大宗商品市场整体上将供应较为充裕

原油方面，预计 2016 年将继续维持供给过剩，不过，非 OPEC 国家产量增速放缓。国际能源署（International Energy Agency，IEA）在 2015 年 10 月 13 日发布的最新报告中表示，由于全球需求增速放缓，石油市场 2016 年将维持供大于求的状态。而 OPEC 稍早前发布的报告则强调，该组织 2015 年 9 月原油产量创下 2012 年以来高位，但在供应增强的背景下，预计 2016 年市场对 OPEC 的石油需求也将走强。IEA 预计，虽然 2016 年非 OPEC 国家的供应量将因石油价格的走低而出现下降，但由于全球经济前景弱化，2016 年需求增幅将显著放缓，使供大于求的状态持续。市场可能在更长时间里维持不平衡的状态。如果国际制裁放松，伊朗产油量预计将进一步增加，可能会令原油供应过量的状态持续到 2016 年全年。

而随着伊朗核问题的解决，预计 2016 年年初伊朗将可能加大原油出口，抑制油价。据路透社 2015 年 11 月 3 日报道，由于预计 2016 年伊朗面临的制裁取消，伊朗将向供应过剩的市场出口更多原油。伊朗石油部长于 2015 年 11 月初表示，将在 12 月的 OPEC 会议上，正式通知其他 OPEC 成员该国将原油日产量增加 50 万桶的计划。

不过，美国能源情报署（Energy Information Administration，EIA）2015 年 11 月报告显示，非 OPEC 国家石油产量增长将在未来五年有所放缓，增长速度不到 2010 年至 2015 年增长速度的 1/3，并下调 2016 年美国页岩油产量。EIA 估计，OPEC 坚决维护市场份额而不是支持价格，导致了原油价格暴跌，在此状况下，全球对新增石油供给的投资 2015 年也削减了 20%；OPEC 国家中伊朗和伊拉克将于未来几年率先扩大产量来争取更多市场份额；当前支出的削减将导致非 OPEC 国家原油供应在 2020 年之前维持至每天 5 500 万桶，但这仍比当前高出 130 万桶；因低油价导致美国页岩油减产，下调 2016 年美国原油产量的预估 1%，至每天 877 万桶，同时将 2015 年美国原油产量预期从每天 925 万桶上调至每天 929 万桶。自原油价格暴跌以来，美国已经有一半的原油钻井平台停止了工作。美国油服公司贝克休斯的统计数据显示，过去的 11 周，美国活跃钻进平台数已经减少了 103 座，降至 572 座。另外，美国页岩油生产商在原油价格腰斩后已大幅削减了 2015 年预算，2016 年更可能进一步缩减支出。

铜方面，全球最大铜消费国中国 2016 年经济增速料将继续下滑，抑制铜消费增长和进口；不过，受低价影响，部分企业开始减产。作为全球第二大经济体，中国正面临 25 年来最缓慢的年经济增长率，并正在转向基于消费需求和服务业的经济增长模式，不再像过去那样依靠国家投资支出来拉动经济增长。随着中国经济增速下滑，铜进口增速大幅下滑。中国海关最新统计数字显示，2015 年 10 月中国未锻轧铜及铜材进口量为 42 万吨，1～10 月为 382 万吨，比上年同期减少 4.2%。各权威机构预计 2016 年中国 GDP 增速将继续下滑。这将导致对铜等大宗商品的需求和进口增速明显下滑。另外，2016 年中国有望更多转向国内铜的消费，有可能抑制进口。随着中国处理更多外国矿石，中国的精炼铜产量正在攀升。国家统计局的官方数据显示，2015 年前 10 个月里，中国精炼铜产量同比增长 6.8%，至 650 万吨。

不过，国际铜业研究组织（International Copper Study Group，ICSG）预计，全球铜市 2016 年会出现 13 万吨的精炼铜供应缺口，而非 2015 年 4 月时预估的供应过剩。因铜价回荡在六年低点抑制产量，抵消了中国经济增长放缓疑虑下全球需求减少的影响。ICSG 称，2015 年全球精炼铜产量料仅年增 1%，至 2 270 万吨，2014 年时增长近 7%。而 2016 年精炼铜产量料增长约 2.5%，至 2 320 万吨。ICSG 预计 2015 年全球表观精炼铜消费量减少 1.2%，主因中国表观需求料大致持平。至于 2016 年，全球表观精炼铜消费量料增长约 3%，中国工业需求增长料在 4% 左右。摩根士丹利持类似观点，

2015 年 10 月 23 日预测显示，由于生产商减产提速，2016 年精炼铜的供应缺口将从 2015 年的 1 万吨扩大至约 35 万吨。但是，路透社最近的一项调查显示，分析师预计全球铜市 2015 年供应过剩 34.9 万吨，2016 年过剩 17.7 万吨，将依然维持过剩。

农产品方面，尽管全球产量的预期下降，但谷物供应充足；但是 2016 年很可能将面临极端天气的更多威胁。联合国粮食及农业组织 2015 年 11 月 5 日发布报告称，2015 年世界谷物产量预报约为 25.30 亿吨，比 10 月预期下调 470 万吨，相比 2014 年纪录减少 2 840 万吨（1.1%）。2015 年全球粗粮产量 11 月预报为 13.02 亿吨，比 10 月预期减少 450 万吨，比 2014 年缩减达 2 880 万吨，跌幅 2.2%。下调主要是对亚洲和欧洲玉米作物预期不太乐观造成的。全球小麦产量预报自 10 月以来上调 140 万吨，达 7.36 亿吨，比 2014 年纪录产量增加约 300 万吨。2015/2016 年度世界谷物利用量 11 月预报为 25.28 亿吨，比 10 月预报减少 180 万吨。全球谷物利用仍比 2014/2015 年度高出 1.2%（2 900 万吨），谷物食用量和饲用量分别增长 1.1% 和 1.6%。2015/2016 年度谷物食用消费量预计为 10.96 亿吨。2016 年季末世界谷物库存量预报与上月相比变化不大，约为 6.38 亿吨。依据对世界储量的最新预测，全球谷物库存利用比有望达到 24.8%，比上季比率略有下降。在各种谷物中，小麦结转库存预计提高至 2.07 亿吨，比上月增加 150 万吨，为 2001/2002 年度以来最高水平。玉米库存预计下降，与 2015 年全球产量预期下滑趋势相一致。

IGC 在 2015 年 11 月 4 日发布的报告指出，尽管 2015/2016 年度全球谷物产量预测数据上调，消费上调幅度超过产量调幅，库存数据小幅下调，但仍处于 29 年最高水平。IGC 在最新月报里连续第四个月上调全球粗粮及小麦产量预测数据，上调后的产量为 19.99 亿吨，比上年减少 2 700 万吨。由于消费上调幅度超过产量调高幅度，11 月 IGC 将 2015/2016 年度全球谷物期末库存数据下调到 4.54 亿吨。主要出口国的谷物库存预测数据下调到 1.42 亿吨，略低于上年。出口国的玉米库存预计为 5 900 万吨，比上年减少 800 万吨。出口国的小麦库存预计为 6 700 万吨，2015/2016 年度全球大豆产量将达到 3.662 亿吨，高于上年度的 3.535 亿吨。2015/2016 年度全球大豆消费量预计为 3.171 亿吨。由于产量和消费调高幅度基本相同，所以 2015/2016 年度全球大豆期末库存预测值基本不变。

美国农业部 2015 年 11 月供需报告显示，目前全球小麦作物产量预计为 7.33 亿吨，连续第三个纪录水平。全球小麦期末库存量下调 120 万吨至 2.273 亿吨，仍旧是创纪录的水平。2015/2016 年度全球粗粮产量上调 230 万吨，其中美国玉米产量增幅最大。预计 2015/2016 年度全球粗粮消费量下调 100 万吨，大部分因中国玉米和高粱饲用量下调。2015/2016 年度全球粗粮期末库存上调 2 430 万吨，几乎全部来自中国玉米。预计全球 2015/2016 年油籽产量为 5.31 亿吨，较上月略有下降。全球大豆产量预计达到 3.21 亿吨。预计全球油籽期末库存为 9 410 万吨，较上月降低 220 万吨。

2016 年农产品种植面积方面，全球小麦种植面积将小幅下降，美国大豆种植面积将创纪录新高，美国玉米种植面积下滑，巴西的大豆种植面积也将提高。美国私营分析机构 Informa 2015 年 11 月 13 日消息显示，上调 2016 年美国大豆种植面积预估，下调玉米种植面积预估。Inform 上调美国 2016 年大豆种植面积预估至 8 530 万英亩（1 英亩＝4 046.864 798 平方米），该水准将创纪录高位。Informa 下调美国 2016 年玉米种植面积预估至 9 010 万英亩，低于 10 月预估的 9 080 万英亩。IGC 在 2015 年 11 月首次发布的 2016 年播种面积预测报告中预计全球小麦播种面积达到 2.21 亿公顷。虽然比上年减少 120 万公顷，但是依然相对偏高，略高于五年平均水平。另外，美国农业部发布的全球油籽市场贸易报告显示，巴西雷亚尔汇率对巴西国内及全球大豆生产和贸易造成显著影响。自 2014 年 10 月初以来，巴西雷亚尔兑换美元的汇率已经下跌 37％。虽然自上年 10 月以来，美国大豆报价下跌约 8％，但是雷亚尔计价的大豆价格却接近历史最高纪录，大豆的价格诱人也将鼓励巴西农户进一步提高种植规模，提高大豆产量。美国农业部预计 2016 年巴西大豆产量比上年增长近 400 万吨，出口量可能增长同样的规模。

2016 年全球天气方面，将有可能发生极端天气威胁农产品生产。2015 年发生了强厄尔尼诺天气，2016 年年初将继续影响农产品生产；而厄尔尼诺现象往往伴随着拉尼娜现象发生，因此 2016 年有可能发生拉尼娜现象，更加威胁农产品生产。世界气象组织 2015 年 11 月 16 日发布简报称，当前已经成熟且强烈的厄尔尼诺事件预计在 2015 年年末继续增强。厄尔尼诺事件峰值通常出现在自然年的末段，最高强度集中于 10 月至次年 1 月。参加 2015 年 11 月北美谷物会议的分析师称，厄尔尼诺天气通常有利于北美农作物单产，但是会降低东半球主要需求市场的产量前景。但是气象机构预计到 2016 年年底厄尔尼诺将转变成拉尼娜，随着太平洋水温下降，北美谷物单产可能减少。MDA 气象服务公司农业气象专家 Kyle Tapley 称，厄尔尼诺通常对玉米、大豆和小麦作物略微利好，但是其关联度很微弱。在出现厄尔尼诺的年份里，全球谷物和油籽单产通常增加，而出现拉尼娜的年份里通常减少。如果厄尔尼诺转为拉尼娜天气，全球农业生产有可能受到更加严重的影响。

三、 2016 年全球大宗商品价格预测和政策建议

计量经济模型综合集成预测显示，在全球经济复苏疲弱、美元小幅升值的基准情景下，2016 年全球大宗商品价格预计将维持低位震荡走势。2016 年 CRB 商品期货价格指数均值将在 195 点左右，较 2015 年下跌约 6％。

代表性大宗商品品种中，2016 年 WTI 原油均价约为 45 美元/桶，较 2015 年下滑约 9％；2016 年 LME 3 个月铜期货价格约为 4 900 美元/吨，较 2015 年下跌约 11％；CBOT 大豆、玉米和小麦价格均价将分别为 940 美分/蒲式耳、390 美分/蒲式耳和 520 美分/蒲式耳，同比小幅增长 0.1％、4％和 2.4％。其中，OPEC 或将坚持不减产，加之对伊朗制裁有望在 2016 年年初解除，伊朗石油出口可能迅速增长，国际油价将依然面临一定下行压力，特别是 2016 年上半年。2016 年中国经济增速预计将继续下滑，铜消费需求不足，加之国内产量增长，有望将继续抑制进口，进而打压国际铜价。农产品生产方面，强厄尔尼诺现象 2016 年年初依然影响全球农产品生产，而厄尔尼诺现象往往伴随着拉尼娜现象发生，有可能更加威胁 2016 年全球农产品生产；不过大豆种植有

望增加，抑制大豆价格。

不过，如果 2016 年全球经济增长再度低于预期，特别是如果新兴市场下行风险加大，大宗商品价格将有可能面临进一步下行压力。

2016 年国际大宗商品价格持续低位运行，将使国内资源产品价格低位运行，加大中国资源性企业经营困难水平，影响生产者收益。不过，国外部分资源性企业经营也将面临困难乃至破产倒闭的风险，为中国资源性企业"走出去"带来一定机遇，可以利用大宗商品低价带来的低成本，实施并购和为购买矿山资源带来机会。此外，国际大宗商品价格低位运行，也降低了中国低价收储和进口的成本。

相应地提出如下政策建议：①加大石油进口和战略储备。OPEC 维持目前不减产策略，使油价低位运行，将对美国页岩油等全球原油生产和投资带来负面影响，未来几年将打压全球原油供给；而随着全球经济的不断复苏，全球原油需求增长有望不断增长。在 OPEC 加大原油市场定价和影响力、非 OPEC 国家原油生产和投资受到打压的背景下，不排除未来几年油价存在暴涨的可能性。因此建议借助当前国际油价大幅下跌和低位运行机会，加大原油进口，提升中国原油战略储备；鼓励经营企业加大进口原油，增加商业储备。②加大国内资源性企业的合并重组和做大做强，并扶持其加大购买国外矿产资源和并购投资国外资源性企业。国际大宗商品价格暴跌，使目前不少国际矿企出现经营困难，乃至破产倒闭，为中国企业并购和低位收购矿山等大宗商品资源带来机遇。建议扶持资源性企业走出去，加大并购和投资国外资源性企业。